別冊　問題

大学入試

# 全レベル問題集
# 現代文

共通テストレベル

改訂版

# 目次

# 論理的文章

論理

# 〈論理的文章〉への導入問題

センター試験　改

目標解答時間 20分

本冊（解答・解説）p.16

**〈論理的文章〉の特徴とは？**

共通テストは、センター試験の後継ぎとして登場しました。そこには受けついだものと新しいものとがあります。受けついだものは、漢字問題と表現についての問題です。では共通テストの〈論理的文章〉で、新しいこととは何か？「〈論理的文章〉へのアプローチ」に書いたこととも重複しますが、新しいこととは次のことです。

**1　複数の素材（文章・写真・図表・資料など）が組み合わされるため、メインの文章は短くなる。**

**2　資料などの読解の設問の選択肢では、文章などにない表現が使われることが多くなる。**

**3　傍線部の前後の内容を問うような、部分読解型の設問が少なくなる。**

**4　【文章】のテーマを問う主旨判定のような問題が出題される。**

**5　複数の素材を結びつける問題や、生徒が〈話し合い〉をしているという形式の設問などが出題される。**

これからみんなに解いてもらう導入問題は二〇一八年度のセンター試験を、共通テストっぽくアレンジしたものです。導入問題ですが、易しくはありません。だからもしできなくても、めげないでください。

これを導入に使ったのは、このセンター試験が、二〇二一年度からの共通テストのありかたを予感させるものでもあったからです。写真が載っている文章である、ということもあります。そして設問で注目してほしいのが、先に書いた〈話し合い〉という形式の設問（**問1**　このタイプの設問は、二〇二〇年度のセンター試験でも出題されました）があることです。

では、次の問題を解いて共通テストの特徴を確認しましょう。ただし導入ですから、漢字問題や部分的内容を問う設問などをなくして、その代わりに、あとにある**【資料】**を**【文章】**にプラスし、そうした**【資料】**と**【文章】**の両方に関わる設問（**問X**）を付けくわえました。共通テストの特徴がわかるようにしたいからです。

**問3**まで解いて、もし「う〜、わからない…」というようなことがあったら、**問3**を解いたあとに、解説の**「問題文LECTURE」**と**「設問LECTURE」**の**問3**までを読んで、そのあとに**問X**を解いてもいいですよ。まだいけると思った人は、**問X**も一緒に解いてください。

さあ、いきましょう。

次の【文章】は有元典文・岡部大介の『デザインド・リアリティ——集合的達成の心理学』の一部である。また【資料】は【文章】に出てくる「アフォーダンス」という語について調べたレポートである。これらを読んで、後の問い（問1～3・X）に答えよ。なお、設問の都合で【文章】の本文の段落に1～19を付している。

【文章】

1 「これから話す内容をどの程度理解できたか、後でテストをする」

2 授業の冒頭でこう宣言されたら、受講者のほとんどは授業内容の暗記をこころがけるだろう。後でテストされるのだ、内容をちゃんと憶えられたか否かで成績が評価されるのである。こうした事態に対応して、私たちは憶えやすく整理してノートを取る、用語を頭の中で繰り返し唱える、など、暗記に向けた聴き方へと、授業の聴き方を違える。これは学習や教育の場のデザインのひとつの素朴な例である。

3 講義とは何か。大きな四角い部屋の空気のふるえである。または教室の前に立った、そしてたまにうろつく教師のモノローグ（注1）である。またはごくたまには、目前の問題解決のヒントとなる知恵である。講義の語りの部分にだけ注目してみても、以上のような多様な捉え方が可能である。世界は多義的でその意味と価値はたくさんの解釈に開かれている。世界の意味と価値は一意に定まらない。講義というような、学生には日常的なものでさえ、素朴に不変な実在とは言いにくい。考えごとをしているものにとっては空気のふるえにすぎず、また誰かにとっては暗記の対象となるだろう。

4 冒頭の授業者の宣言は授業の意味を変える。すなわち授業のもつ多義性をしぼり込む。空気のふるえや、教師のモノローグを、学生にとっての「記憶すべき一連の知識」として設定する作用をもつ。授業者の教授上の意図的な工夫、または意図せぬ文脈の設定で、その場のひとやモノや課題の間の関係は変化する。ひとのふるまいが変化することもある。呼応した価値を共有する受講者、つまりこの講義の単位を取りたいと思っている者は、聞き流したり興味のある箇所だけノートしたりするのでなく、後の評価に対応するためまんべんなく記憶することにつとめるだろう。

5 本書(注2)ではこれまで、さまざまなフィールドのデザインについて言及してきた。ここで、本書で用いてきたデザインという語についてまとめてみよう。一般にデザインということばは、ある目的を持って意匠・考案・立案すること、つまり意図的に形づくること、と、その形づくられた構造を意味する。これまで私たちはこのことばを拡張した意味に用いてきた。ものの形ではなく、ひとのふるまいと世界のあらわれについて用いてきた。

6 こうした意味でのデザインをどう定義するか。デザインを人工物とひとのふるまいの関係として表した新しい古典、ノーマン(注3)の『誰のためのデザイン』の中を探してみても、特に定義は見つからない。ここではその説明を試みることで、私たちがデザインという概念をどう捉えようとしているのかを示そうと思う。

7 辞書によれば「デザイン」のラテン語の語源は〝de signare〟つまり〝to mark〟、印を刻むことだという。人間は与えられた環境をそのまま生きることをしなかった。自分たちが生きやすいように自然環境に印を刻み込み、自然を少しずつ文明に近づけていったと考えられる。それは大地に並べた石で土地を区分することや、太陽の高さで時間の流れを区分することなど、広く捉えれば今ある現実に「人間が手を加えること」だと考えられる。

8 私たちはこうした自分たちの活動のための環境の改変を、人間の何よりの特徴だと考える。そしてこうした環境の加工を、デザインということばで表そうと思う。デザインすることはまわりの世界を「人工物化」することだと言いかえてみたい。自然を人工物化したり、そうした人工物を再人工物化したりということを、私たちは繰り返してきたのだ。英語の辞書にはこのことを表すのに適切だと思われる〝artificialize〟という単語を見つけることができる。アーティフィシャルな、つまりひとの手の加わったものにするという意味である。

9 デザインすることは今ある秩序（または無秩序）を変化させる。現行の秩序を別の秩序に変え、異なる意味や価値を与える。例えば本にページ番号をふることで、本には新しい秩序が生まれる。それは任意の位置にアクセス可能である、という、ページ番号をふる以前にはなかった秩序である。この小さな工夫が本という人工物の性質を大きく変える。他にも、一日の時の流れを二四分割すること、地名をつけて地図を作り番地をふること、などがこの例である。こうした工夫によって現実は人工物化／再人工物化され、これまでとは異なった秩序として私たちに知覚されるようになる。冒頭の例では、講義というものの意味が再編成され、「記憶すべき知識群」という新しい秩序をもつことになったのである。

10 今とは異なるデザインを共有するものは、今ある現実の別のバージョンを知覚することになる。あるモノ・コトに手を加え、新たに人工物化し直すこと、つまりデザインすることで、世界の意味は違って見える。例えば、A図1のように、湯飲み茶碗（ちゃわん）に持ち手をつけると珈琲（コーヒー）カップになり、指に引っ掛けて持つことができるようになる。このことでモノから見て取れるモノの扱い方の可能性、つまりアフォーダンスの情報が変化する。

11 モノはその物理的なたたずまいの中に、モノ自身の扱い方の情報を含んでいる、というのがアフォーダンスの考え方である。鉛筆なら「つまむ」という情報が、バットなら「にぎる」という情報が、モノ自身から使用者に供される（アフォードされる）。バットをつまむのは、バットの形と大きさを一見するだけで無理だろう。鉛筆をにぎったら、突き刺すのには向くが書く用途には向かなくなってしまう。

12 こうしたモノの物理的な形状の変化はひとのふるまいの変化につながる。持ち手がついたことで、両手の指に一個ずつ引っ掛けるといっぺんに十個のカップを運べる。

13 ふるまいの変化はこころの変化につながる。たくさんあるカップを片手にひとつず

**図1　持ち手をつけたことでのアフォーダンスの変化**

つ、ひと時に二個ずつ片付けているウェイターを見たら、雇い主はいらいらするに違いない。持ち手をつけることで、カップの可搬性が変化する。ウェイターにとってのカップの可搬性は、持ち手をつける前と後では異なる。もっとたくさんひと時に運べるそのことは、ウェイターだけでなく雇い主にも同時に知覚可能な現実である。ただ単に可搬性にだけ変化があっただけではない。これらの「容器に関してひとびとが知覚可能な現実」そのものが変化しているのである。

14 ここで本書の内容にかなったデザインの定義を試みると、デザインとは「対象に異なる秩序を与えること」と言える。デザインには、物理的な変化が、アフォーダンスの変化が、ふるまいの変化が、こころの変化が、現実の変化が伴う。例えば私たちははき物をデザインしてきた。裸足（はだし）では、ガレ場[注4]、熱い砂、ガラスの破片がちらばった床、は怪我（けが）をアフォードする危険地帯で踏み込めない。はき物はその知覚可能な現実を変える。私たち現代人の足の裏は、炎天下の浜辺の乾いた砂の温度に耐えられない。これは人間というハードウェアの性能の限界であり、いわばどうしようもない運命である。その運命を百円のビーチサンダルがまったく変える。自然の摂理が創り上げた運命をこんな簡単な工夫が乗り越えてしまう。はき物が、自転車が、電話が、電子メールが、私たちの知覚可能な現実を変化させ続けていることは、その当たり前の便利さを失ってみれば身にしみて理解されることである。そしてまたその現実が、相互反映的にまた異なる人工物を日々生み出していることも。

15 私たちの住まう現実は、価値中立的な環境ではない。文化から生み出され歴史的に洗練されてきた人工物に媒介された、文化的意味と価値に満ちた世界を生きている。それは意味や価値が一意に定まったレディメイドな世界ではない。文化や人工物の利用可能性や、文化的実践によって変化する、自分たちの身の丈に合わせてあつらえられた私たちのオーダーメイド

図2　アフォーダンスの変化による行為の可能性の変化

な現実である。人間の文化と歴史を眺めてみれば、人間はいわば人間が「デザインした現実」を知覚し、生きてきたといえる。このことは人間を記述し理解していく上で、大変重要なことだと思われる。

16 さてここで、あるモノ・コトのデザインによって変化した行為を「行為′（こういダッシュ）」と呼ぶこととする。これまでとは異なる現実が知覚されているのである。もはやそこは、このデザイン以前と同じくふるまえるような同じ現実ではないのである。そうした現実に対応した行為にはダッシュをふってみよう。例えば、前後の内容を読んで、本の中から読みかけの箇所を探す時の「記憶」・「想起」と、ページ番号を憶えていて探し出す時の「記憶」とでは、その行いの結果は同じだがプロセスはまったく異なる。読み手から見た作業の内容、掛かる時間や手間はページ番号の有無でまったく異なる。読みさしの場所の素朴な探し出しが昔ながらの「記憶」活動ならば、ページ番号という人工物に助けられた活動は「記憶′（きおくダッシュ）」活動ということだ。台所でコップを割ってしまったが、台所ブーツをはいているので破片を恐れずに歩くのは、もうそれまでの歩行とは違う「歩行′」。「今日話す内容をテストする」、と言われた時の受講者の記憶は「記憶′」。人工物化された（アーティフィシァライズされた）新たな環境にふるまう時、私たちのふるまいはもはや単なるふるまいではなく、「デザインされた現実」へのふるまいである。

17 買い物の際の暗算、小学生の百マス計算での足し算、そろばんを使った足し算、表計算ソフトでの集計、これらは同じ計算でありながらも行為者から見た課題のありさまが違う。それは「足し算′」だったり「足し算″」だったり「足し算‴」……する。ただし、これはどこかに無印（むじるし）の行為、つまりもともとの原行為とでも呼べる行為があることを意味しない。原行為も、文化歴史的に設（しつら）えられてきたデフォルト（注5）の環境デザインに対応した、やはり「行為′」であったのだと考える。ページ番号がふられていない本にしても、それ以前のテキストの形態である巻き物から比べれば、読みさしの箇所の特定はたやすいだろう。人間になまの現実はなく、すべて自分たちでつくったと考えれば、すべての人間の行為は人工物とセットになった「行為′」だといえるだろう。

18 人間は環境を徹底的にデザインし続け、これからもし続けるだろう。動物にとっての環境とは決定的に異なる「環境′（かんきょうダッシュ）」を生きている。それが人間の基本的条件だと考える。ちなみに、心理学が批判されてきた／されているポイントは主にこのことの無自覚だと思われる。心理学実験室での「記憶′（きおくダッシュ）」を人間の本来の「記憶（むじるしきおく）」と定めた無自覚さが批判されているのである。

19 「心理′学（しんりダッシュがく）」の必要性を指摘しておきたい。人間の、現実をデザインするという特質が、人間にとって本質的で基本的な条件だと思われるからである。人間性は、社会文化と不可分のセットで成り立っており、ヴィゴツキー(注6)が主張する通り私たちの精神は道具に媒介されているのである。したがって、「原心理」なるものは想定できず、これまで心理学が対象としてきた私たちのこころの現象は、文化歴史的条件と不可分の一体である「心理′学」として再記述されていくであろう。この「心理′学」は、つまり「文化心理学」のことである。文化心理学では、人間を文化と深く入り交じった集合体の一部であると捉える。この人間の基本的条件が理解された後、やがて「′」は記載の必要がなくなるものだと思われる。

**注**

1 モノローグ…独り言。一人芝居。

2 本書ではこれまで、さまざまなフィールドのデザインについて言及してきた。…本文より前のところで、コスプレや同人誌など現代日本のサブカルチャーが事例としてあげられていたことを受けている。

3 ノーマン…ドナルド・ノーマン（一九三五〜）。アメリカの認知科学者。

4 ガレ場…岩石がごろごろ転がっている急斜面。

5 デフォルト…もともとそうなっていること。初期設定。

6 ヴィゴツキー…レフ・ヴィゴツキー（一八九六〜一九三四）。旧ソ連の心理学者。

【資料】

## 「アフォーダンス」についてのレポート

1　この言葉を造った人物

アメリカの知覚心理学者ジェームズ・J・ギブソン

2　この言葉の意味

・「与える、提供する」という意味の英語アフォード（afford）から造られた。

・環境や物が、生活する動物や人間に対してアフォード（提供）する「価値」や「意味」のこと。

3　この言葉に関する補足説明

★一般的な考え方

環境や物からの刺激を動物や人間が自分たちの内に取り込み、処理を行って意味や価値を見いだすという考え方。

☆ギブソンの考え方

環境や物が動物や人間の行為を直接引き出そうとして、意味や価値を提供（アフォード）している。つまり、アフォーダンスは環境や物の側にあり、それらに備わる性質であり、動物や人間はそれを探知するだけだという考え方。

〈参考〉アメリカの認知科学者ノーマン Donald A.Norman（一九三五〜）は、デザインの領域で「アフォーダンス」という語を使い始めた。彼は、よいデザインとはその使い方をアフォードするものでなければならないと述べている。

4　「アフォーダンスの変化」ということについて

問1　傍線部A「図1のように」とあるが、次に示すのは、四人の生徒が本文を読んだ後に図1と図2について話している場面である。問題の内容を踏まえて、空欄に入る最も適当なものを、後の①～⑤のうちから一つ選べ。

生徒A——たしかに湯飲み茶碗に図1のように持ち手をつければ、珈琲カップとして使うことができるようになるね。

生徒B——それだけじゃなく、湯飲み茶碗では運ぶときに重ねるしかないけど、持ち手があれば図2みたいに指を引っ掛けて持つことができるから、一度にたくさん運べるよ。

生徒C——それに、湯飲み茶碗は両手で支えて持ち運ぶけど、持ち手があれば片手でも運べるね。

生徒D——でも、湯飲み茶碗を片手で持つこともできるし、一度にたくさん運ぶ必要がなければ珈琲カップを両手で支えて持つことだってできるじゃない。

生徒B——なるほど。指で引っ掛けて運べるようになったからといって、たとえウェイターであっても、常に図2のような運び方をするとは限らないね。

生徒A——では、デザインを変えたら、変える前と違った扱いをしなきゃいけないわけではないってことか。

生徒C——それじゃ、デザインを変えたら扱い方を必ず変えなければならないということではなくて、［　　　］ということになるのかな。

生徒D——そうか、それが、「今とは異なるデザインを共有する」ことによって、「今ある現実の別のバージョンを知覚することになる」ってことなんだ。

生徒C——まさにそのとおりだね。

① どう扱うかは各自の判断に任されていることがわかる
② デザインが変わると無数の扱い方が生まれることを知る
③ より新しい現実に合った見方を探る必要性を実感する
④ 立場によって異なる世界が存在することを意識していく
⑤ 形を変える以前とは異なる扱い方ができることに気づく

**問2 【文章】における「心′理学（しんりダッシュがく）」に関する説明として最も適当なものを、次の①～⑤のうちから一つ選べ。**

① 人間が文化と分離不可能であることに無自覚な心理学を越え、自らがデザインした現実や環境の中で生きる人間の心理を前提に、そのような文化と心理とを一体として考える心理学である。

② 人工物に媒介されない行為を原行為として想定する心理学に代わって、人工物化された価値中立的で客観的な現実や環境に直面した際に明らかになる人間の心理を捉えて深く検討する心理学である。

③ 動物と人間との差異に対して無関心であった従来の心理学に対して、心理学実験室での人間の「記′憶」を、動物実験で得られた動物の「記憶」とは異なるものとして認め研究する心理学である。

④ 歴史的条件と切り離されたこころを研究してきた心理学とは異なり、環境をデザインする特質を有する人間の心性を、文化歴史的に整備されていないデフォルトの環境デザインに対応させて記述する心理学である。

⑤ 原心理と「心理」との統合されたものが人間の心理だとする心理学の欠点を正し、環境をデザインする人間の心性と人間の文化的実践によって変化する現実とを集合体として考えていく心理学である。

問3 **【文章】の第1～11段落の表現に関する説明として適当でないものを、次の①～⑤のうちから一つ選べ。**

① 第1段落の「これから話す内容をどの程度理解できたか、後でテストをする」は、会話文から文章を始めることで読者を話題に誘導し、後から状況説明を加えて読者の理解を図っている。

② 第3段落の「講義とは何か。大きな四角い部屋の空気のふるえである。」は、講義の語りの部分について、教室の中で授業者の口から発せられた音声の物理的な現象面に着目して表現している。

③ 第6段落の「新しい古典」は、紹介されている著作について、発表後それほどの時間を経過していないが、その分野で広く参照され、今後も読み継がれていくような書物であることを表している。

④ 第8段落の「私たちはこうした～考える。」と、「～、私たちは繰り返してきたのだ。」の「私たち」は、両方とも、筆者と読者とを一体化して扱い、筆者の主張に読者を巻き込む効果がある。

⑤ 第11段落の「モノ」という片仮名書きは、「物質」という語句の代わりに用いられているだけでなく、平仮名書きよりも、形をもった具体的な存在に限定できる効果がある。

**問X** **【資料】**の空欄には、「アフォーダンスの変化」として説明することができる事例が入る。**【文章】**を踏まえて考えた場合、**最も適当でないものを**、次の①～⑤のうちから一つ選べ。

① 坂道に手すりが付けられたら、坂道が上れるようになった。
② 押して開けるドアに縦型の取っ手がつくと、ついつい引きたくなる。
③ まずくて食べられないイモも、焼くと結構食べられるものだ。
④ 財布をなくし落ちこんだが、仕方ないと思ったら気分が楽になった。
⑤ テニスのラケットを買い変えてみたら、ぐっとテニスが上達した。

# 論理

# 「著作権」とはどのようなものか

2018年度試行調査

目標解答時間 20分

本冊（解答・解説）p.32

次の【資料Ⅰ】は、【資料Ⅱ】と【文章】を参考に作成しているポスターである。【資料Ⅱ】は著作権法（二〇一六年改正）の条文の一部であり、【文章】は名和小太郎の『著作権2.0　ウェブ時代の文化発展をめざして』（二〇一〇年）の一部である。これらを読んで、後の問い（問1〜6）に答えよ。なお、設問の都合で【文章】の本文の段落に1〜18の番号を付し、表記を一部改めている。

【資料Ⅰ】

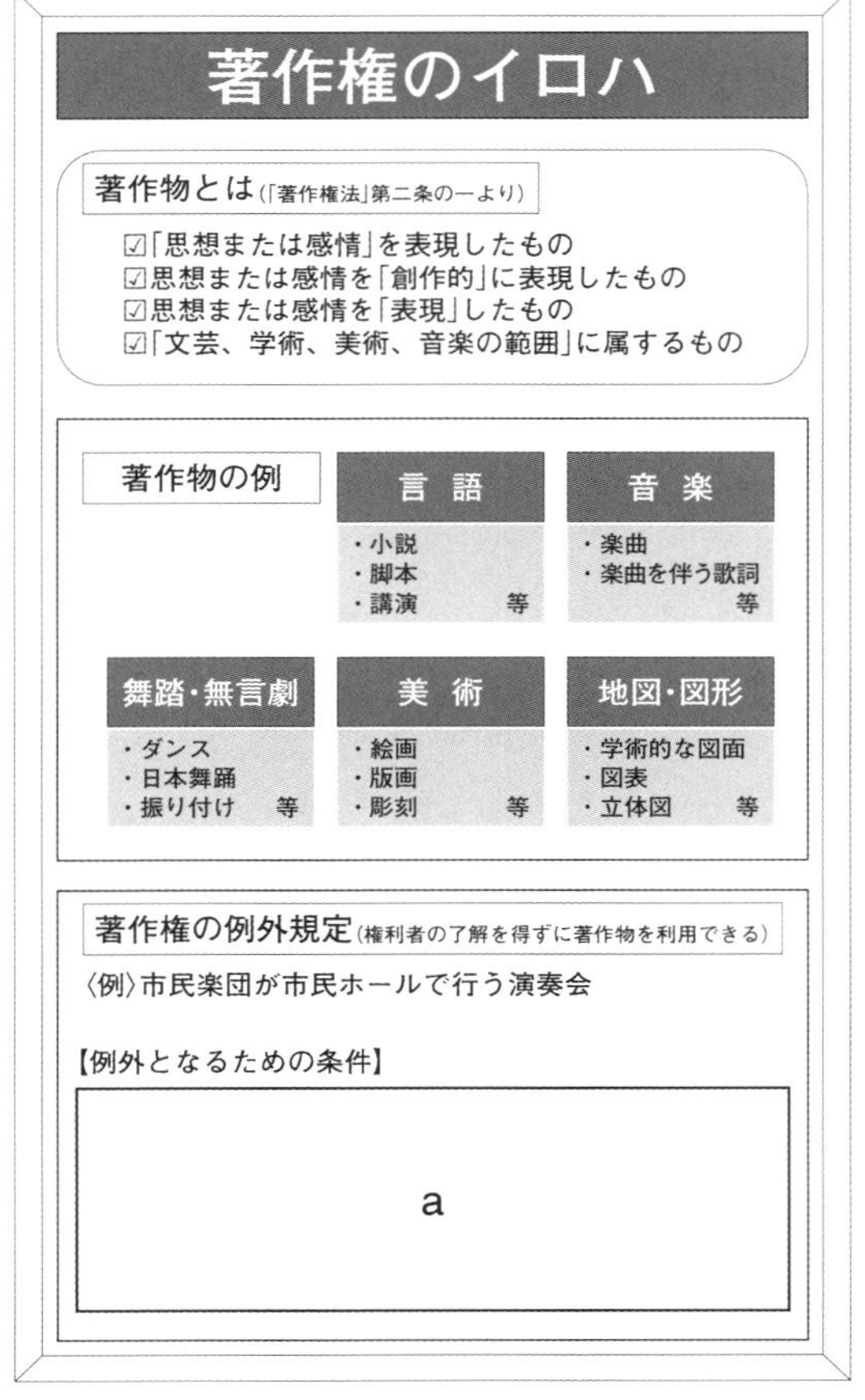

著作権のイロハ
著作物とは（「著作権法」第二条の一より）
☑「思想または感情」を表現したもの
☑思想または感情を「創作的」に表現したもの
☑思想または感情を「表現」したもの
☑「文芸、学術、美術、音楽の範囲」に属するもの
著作物の例
言語
・小説
・脚本
・講演　等
音楽
・楽曲
・楽曲を伴う歌詞　等
舞踏・無言劇
・ダンス
・日本舞踊
・振り付け　等
美術
・絵画
・版画
・彫刻　等
地図・図形
・学術的な図面
・図表
・立体図　等
著作権の例外規定（権利者の了解を得ずに著作物を利用できる）
〈例〉市民楽団が市民ホールで行う演奏会
【例外となるための条件】
a

【資料Ⅱ】

「著作権法」（抄）

（目的）

第一条　この法律は、著作物並びに実演、レコード、放送及び有線放送に関し著作者の権利及びこれに隣接する権利を定め、これらの文化的所産の公正な利用に留意しつつ、著作者等の権利の保護を図り、もつて文化の発展に寄与することを目的とする。

（定義）

第二条　この法律において、次の各号に掲げる用語の意義は、当該各号に定めるところによる。

一　著作物　思想又は感情を創作的に表現したものであつて、文芸、学術、美術又は音楽の範囲に属するものをいう。

二　著作者　著作物を創作する者をいう。

三　実演　著作物を、演劇的に演じ、舞い、演奏し、歌い、口演し、朗詠し、又はその他の方法により演ずること（これらに類する行為で、著作物を演じないが芸能的な性質を有するものを含む。）をいう。

（技術の開発又は実用化のための試験の用に供するための利用）

第三十条の四　公表された著作物は、著作物の録音、録画その他の利用に係る技術の開発又は実用化のための試験の用に供する場合には、その必要と認められる限度において、利用することができる。

（営利を目的としない上演等）

第三十八条　公表された著作物は、営利を目的とせず、かつ、聴衆又は観衆から料金（いずれの名義をもつてするかを問わず、著作物の提供又は提示につき受ける対価をいう。以下この条において同じ。）を受けない場合には、公に上演し、演奏し、上映し、又は口述することができる。ただし、当該上演、演奏、上映又は口述について実演家又は口述を行う者に対し報酬が支払われる場合は、この限りでない。

（時事の事件の報道のための利用）

第四十一条　写真、映画、放送その他の方法によつて時事の事件を報道する場合には、当該事件を構成し、又は当該事件の過程において見られ、若しくは聞かれる著作物は、報道の目的上正当な範囲内において、複製し、及び当該事件の報道に伴つて利用することができる。

【文章】

1 著作者は最初の作品を何らかの実体――記録メディア――に載せて発表する。その実体は紙であったり、カンバスであったり、空気振動であったり、光ディスクであったりする。この最初の作品をそれが載せられた実体とともに「原作品」――オリジナル――と呼ぶ。

2 著作権法は、じつは、この原作品のなかに存在するエッセンスを引き出して「著作物」と定義していることになる。そのエッセンスとは何か。A記録メディアから剝がされた記号列になる。著作権が対象とするものは原作品ではなく、この記号列としての著作物である。

3 論理的には、著作権法のコントロール対象は著作物である。しかし、そのコントロールは著作物という概念を介して物理的な実体――複製物など――へと及ぶのである。現実の作品は、物理的には、あるいは消失し、あるいは拡散してしまう。だが著作権法は、著作物を頑丈な概念として扱う。

4 もうひと言。著作物は、かりに原作品が壊されても盗まれても、保護期間内であれば、そのまま存続する。また、破れた書籍のなかにも、音程を外した歌唱のなかにも、存在する。現代のプラトニズム、とも言える。

5 著作物は、多様な姿、形をしている。繰り返せば、テキストに限っても――そして保護期間について眼をつむれば――それは神話、叙事詩、叙情詩、法典、教典、小説、哲学書、歴史書、新聞記事、理工系論文に及ぶ。いっぽう、表1の定義に(ア)ガッチするものを上記の例示から拾うと、もっとも(イ)テキゴウするものは叙情詩、逆に、定義になじみにくいものが理

| キーワード | 排除されるもの |
|---|---|
| 思想または感情 | 外界にあるもの（事実、法則など） |
| 創作的 | ありふれたもの |
| 表現 | 発見、着想 |
| 文芸、学術、美術、音楽の範囲 | 実用のもの |

**表1**　著作物の定義

工系論文、あるいは新聞記事ということになる。理工系論文、新聞記事には、表1から排除される要素を多く含んでいる。

6 ということで、著作権法にいう著作物の定義は叙情詩をモデルにしたものであり、したがって、著作権の扱いについても、その侵害の有無を含めて、この叙情詩モデルを通しているのである。それはテキストにとどまらない。地図であっても、伽(が)藍(らん)であっても、ラップであっても、プログラムであっても、それを叙情詩として扱うのである。

| | 叙情詩型 | 理工系論文型 |
|---|---|---|
| 何が特色 | 表現 | 着想、論理、事実 |
| 誰が記述 | 私 | 誰でも |
| どんな記述法 | 主観的 | 客観的 |
| どんな対象 | 一回的 | 普遍的 |
| 他テキストとの関係 | なし（自立的） | 累積的 |
| 誰の価値 | 自分 | 万人 |

**表2**　テキストの型

7 だが、ここには無方式主義[注1]という原則がある。このために、著作権法は叙情詩モデルを尺度として使えば排除されてしまうようなものまで、著作物として認めてしまうことになる。

8 叙情詩モデルについて続ける。このモデルの意味を確かめるために、その特性を表2として示そう。比較のために叙情詩の対極にあると見られる理工系論文の特性も並べておく。

9 **B** 表2は、具体的な著作物——テキスト——について、表1を再構成したものである。ここに見るように、叙情詩型のテキストの特徴は、「私」が「自分」の価値として「一回的」な対象を「主観的」に「表現」として示したものとなる。逆に、理工系論文の特徴は、「誰」かが「万人」の価値として「普遍的」な対象について「客観的」に「着想」や「論理」や「事実」を示すものとなる。

10 話がくどくなるが続ける。二人の詩人が「太郎を眠らせ、太郎の屋根に雪ふりつむ。」[注2]というテキストを同時にべつべつに発表することは、確率的に見てほとんどゼロである。このように、叙情詩型のテキストであれば、表現の希少性は高く、したがってその著作物性——著作権の濃さ——は高い。

11 いっぽう、誰が解読しても、特定の生物種の特定の染色体の特定の遺伝子に対するＤＮＡ配列は同じ表現になる。こちらの著作物性は低く、したがって著作権法のコントロール領域の外へはじき出されてしまう。その記号列にどれほど研究者のアイデンティティが凝縮していようと、どれほどコストや時間が投入されていようと、どれほどの財産的な価値があろうとも、である。じつは、この型のテキストの価値は内容にある。その内容とはテキストの示す着想、論理、事実、さらにアル(注3)ゴリズム、発見などに及ぶ。

12 多くのテキスト——たとえば哲学書、未来予測シナリオ、歴史小説——は叙情詩と理工系論文とをリョウ(ウ)タンとするスペクトル(注4)のうえにある。その著作物性については、そのスペクトル上の位置を参照すれば、およその見当はつけることができる。

13 表2から、どんなテキストであっても、「表現」と「内容」とを二重にもっている、という理解を導くこともできる。それはフェルディナン・ド・ソシュール(注5)の言う「記号表現」と「記号内容」に相当する。叙情詩尺度は、つまり著作権法は、このうち前者に注目し、この表現のもつ価値の程度によって、その記号列が著作物であるのか否かを判断するものである。ここに見られる表現の抽出と内容の排除とを、法学の専門家は「表現／内容の二分法」と言う。

14 いま価値というあいまいな言葉を使ったが、およそ何であれ、「ありふれた表現」でなければ、つまり希少性があれば、それには価値が生じる。著作権法は、テキストの表現の希少性に注目し、それが際立っているものほど、そのテキストは濃い著作権をもつ、逆であれば薄い著作権をもつと判断するのである。この二分法は著作権訴訟においてよく言及される。争いの対象になった著作物の特性がより叙情詩型なのか、そうではなくてより理工系論文型なのか、この判断によって侵害のありなしを決めることになる。

15 著作物に対する操作には、著作権に関係するものと、そうではないものとがある。前者を著作権の「利用」と言う。そのなかには多様な手段があり、これをまとめると表3となる。「コピーライト」という言葉は、この操作をすべてコピーとみなすものである。その「コピー」は日常語より多義的である。

<table>
<tr><th colspan="2">著作物 ＼ 利用目的</th><th>固定型</th><th>散逸型</th><th>増殖型</th></tr>
<tr><td colspan="2">そのまま</td><td>展示</td><td>上映、演奏</td><td>――――</td></tr>
<tr><td colspan="2">複製</td><td>フォトコピー</td><td>録音、録画</td><td>デジタル化</td></tr>
<tr><td colspan="2">移転</td><td>譲渡、貸与</td><td colspan="2">放送、送信、ファイル交換</td></tr>
<tr><td rowspan="2">二次的利用</td><td>変形</td><td colspan="3">翻訳、編曲、脚色、映画化、パロディ化<br>リバース・エンジニアリング（注6）</td></tr>
<tr><td>組込み</td><td colspan="3">編集、データベース化</td></tr>
</table>

**表3**　著作物の利用行為（例示）

16 表3に示した以外の著作物に対する操作を著作物の「使用」と呼ぶ。この使用に対して著作権法ははたらかない。何が「利用」で何が「使用」か。その判断基準は明らかでない。

17 著作物の使用のなかには、たとえば、書物の(エ)エツラン、建築への居住、プログラムの実行などが含まれる。したがって、海賊版の出版は著作権に触れるが、海賊 版の読書に著作権は関知しない。じつは、利用や使用の事前の操作として著作物へのアクセスという操作がある。これも著作権とは関係がない。

18 このように、著作権法は「利用／使用の二分法」も設けている。この二分法がないと、著作物の使用、著作物へのアクセスまでも著作権法がコントロールすることとなる。このときコントロールは(オ)カジョウとなり、正常な社会生活までも抑圧してしまう。たとえば、読書のつど、居住のつど、計算のつど、その人は著作者に許可を求めなければならない。ただし、現実には利用と使用との区別が困難な場合もある。

**注**

1　無方式主義…著作物の誕生とともに著作権も発生するという考え方。
2　「太郎を眠らせ、太郎の屋根に雪ふりつむ。」…三好達治「雪」の一節。
3　アルゴリズム…問題を解決する定型的な手法・技法や演算手続きを指示する規則。
4　スペクトル…多様なものをある観点に基づいて規則的に配列したもの。
5　フェルディナン・ド・ソシュール…スイス生まれの言語学者（一八五七～一九一三）。
6　リバース・エンジニアリング…一般の製造手順とは逆に、完成品を分解・分析してその仕組み、構造、性能を調べ、新製品に取り入れる手法。

**問1**　傍線部(ア)～(オ)に相当する漢字を含むものを、次の各群の①～⑤のうちから、それぞれ一つずつ選べ。（2点×5）

(ア)　ガッチする
- ①　チメイ的な失敗
- ②　火災ホウチ器
- ③　チセツな表現
- ④　チミツな頭脳
- ⑤　再考のヨチがある

(イ)　テキゴウする
- ①　プロにヒッテキする実力
- ②　テキドに運動する
- ③　窓にスイテキがつく
- ④　ケイテキを鳴らす
- ⑤　脱税をテキハツする

(ウ)　リョウタン
- ①　タンセイして育てる
- ②　負傷者をタンカで運ぶ
- ③　経営がハタンする
- ④　ラクタンする
- ⑤　タンテキに示す

(エ)　エツラン
- ①　橋のランカンにもたれる
- ②　シュツランの誉れ
- ③　ランセの英雄
- ④　イチランに供する
- ⑤　事態はルイランの危うきにある

(オ) カジョウ

① ジョウヨ金
② ジョウチョウな文章
③ 米からジョウゾウする製法
④ 金庫のセジョウ
⑤ 家庭のジョウビ薬

| (ア) | (イ) | (ウ) | (エ) | (オ) |
|---|---|---|---|---|
| | | | | |

**問2　傍線部A「記録メディアから剥がされた記号列」とあるが、それはどういうものか。【資料Ⅱ】を踏まえて考えられる例として最も適当なものを、次の①〜⑤のうちから一つ選べ。**（6点）

① 実演、レコード、放送及び有線放送に関するすべての文化的所産。
② 小説家が執筆した手書きの原稿を活字で印刷した文芸雑誌。
③ 画家が制作した、消失したり散逸したりしていない美術品。
④ 作曲家が音楽作品を通じて創作的に表現した思想や感情。
⑤ 著作権法ではコントロールできないオリジナルな舞踏や歌唱。

| |
|---|
| |

2

問3 【文章】における著作権に関する説明として最も適当なものを、次の①～⑤のうちから一つ選べ。(8点)

① 著作権に関わる著作物の操作の一つに「利用」があり、著作者の了解を得ることなく行うことができる。音楽の場合は、そのまま演奏すること、録音などの複製をすること、編曲することなどがそれにあたる。

② 著作権法がコントロールする著作物は、叙情詩モデルによって定義づけられるテキストである。したがって、叙情詩、教典、小説、歴史書などがこれにあたり、新聞記事や理工系論文は除外される。

③ 多くのテキストは叙情詩型と理工系論文型に分類することが可能である。この「二分法」の考え方に立つことで、著作権訴訟においては、著作権の侵害の問題について明確な判断を下すことができている。

④ 著作権について考える際には、「著作物性」という考え方が必要である。なぜなら、遺伝子のＤＮＡ配列のように表現の希少性が低いものも著作権法によって保護できるからである。

⑤ 著作物にあたるどのようなテキストも、「表現」と「内容」を二重にもつ。著作権法は、内容を排除して表現を抽出し、その表現がもつ価値の程度によって著作物にあたるかどうかを判断している。

問4 傍線部Ｂ「表2は、具体的な著作物――テキスト――について、表1を再構成したものである。」とあるが、その説明として最も適当なものを、次の①～⑤のうちから一つ選べ。(9点)

① 「キーワード」と「排除されるもの」とを対比的にまとめて整理する**表1**に対し、**表2**では、「テキストの型」の観点から**表1**の「排除されるもの」の定義をより明確にしている。

②「キーワード」と「排除されるもの」の二つの特性を含むものを著作物とする表1に対し、表2では、叙情詩型と理工系論文型とを対極とするテキストの特性によって著作物性を定義している。

③「キーワード」や「排除されるもの」の観点で著作物の多様な類型を網羅する表1に対し、表2では、著作物となる「テキストの型」の詳細を整理して説明をしている。

④叙情詩モデルの特徴と著作物から排除されるものとを整理している表1に対し、表2では、叙情詩型と理工系論文型の特性の違いを比べながら、著作物性の濃淡を説明している。

⑤「排除されるもの」を示して著作物の範囲を定義づける表1に対し、表2では、叙情詩型と理工系論文型との類似性を明らかにして、著作物と定義されるものの特質を示している。

問5 【文章】の表現に関する説明として適当でないものを、次の①〜⑤のうちから一つ選べ。(8点)

①第1段落第一文と第3段落第二文で用いられている「――」は、直前の語句である「何らかの実体」や「物理的な実体」を強調し、筆者の主張に注釈を加える働きをもっている。

②第4段落第一文「もうひと言。」、第10段落第一文「話がくどくなるが続ける。」は、読者を意識した親しみやすい口語的な表現になっており、文章内容のよりいっそうの理解を促す工夫がなされている。

③第4段落第四文「現代のプラトニズム、とも言える」、第13段落第二文「フェルディナン・ド・ソシュールの言う『記号表現』と『記号内容』に相当する」という表現では、哲学や言語学の概念を援用して自分の考えが展開されている。

④ 第5段落第二文「叙情詩」や「理工系論文」、第13段落第一文「表現」と「内容」、第15段落第一文「著作権に関係するものと、そうではないもの」という表現では、それぞれの特質を明らかにするための事例が対比的に取り上げられている。

⑤ 第16段落第二文「はたらかない」、第四文「明らかでない」、第17段落第二文「関知しない」、第四文「関係がない」という否定表現は、著作権法の及ばない領域を明らかにし、その現実的な運用の複雑さを示唆している。

**問6 【資料Ⅰ】の空欄 a に当てはまるものを、次の①〜⑥のうちから三つ選べ。ただし、解答の順序は問わない。**（3点×3）

① 原曲にアレンジを加えたパロディとして演奏すること
② 楽団の営利を目的としていない演奏会であること
③ 誰でも容易に演奏することができる曲を用いること
④ 観客から一切の料金を徴収しないこと
⑤ 文化の発展を目的とした演奏会であること
⑥ 演奏を行う楽団に報酬が支払われないこと

2

論理

# 電子書籍と紙の本

オリジナル

目標解答時間 20分

本冊(解答・解説) p.48

次の【資料Ⅰ】はMMD研究所の調査資料に、「出版科学研究所」による調査結果をもとにした記事を加えたものである。【資料Ⅱ】は、電子書籍と紙書籍の長所短所をまとめたものであり、【文章】は書店員でもある福嶋聡(ふくしまあきら)の著書『紙の本は、滅びない』(二〇一四年)の一部である。これらを読んで、後の問い(問1〜6)に答えよ。なお、設問の都合で【文章】の本文の段落に1〜16の番号を付している(引用文は前の段落の一部と見なす)。

【資料Ⅰ】

● 電子書籍の利用状況　(表内のNは人数を表す)

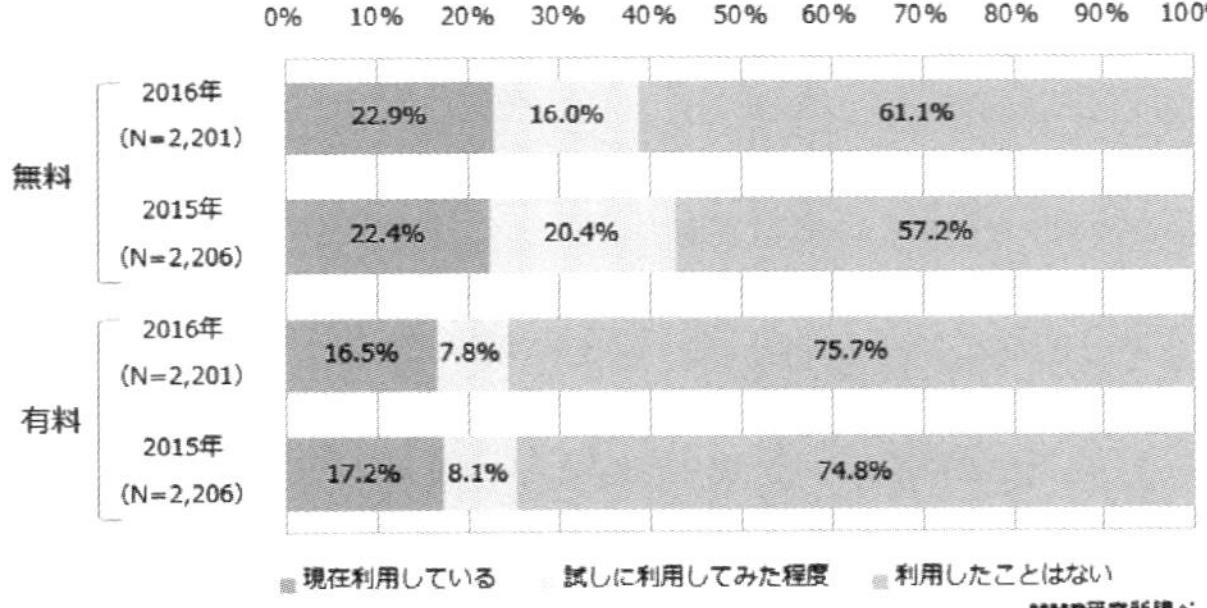


(mmdlabo.jp)

公益社団法人全国出版協会・出版科学研究所は2月25日発行の『出版月報』2019年2月号で、2018年紙&電子コミック市場推計を合計4414億円と発表。2017年は前年比2.8%減とマイナス成長だったが、2018年は1.9%増とプラス成長になった。

紙のコミックス(単行本)は1588億円(前年比4.7%減)、紙のコミック誌は824億円(同10.1%減)、電子のコミックスは1965億円(同14.8%増)、電子のコミック誌は37億円(同2.8%増)となった。紙の市場は6.6%減の2412億円なのに対し、電子の市場は14.6%増の2002億円。電子の市場占有率は44.9%に達し、恐らくこのままいけば2019年には逆転するものと思われる。

(HON.jp News Blog 2019年2月26日)

【資料Ⅱ】

電子書籍と紙書籍との比較

＊電子書籍

・メリット

1　いろいろな媒体で楽しめる
2　持ち運びが便利
3　どこでも読める
4　場所をとらない
5　紙の本より安い
6　劣化しない

・デメリット

1　貸し借りができない
2　［ a ］
3　読みたい本が電子化されていない
4　バッテリーが切れたら読めない
5　目が疲れやすい
6　販売サイトが閉鎖されると読めなくなる

＊紙書籍

・メリット

1　読んでいるという実感がある
2　所有や収集という楽しみがある
3　書き込みが自由にできる
4　装丁などを楽しむことができる

・デメリット

1　重くて持ち運びに不便
2　場所をとる
3　劣化する
4　電子書籍より高い

**【文章】**

1 『電子書籍の衝撃』の著者、佐々木俊尚は言う。

〝これまでだったら、ほしい本は書店に買いに行かなければいけませんでした。都心の大きな書店ならともかくも、地方の書店だと自分のほしい本が置いてあるとは限りません。古い本だと絶版になっていることも多いし、そもそも書店にまで足を運ぶという手間は省けないのです。アマゾン（注1）のオンライン書店なら配達してもらえますが、日にちはかかるし品切れになっていることも多い〟

2 「書店に買いに行かなければいけませんでした」、「そもそも書店にまで足を運ぶという手間は省けない」と、まるで書店に赴くという行為は、本を入手するための「必要悪」であるかのようである。そうした「手間」のないオンライン書店にしても、「日にちはかかるし品切れになっていることも多い」、だからこそ電子書籍への移行は望ましいものであり、必然的である。これが、佐々木が「紙の本はもう古い、これからは電子書籍の時代だ」と主張する際の基本的な図式である。

3 だが、その議論は果たして自明なのか？

4 佐々木は、1998年、約150社の出版社と電機メーカーが集まって旗揚げした「電子書籍コンソーシアム」（注2）がわずか2年で閉鎖されたことにも言及し、この試みが失敗した原因を述べる。

〝本当はインターネットをケイ(ア)ユして電子ブックをどう流通させるかという枠組みまで検討するはずだったのですが、本の卸売を行っている取次（注3）が参加していたことから、「書店を中抜き（注4）したら困る」という話になり、結果としてネット配信ではなく書店に端末を置くという変なしくみになってしまいました。（中略）日本でこの取次中心の流通システムが確立している状況の中では、出版社も取次に遠慮して、電子ブックになかなか本を提供してくれません〟

5 日本の出版流通システム批判の定番とも言える、「取次悪玉論」、「取次不要論」の新バージョン（注5）である。

6 確かに、雑誌の物流に書籍が乗っかった日本の出版流通システムは、「金太郎飴(あめ)書店」[注6]化、客注対応[注7]の遅さなど多くの問題を抱えてきた。しかし、出版社、取次、書店の業界三者が、そのことに無自覚で問題を放置してきたわけではない。例えば客注問題にしても、ネットワークシステムを駆使し、出版社、取次、他支店の在庫をいち早くケン(イ)サクし、速やかに読者にお届けすることを可能にしてきた。宅配システムも整備し、「アマゾンのオンライン書店なら配達してもらえますが、日にちはかかるし品切れになっていることも多い」という状況に決して負けないという自負はある。

7 現在の出版流通システムへの批判に対し、『書棚と平台』で(ウ)カカンに反論したのが、柴野京子(しばのきょうこ)である。彼女は、「購書空間」という概念をつくり、書店、取次の存在意義を再発見しようとする。

〝人と本の関係は、読書以前にまず物体としてのそれを手にする場面、購書に始まると筆者は考えている。（中略）その人にとっての一冊がどこで選ばれるのかは、単純な命題のようにみえてあまり考察された形跡がない。しかし、それがおそらく生産に従属しない、流通独自の作用なのである。

購書空間は、この作用をはかるためのアイデアである。オルダースン[注8]の定義にしたがって、「意味のある集合」をつくり出すのが流通機能とするならば、購書空間はその最終段階で直接人々に意味を提示する自立した装置、テクノロジーと考えることができる〟

8 ぼくたち書店人が販売しているのは、「読書」という経験であり、書店で本を選び購入するという作業こそその第一ステップだ、と信じるぼくは、柴野の議論に共鳴する。そして、出版社や取次の協力を得つつ、自らを読者にとって魅力的な「購書空間」にすることこそ、書店が、さらには現在の出版流通システムが、ひいては「紙の本」が存在意義を保つ(エ)メイミャク、と確信する。

9 『電子書籍の衝撃』の1年後、2011年2月に上梓(じょうし)した『(A)キュレーションの時代』で、佐々木は、インターネットによって細分化され、俯瞰・特定が困難になっている情報の共有圏域を「ビオトープ」という言葉でイメージする。「ビオトープ」とは、もともと「小さな水たまりに細い水流が流れ込み、小エビやザリガニやトンボやアメンボが集まってきてつくられる小さな生態系」を表す言葉である。

10 そうした個々の「ビオトープ」に棲む人々の特質(注9)をつかみ、その人たちがどのようにして情報を得ているのかということを調べ上げて情報の流れを特定していくことがコンテンツの売り手にとって大切であり、「新聞やテレビ、雑誌を介して情報をただ流す」という方法は、ほとんど無力になりつつある、マスメディアやマスメディアが先導した「記号消費」の時代は去った、と佐々木は主張する。

11 一方、コンテンツを消費する側にとっても、インターネットの情報の大海は、ますます巨大化し、ますます混沌としたものになっていき、本当に必要な情報に出会うためには、強力な助けを必要とするようになってきている。そのための手段として、他人の視座に「チェックイン」することが、有効であり必要であると佐々木は力説する。

12 インターネットの「位置通知サービス」において、ある場所に「チェックイン」したことを発信し、自らの位置を明確にした人には、その場所に関する多くの情報やサービスが提供される。「他人の視座にチェックイン」する、とはそのサービスを拡張したもので、ある特定の場所をある特定の人物の目から見た世界を共有するものである。その場所についてその人物が持っている情報、その場所に関してその人物が分析した内容に、素早くかつ(オ)イロウなくアクセスするのだ。すぐれた観察者、分析者の視座に「チェックイン」すれば、同一の場所が、まったく違った風貌で、まったく違った光を浴びて浮かび上がってくる、というわけである。「視座」を提供する人を、英語圏のウェブの世界では「キュレーター」と呼び、キュレーターが行う「視座の提供」が「キュレーション」なのである。

13 もともと「キュレーター」とは、日本語に訳せば博物館や美術館の「学芸員」、世界中の芸術作品の情報を収集し、それらを集め、一貫した意味を与え、企画展として成り立たせるのが仕事である。芸術作品が多くの人の前に現れるプロセスでキュレーターの存在は欠かせないものであり、同じことが、情報のノイズの海からあるコンテキストに沿って情報を拾い上げる作業にも言えるから、「キュレーション」という言葉が使われるようになってきたのだと、佐々木は言う。

14 だが、情報を求める人が、影響力を持つ特定の人物に共感・共鳴し、その人物の視座から世界を眺めることによって、「自己の世界の意味的な境界」を組み替えていくという作業は、これまでもずっと行われていることである。「ITの伝道師」佐々木俊尚が言うように社会のIT化の進展によってはじめてそうなったわけでは、ないのだ。

15 『論語』、『仏典』、『聖書』を読む人は、その都度、孔子やブッダ、イエスとその弟子たちの「視座にチェックイン」して、世界を読み解こうとした。書物はそのようにして読み継がれてきたのである。

16 むしろ、アマゾン、アップル、グーグルといった独占的IT企業が、自らの「プラットフォーム」[注10]の優位の確立のために自らの配下に収めるコンテンツの量のみを争う今、一つひとつのコンテンツの質はもはや顧みられることもなく、一冊の本をじっくりと読み込み、真に著者の「視座にチェックイン」するという作業が、どんどん薄まってきたと言えるのではないだろうか。

**注**

1 アマゾン…書籍を中心に扱う、アメリカの大手通信販売会社。電子書籍を読むための端末Ｋｉｎｄｌｅはアマゾンから発売されている。

2 コンソーシアム…複数の個人、企業、政府機関など（あるいはそれらの組み合わせ）からなる団体で、協働で、ある目的に添った行動を行う。

3 取次…商品を生産者（出版社）から小売業者（書店）に渡す仲立ちをする流通業者。

4　中抜き…流通の流れから外すこと。
5　バージョン…書物などの版。コンピューターのソフトウェアなどで、改訂の回数を表すもの。
6　金太郎飴…どこを切っても同じ金太郎の顔が出てくるように作った棒状の飴のことで、「画一的」という意味で用いられる。
7　客注…客の注文の略。
8　オルダースン…ロー・オルダースン（一八九八〜一九六五）。アメリカ生まれの経営理論家。
9　コンテンツ…情報などの内容。中身。
10　プラットフォーム…基盤。環境。土台。企業では、サービスなどを提供する場のことを指す。

**問1　傍線部(ア)〜(オ)に相当する漢字を含むものを、次の各群の①〜⑤のうちから、それぞれ一つずつ選べ。**（2点×5）

(ア)　ケイユ
① 養護キョウユになる
② 企業とユチャクする
③ 支援物資をクウユする
④ ユダンをしてはならない
⑤ 名前のユライを聞く

(イ)　ケンサク
① 小論文をテンサクしてもらう
② トウサクした行動
③ 会心のサクだ
④ 本のサクインを作る
⑤ なかなかのサクシだ

(ウ)　カカン
① カレイによる病気
② カジツを栽培する
③ カビな服装
④ コウカな品物
⑤ カンカできない事態だ

(エ)　メイミャク
① メイリョウな頭脳の持ち主だ
② 子どもにメイメイする
③ メイサイをほどこす
④ メイヤクを結ぶ
⑤ 力士のシュウメイ披露

(オ)　イロウ
① イデンによる体質
② 褒美にイカイを授ける
③ 親にイゾンする
④ 二つの本のイドウを調べる
⑤ 交通法にイハンする

| (ア) | (イ) | (ウ) | (エ) | (オ) |
|---|---|---|---|---|
| | | | | |

**問2　【資料Ⅰ】のように電子書籍を読む人がふえているのはどうしてだと考えられるか。【文章】に即して説明したものとして最も適当なものを、次の①〜⑤のうちから一つ選べ。**（9点）

① 試し読みができたり、有料のもの以外に、無料で読むことのできるものも準備されているから。
② 自分の読みたい本を必ず提供してくれて、細分化された嗜好（しこう）にも対応できる圧倒的な量があるから。
③ 自分の状況に即時的に対応し、自分が求めている書物や情報を効率よく手に入れることができるから。
④ さまざまな面倒が省け、自分にとって必要な情報や書物を選ぶことを積極的に援助してくれるから。
⑤ 紙の本に比べ安価であると同時に、読みたいときにインターネットから素早く手に入れることできるから。

問3　【文章】における「読書」に関する説明として最も適当なものを、次の①～⑤のうちから一つ選べ。（8点）

① 読書とは、どこで選び何を買うかを出発点として、著者など他者のものの見方や立場に時間をかけて肉迫し、ものごとを理解していく行為である。

② 読書とは、流通業界が用意した魅力的な空間で本を手にすることから始まり、マスメディアが流す情報とは異なる独自の視座を獲得する行為である。

③ 読書とは、人々に意味を提示する自立した空間において、自分が出会うべき本と出会い、作品の意味を他者の見方を参考に考える営みである。

④ 読書とは、物体として存在する紙の本によって与えられる質の高い作品を読みながら、自己や世界を探求していこうとする孤高の営みである。

⑤ 読書とは、流通業界が示す情報に従い、優れた作品とされている思想や宗教の神髄に触れ、そうして人々が優れた作品を読み継いでいく営みである。

問4　傍線部Ａ「キュレーションの時代」とあるが、どのような「時代」のことをいうのか。その説明として最も適当なものを、次の①～⑤のうちから一つ選べ。（8点）

① インターネットによってジャンル化された領域を共有している人々の性格を把握し、どのようにして興味ある情報を収集すべきかを教えていくことが必要な時代。

② 混沌とした現代世界を独特の視点に沿って分析し、不透明だった世界の本質を人々の前に提示し、記号消費に慣れた人々を啓蒙(けいもう)していくことが求められる時代。

③ 自分だけではインターネットの情報を判断できなくなった、他人にイゾンするしかない人々に、固有の視座を所有する方法を提示することが求められる時代。

④ ある人物が膨大な情報領域を秩序立てて意味づけし、一般の人々がそうした秩序を形成する視点に即し情報や自己の世界を再構成できるようにすることが必要な時代。

⑤ マスメディアに代わり、巨大化しているインターネットの世界を細分化し、その領域ごとに、情報の流通の仕方を特定していくことが求められる時代。

**問5** **【文章】の表現に関する説明として適当でないものを、次の①〜⑤のうちから一つ選べ。**（8点）

① 第2段落では、第1段落冒頭で引用した文章を、すぐもう一度細かく引用し、それらと自分の言葉とをつなぎ合わせている表現形式が見られ、引用文の内容に対する批判を行おうという筆者の姿勢が示されている。

② 第5段落「取次悪玉論」、第6段落第一文「『金太郎飴書店』化」などでは、書籍の流通システムの状況やそれに対する評価などを、比喩的な表現などを用い簡潔に示そうとする筆者の意図が示唆されている。

③ 第7段落で「柴野京子」の『書棚と平台』や「オルダースン」の定義をそのまま引用し、第1段落のように、直後で再び引用することをしていないのは、第1段落の引用文に対する評価とは対照的に、柴野の論に賛成する筆者の意

思が示唆されている。

④　第10段落末尾の「と佐々木は主張する」、第11段落の末尾「佐々木は力説する」などという表現では、とくに「力説」という強い表現を使うことによって、逆にその「説」に後から反論を加えるという筆者の意図が示唆されている。

⑤　第11段落以降、「チェックイン」という語句が頻出するのは、この語がそもそもどのような経緯で使われた語かを説明すると同時に、この語が示すのと同様の行為が、古来から行われてきたことを説明しようとしているからである。

問6　**【資料Ⅱ】**の空欄　a　に当てはまるものを、**【文章】**を踏まえて次の①〜⑤のうちから一つ選べ。（7点）

①　生への真剣な思索をもたらさない

②　内容が薄く途中で飽きてしまう

③　流通システムの点で紙の本に劣る

④　中身を重視する姿勢に欠ける

⑤　思想書や宗教書には向かない

論理

# 「アートマネジメント」とはどういうものか

オリジナル

目標解答時間 20分

本冊（解答・解説）p.60

次の【資料Ⅰ】は「文化芸術推進基本計画―文化芸術の『多様な価値』を活かして、未来をつくる―（第1期）（平成30年3月6日閣議決定）」、【資料Ⅱ】・【資料Ⅲ】は文化庁年次報告書「我が国の文化政策（平成26年度）」からの抜粋である。【文章】は後藤和子の「アートマネジメントと公共政策」（二〇〇一年）の一部である。これらを読んで、後の問い（問1～6）に答えよ。なお、設問の都合で【文章】の本文の段落に1～8の番号を付している。

【資料Ⅰ】

**文化芸術推進基本計画―文化芸術の「多様な価値」を活かして、未来をつくる―**

**目標1　文化芸術の創造・発展・継承と教育**

文化芸術の創造・発展、次世代への継承が確実に行われ、全ての人々に充実した文化芸術教育と文化芸術活動の参加機会が提供されている。

**目標2　創造的で活力ある社会**

文化芸術に効果的な投資が行われ、イノベーションが生まれるとともに、文化芸術の国際交流・発信を通じて国家ブランドの形成に貢献し、創造的で活力ある社会が形成されている。

**目標3　心豊かで多様性のある社会**

あらゆる人々が文化芸術を通して社会に参画し相互理解が広がり、多様な価値観が尊重され、心豊かな社会が形成されている。

**目標4　地域の文化芸術を推進するプラットフォーム**

地域の文化芸術を推進するためのプラットフォームが全国各地に形成され、多様な人材や文化芸術団体・諸機関が連携・協働し、持続可能で回復力のある地域文化コミュニティが形成されている。

【資料Ⅱ】

芸術文化経費の推移(面グラフ)

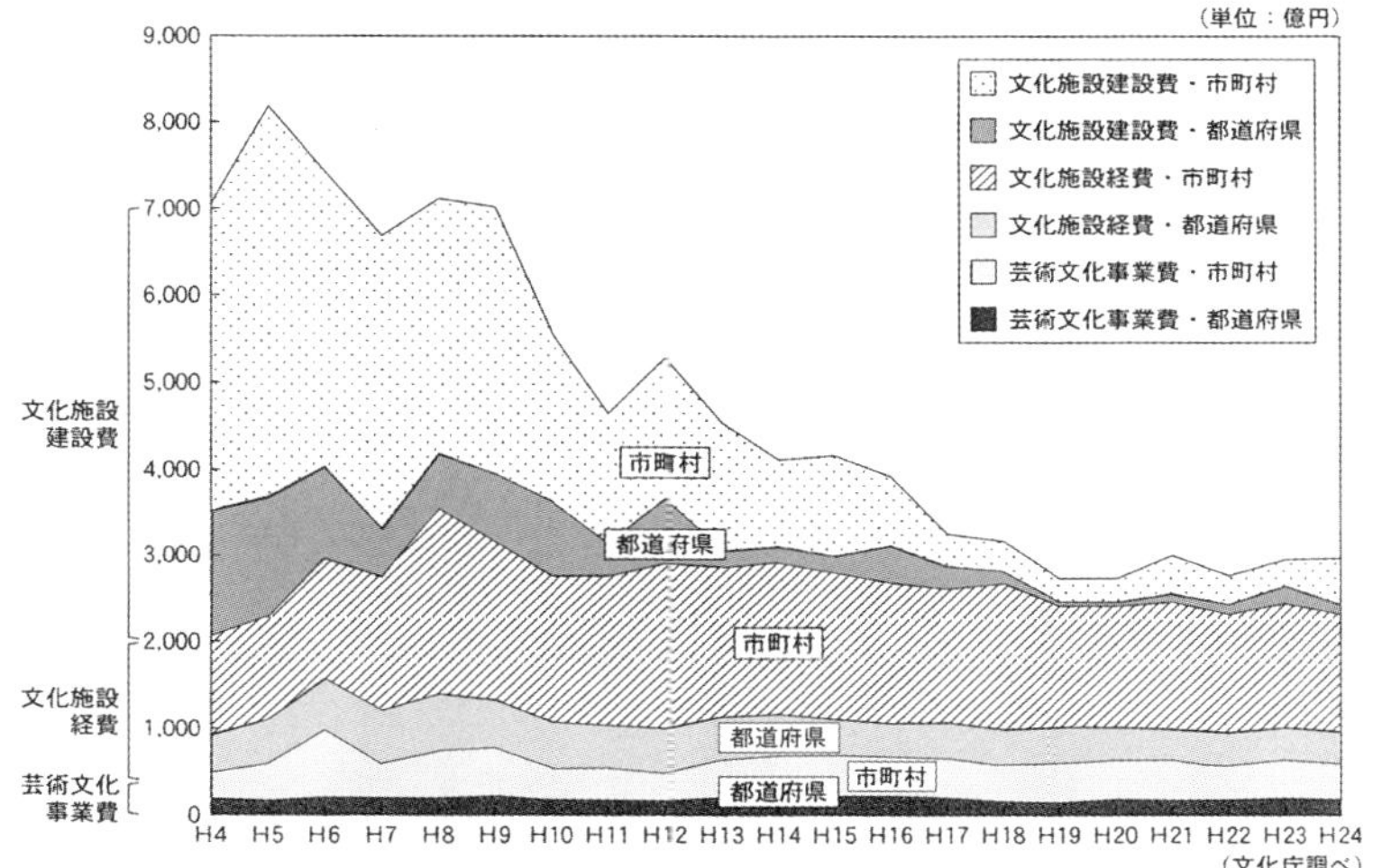


【資料Ⅲ】

メセナ活動の実施状況・実施方法

企業によるメセナ活動の実施状況

・実施企業数:397社(回答企業数:530社)
・活動総件数:3,124件(1社平均:7.87件)
・活動費総額:207億7,473万円(回答があった237社の総額)(1社平均:8,765万円)

企業財団によるメセナ活動の実施状況

・活動総件数:699件(回答財団数:184団体)(1財団平均:3.8件)
・活動費総額:603億6,402万円(回答があった184団体の総額)(1財団平均:3億6,363万円)

メセナ活動の実施方法

[企業] 実施件数ベース(総件数:2,149件/複数回答)

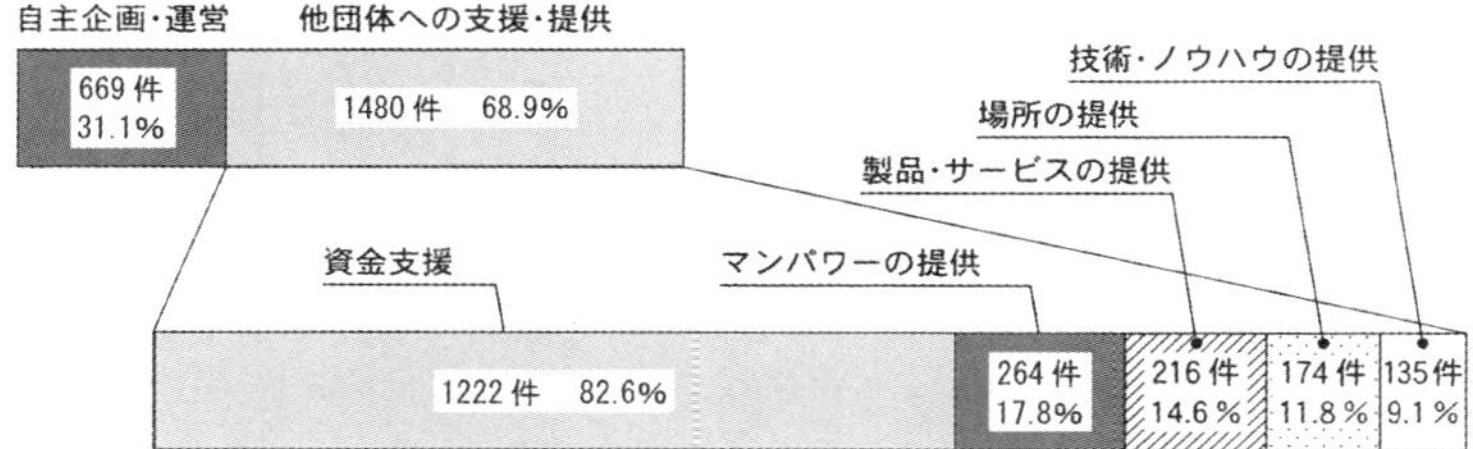

## 【文章】

1 芸術文化の分野でアートマネジメント[注1]に大きな関心が寄せられるようになったのは、一九八〇年代以降である。一九七〇年代後半以降の経済のグローバル化と財政赤字を背景に、財政支出の効率性が問われる中で、芸術文化団体への補助の効率性も問われるようになったのである。一九六六年に出版されたボーモル＝ボーエン[注2]の著書『舞台芸術—芸術と経済のジレンマ』は、舞台芸術団体の収入不足の必然性と舞台芸術サービスの外部性（社会的ベン(ア)<u>エキ</u>）を明らかにして、政府による芸術文化への公的支援の必要性を経済学的に位置づけたものである。この研究を根拠として、アメリカでは一九六五年に全米芸術基金（ＮＥＡ）が発足し、連邦政府及び州政府による文化支援が本格化していった。世界的に見ても、芸術文化への公的支援は、当初、芸術団体への補助という形で開始されている。

2 ところが、一九八〇年代以降、財政赤字を背景として、芸術団体への補助という形での支援が芸術文化の振興にとって本当に有効なものかどうかが問われるようになる。フライ[注3]らは、その著『芸術と市場』の中で、芸術団体への赤字補塡（ほてん）という形での補助は、美術館のディレクターに芸術的洗練というインセンティブ[注4]は与えるが、消費者の嗜好（しこう）を無視しがちであるという問題点を指摘した。また、芸術団体への補助金の配分に当たっては、ケインズ[注5]によるアームズ・レングスの原則以来、専門家による配分が望ましいという従来の通説に対して、住民の公共選択によっても、文化支出に優先順位を確立していくことは可能であることを、バーゼル[注6]市の事例の分析を通して示唆した。同様に、イギリスの財政学者であるピーコックも、芸術評議会を通じた意思決定により、音楽分野の国の補助の七八%がロンドンのオペラとバレエに集中している事実を挙げ、芸術評議会を通じた予算配分の(イ)<u>ヘイガイ</u>を指摘するとともに、消費者の選好の変化に着目した補助のあり方を問題提起している。こうした批判は、芸術団体への補助の効率性を問うとともに、文化の生産者ではなく、消費者に光を当てた文化支援の必要性を示唆している点で注目に値する。

3 ボーモル＝ボーエンの研究においても、舞台芸術の観客は高学歴・高所得・専門職という属性を持つことが指摘されており、こうした観客構造を変えない限り、芸術団体への補助も、高所得者の満足を高める効果しか持たないことになる。従来、芸術に接することの少なかった消費者が美術館や実演芸術に足を運ぶこと、評価の定まった芸術だけではなく、実験的な芸術を支援し創造の芽を育てることこそ、政府が芸術を支援する最大の根拠であり、補助の効率性もこうした観点から問われるべきであろう。アートマネジメントが着目されるようになった背景には、このような芸術支援をめぐる文脈の転換がある。

4 日本においては、芸術文化分野への公的支援が本格的に行われるようになったのは、一九九〇年の芸術文化振興基金の発足以降である。そのため、文化政策とアートマネジメントを混同し、文化政策はアートマネジメントに収斂（しゅうれん）されると考える向きもあるが、文化政策とアートマネジメントはそれぞれ異なる概念であり、(ウ)コユウの役割を持つことに留意すべきである。文化政策は、国や地方自治体による芸術文化への公的支援の理念やあり方を示す広い概念であり、A アートマネジメントは非営利組織である芸術団体の経営に関わる概念である。

5 芸術文化団体の多くは、非営利組織として存在している。国立や公立の劇団等でも、国や地方自治体の行政組織とは区別され、独立した理事会を有する組織として存在する場合が多い。非営利組織（NPO）とは、営利を目的としない団体のことであり、財団法人や社団法人も含まれる。非営利組織としての芸術団体は、その資金を政府からの補助金、企業や個人からの寄付、入場料、友の会会員の年会費、ショップの売り上げ等から得て、運営されている。

6 ヨーロッパの場合は政府補助の割合が多く、アメリカでは寄付の割合が多いが、こうした違いは公的支援の違いに(エ)キインするものである。王侯・貴族のパトロネージ(注7)の伝統が政府による支援に引き継がれた歴史を持つ大陸ヨーロッパでは、芸術文化支援は政府からの直接的な補助という形をとることが多かった。それに対して、アメリカは、タウンシップ(注8)による草の根の自治の歴史を持ち、NPOが根強いため、芸術文化支援も政府による直接の補助よりも、税制優遇や税控除による間接支援が大きな割合を占めている。芸術団体は全米芸術基金（ＮＥＡ）に認定され、自分たちで寄付を集めると、寄付と同額の補助がＮＥＡから受けられるマッチング補助という仕組みもある。個人は芸術団体に寄付した額を納税額から控除される。大陸ヨーロッパのアートマネジメントが、納税者である市民や地域のニーズをいかに掘り起こすかに力点を置き、アメリカでは寄付を集めるためのパーティー等に重点が置かれたのも、こうした資金源の違いを反映したものである。

7 しかし、今日では、厳しい財政状況を反映した文化予算削減の下で、こうした違いは小さくなりつつある。日本の場合は、本格的な芸術文化支援の遅れと、八〇年代以降の文化施設の建設ラッシュという文脈の下で、アートマネジメントが導入された。ハコはできたけれども、そのハコを運営するノウハウがないという公立文化施設の状況、芸術団体や芸術家への公的支援が少ない中で、創造のための資金をいかに集めるかという切実な課題に応える形でアートマネジメント講座が各地で行われている。アートマネジメントが重視されるようになった背景や、非営利組織のマネジメントであるという主旨からすれば、直接の受益者である観客と潜在的な利用者であり資金提供者でもある納税者の両方を視野に入れたマネジメントが必要であろう。芸術文化への潜在的な(オ)ジュヨウを掘り起こしつつ、創造というエクセレンス(注9)を高めるという相反する課題に取り組むことになる。地域の文化施設であれば、その地域の人々の文化的ジュヨウを喚起しつつ、地域文化の創造に貢献することが求められる。

8 アートマネジメントの有り様は、社会制度や文化政策を反映して変化するものであり、アートマネジメントだけで芸術文化の振興が完結するわけではない(注10)。しっかりした理念に基づく文化政策や公的支援の確立と結びついてはじめて、効率的な財政支出や納税者へのアカウンタビリティに有効なマネジメントも確立するのではないだろうか。

**注**

1 アートマネジメント…芸術活動を支援する際の方法論。
2 ボーモル＝ボーエン…アメリカの経済学者ウィリアム・J・ボーモル（一九二二〜二〇一七）とウィリアム・G・ボーエン（一九三三〜二〇一六）のこと。『舞台芸術―芸術と経済のジレンマ』は二人による文化経済学の著作である。
3 フライ…ブルーノ・フライ（一九四一〜）。スイス生まれの経済学者。
4 インセンティブ…意欲を起こさせる刺激。
5 ケインズによるアームズ・レングスの原則…ジョン・メイナード・ケインズ（一八八三〜一九四六）。ケインズはイギリス生まれの経済学者。「アームズ・レングスの原則」とは、芸術支援に即していえば、芸術団体への補助を、政府が直接行うのではなく、専門家の団体などに任せることを指す。
6 バーゼル市…スイスの都市。
7 パトロネージ…後援者による支援、賛助。
8 タウンシップ…土地区画制度。
9 エクセレンス…卓越した点。長所。
10 アカウンタビリティ…説明責任。

**問1 傍線部(ア)〜(オ)に相当する漢字を含むものを、次の各群の①〜⑤のうちから、それぞれ一つずつ選べ。**（2点×5）

(ア) ベンエキ
① フエキリュウコウ
② ボウエキ体制で汚染を阻止する
③ ムエキな争いをやめる
④ エキショウ画面を開発する
⑤ エキロを歩いていく

(イ) ヘイガイ
① オウヘイな振る舞い
② 感染症をヘイハツする
③ キュウヘイを打破する
④ 頑固な態度にヘイコウする
⑤ ゾウヘイ局の前を通る

(ウ) コユウ

① せっかくの受賞をコジする
② それとはベッコの話だ
③ カイコ趣味
④ コタンな味わい
⑤ テンコをとる

(エ) キイン

① ヒキこもごもの人生だ
② 地域の開発をキトする
③ 人民がケッキする
④ シンキイッテンがんばる
⑤ スウキな運命をたどる

(オ) ジュヨウ

① ヨウショクがあせる
② 新人の作品をショウヨウする
③ ヨウドウ作戦を用いる
④ ヨウセツの仕事をする
⑤ 他人への配慮がカンヨウだ

| (ア) | (イ) | (ウ) | (エ) | (オ) |
| --- | --- | --- | --- | --- |
|  |  |  |  |  |

**問2** **【資料Ⅱ】**について、**【文章】**を踏まえて説明したものとして最も適当なものを、次の①～⑤のうちから一つ選べ。(8点)

① 本来文化政策を主導すべき都道府県が、財政規模の小さな市町村に依存する構造になっているため、文化施設の建設が停滞し、文化事業全体が活性化しない状態が示唆されている。

② 都道府県が二〇年間も芸術文化事業費を変更していないのは、一九八〇年代以降導入されたはずのアートマネジメ

ントが、文化政策においてはほとんど機能していないことを示している。

③ 全体的に文化事業関連の経費が減少傾向にあるのは、長引く不況が原因だと考えられるが、それは逆に、公的補助に頼らなくても非営利団体の活動が維持されていることを示唆している。

④ 振興基金の発足と対応し多くの建設費を使ったが、建築後はあるべき芸術文化の姿を模索しているとは必ずしもいえず、文化事業の発展に投資されていないことが示唆されている。

⑤ 都道府県よりも市町村のほうが、芸術文化事業費などに積極的に出資しているのは、アートマネジメントが市町村を中心にした小規模な単位において効果的であることを示している。

**問3 【文章】における「文化支援」に関する説明として最も適当なものを、次の①～⑤のうちから一つ選べ。**（8点）

① 日本では「文化支援」という概念が曖昧であるともいえるが、堅固な理念を前提とした公的な「文化政策」とアートマネジメントとの結合が、日本の芸術文化を発展させることになる。

② 現在の「文化支援」は政府に代表される公的な支援と、「メセナ」に代表される企業によるものとが中心だが、今後は利用者自身がどう芸術文化を支援していくかを考える必要がある。

③ ヨーロッパの伝統である「パトロネージ」もアメリカのような芸術団体自身による資金調達も根づいていない日本では、「文化支援」は公的な支援に頼らざるを得ないのが現状である。

④ 日本における「文化支援」は、厳しい財政状況にある地方の市町村など地域の経済の活性化を喚起するものであり、

そうした地域の文化の創造に貢献することが求められている。

⑤ 営利を目的としないことによって自らの純粋な芸術性を保とうとする文化団体が多く存在する日本では、「文化支援」もまたそうした芸術性を尊重したものでなければならない。

**問4　傍線部Ａ「アートマネジメントは非営利組織である芸術団体の経営に関わる概念である」とあるが、【文章】に書かれた「アートマネジメント」の観点からいえば、【資料Ⅲ】に示された、企業が文化事業を支援する「メセナ」のあり方はどのように考えられるか。その説明として最も適当なものを、次の①～⑤のうちから一つ選べ。**（9点）

① 「メセナ」は文化政策に便乗した宣伝活動だという誤解を招かないために、企業は公的支援を担う納税者に「メセナ」を理解してもらう努力をすべきである。

② 世界的に見ても財政状況が厳しい中、活動資金を支援してくれる「メセナ」の存在は貴重だといえるが、運営の方法などに関する援助がもっと行われてもよい。

③ 企業の行う「メセナ」の約三割が当該企業による自主企画であることは、財政的に厳しい芸術団体をより一層窮地に追いやるということを自覚すべきである。

④ 非営利組織であるがゆえに、公的支援が少ない芸術団体にとって「メセナ」は重要だが、公演の機会が少ない団体への場所の提供を第一に考えたほうがよい。

⑤ 企業が芸術文化を支援するのはヨーロッパの「パトロネージ」の伝統を継承するものなので、それに倣って市民の

ニーズを掘り起こす活動を行うのが望ましい。

問5　【文章】の表現に関する説明として最も適当なものを、次の①～⑤のうちから一つ選べ。（8点）

① 第1段落第四文「全米芸術基金（NEA）」という短縮形の表記は、第5段落第三文の日本の「非営利組織（NPO）」と対比させることで、日本の文化支援の遅れを強調する効果をもたらしている。

② 第2段落第二文「芸術的洗練というインセンティブ」、第7段落第五文「創造というエクセレンス」などの表現には、カタカナ語によって、「芸術」や「創造」が、非日常的で高貴なものであることを印象づけようとする意図が示唆されている。

③ 第2段落第四文「音楽分野の国の補助の七八%がロンドンのオペラとバレエに集中している事実を挙げ」という表現では、具体的な数字を引用することで、「ピーコック」の問題提起の現実性を示し、その意見を支持する意思が示唆されている。

④ 第7段落第三文「ハコ」という表現は、文化政策によって建てられた建物の立派さを揶揄（やゆ）するとともに、その対比から「ハコ」の中身の貧困さを想像させるという皮肉をも示唆している。

⑤ 第8段落第一文「わけではない」という文末表現は、最終文の「ではないだろうか」という懐疑的な疑問表現と対応し、現代の文化政策に対する失望と批判を強調する文脈を作る働きをしている。

**問6　【資料Ⅰ】の傍線部「文化芸術に効果的な投資が行われ、イノベーションが生まれる」とはどのようなことか。【文章】に即した説明として最も適当なものを、次の①～⑤のうちから一つ選べ。**（7点）

① 芸術文化の重要性を社会的に認知させ、芸術創造に対する社会的評価を高めていくこと。

② 芸術を従来の知識層から解放し、大衆的で娯楽性のあるものに変革していくこと。

③ アメリカのような税控除策などを講じ、芸術団体も利潤が得られるようにすること。

④ 文化の生産者よりも、それらを評価する消費者を重視し、文化の商品価値を高めること。

⑤ 多数の人々の欲求を満たしつつも、前衛的な創造性をもつ個人や集団をも援助すること。

論理

# ヘルメス的なありかたとは？

オリジナル

目標解答時間　20分

本冊（解答・解説）p.72

次の【資料】は川村二郎（かわむらじろう）「書かれた旅17　旅の奥義はヘルメス型」（一九九一年）であり、【文章】は河野哲也（こうのてつや）『境界の現象学　始原の海から流体の存在論へ』（二〇一四年）の一部である。これらを読んで、後の問い（問1〜6）に答えよ。なお、設問の都合で【文章】の本文の段落に1〜14の番号を付している。

【資料】

ケレーニイ（注1）は、旅行者の基本的な態度を、ヘルメス型とゼウス型（注2）の二つに分けている。旅において日常の自己から離れ、別世界に没入しようとするのがヘルメス型、旅先でも常に日常生活の原則を守り、旅宿をもわが家にしてしまわねば気がすまないのがゼウス型、というわけである。

このように分けた所で、明確な線が引けるという保証はない。たとえば芭蕉（ばしょう）が『おくのほそ道』の冒頭に記した「日々旅にして旅を栖（すみか）とす」という言葉など、［　a　］と見ればヘルメス型だが、旅を「日々」の常態にしてしまっている、つまりそういう形での日常に安住していると取ればゼウス型だともいえる。実際、芭蕉がその衣鉢（注3）を継いだ前代の旅人たちが、歌枕を訪ね、あらかじめ指定されている名所をめざして遍歴したのは、かねてから心に貯（たくわ）えていたイメージや知識を、行った先でたしかめただけのことで、別世界に赴いたとは到底いえないと考えればそれまでである。

**注**

1　ケレーニイ…カール・ケレーニイ（一八九七〜一九七三）。ハンガリー生まれの神話学者、宗教学者。
2　ゼウス…ギリシア神話に登場する主神。
3　衣鉢…宗教・芸術などで師匠から伝えられる奥義。前人の事業・行跡など。

**【文章】**

1　エドワード・ケイシー（注1）は、人間の住み方（dwelling）には根本的に二つの(ア)<u>ヨウタイ</u>があると主張する。ひとつは、ヘスティア的住み方であり、もうひとつはヘルメス的住み方である。

2　ヘスティアとは、ギリシャ神話におけるかまどの女神であり、家と家族的生活の中心である炉端を象徴する。それは、家族を養う家政（オイコス）の神でもある。古代ギリシャの家々にはヘスティアを祀（まつ）る祭壇が備えられ、大きな町の公会堂や市庁舎の正面にもヘスティアの祭壇が作られたといわれている。ギリシャでは、かまどは家や寺院の真ん中にあり、ヘスティアは家庭と国家の統一の象徴であった。

3　よって、ヘスティア的住み方とは、佇（たたず）むことであり、留（とど）まることであり、最終的に宿ることである。それは、同じ場所に停留することであり、内在することであり、滞在することであり、共に居つづけることである。この居住形態は、その中心に家を持たねばならず、内側へと閉じていく傾向を持つ。ヘスティア的な住み方に適した建築物は、求心的であり、円的であり、自己閉鎖的である。そうした居住が暗黙に有する方向性とは、中心から周辺へと向かう運動であり、内部の秩序を外部へと拡張する運動である。

4　また、ヘスティア的な住み方は、かまどがそうであるように、上方へと向かって開き、垂直的方向性をもつ。天と地、精神性と身体性の二極化が示される。閉鎖性と垂直性、あるいは階層性が、ヘスティア的な住み方の特徴である。ひとつのと

## 【図１】 ヘスティア的建築

Fig. 7. Elevation of Villa Rotonda.

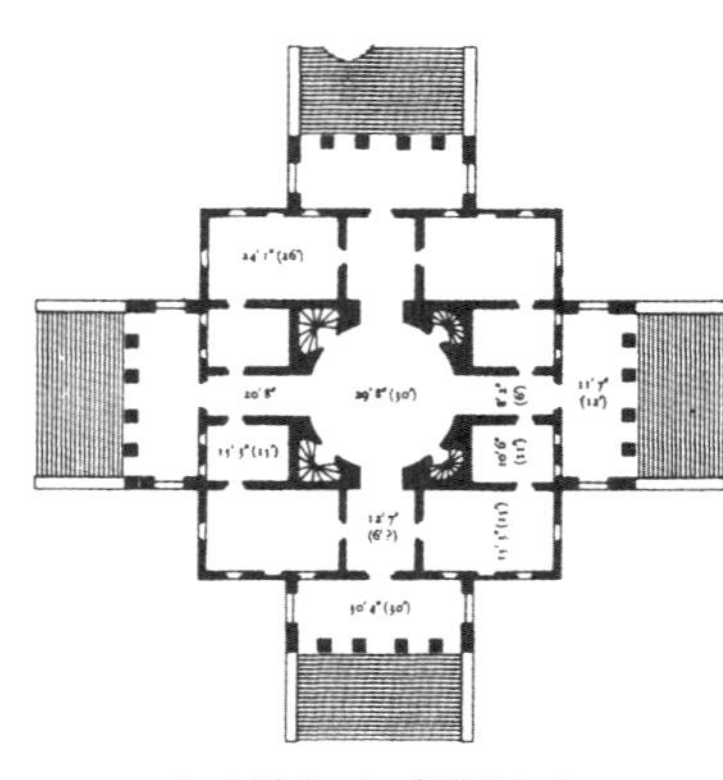

Fig. 6. Palladio, plan of Villa Rotonda.

ころに居住しようとするならば、開かれた場所で放浪する生活は放棄されなければならない。しかし、ケイシーが(イ)シテキするには、「居住するという住み方は、必然的に二次的とは言えない。文字通りに運動を停止するのではなく、世界の中に比較的安定した場所を見つけることは、そうした「ヘスティア的な」住み方に関わっている」。

5 他方で、ヘルメスは、その(注2)韋駄天(いだてん)で知られるギリシャの神である。彼はとても素早く走れるために、ギリシャの神々のメッセンジャー(注3)役であった。ヘルメスは、開かれた、公共の場所を移動する。それで、彼は、道路、旅行者、横断の神であり、国境の守り手であり、それを渡る旅行者、羊飼いと牛飼いの庇護(ひご)者である。またヘルメスは、盗賊と嘘(うそ)つきと悪知恵の庇護者である。ヘルメスは、運動とコミュニケーション、水先案内、交換と商業の神である。

6 ヘルメスの能力は、つねに外に出る住み方、境界の外へと移動する経験に結びついている。ヘルメスの住み方は、放浪という住み方である。ヘルメス的な住み方をするための建築物は、直線的であり、水平的であり、中心をもたず、あらゆる場所が周辺的である。ケイシーはこう書いている。「ヘルメス的なものは、遠く離れた＝斬新な（far－out）ものの見方を表現している。それは、移動する位置から眺めるものの見方である。そこでは、家庭を作り世話をするゆっくりとした動作は、盗賊や通行人、旅人のせっかちな素早さに道を譲る。ヘルメスが現れるところでは、

【図2】 ヘルメス的都市

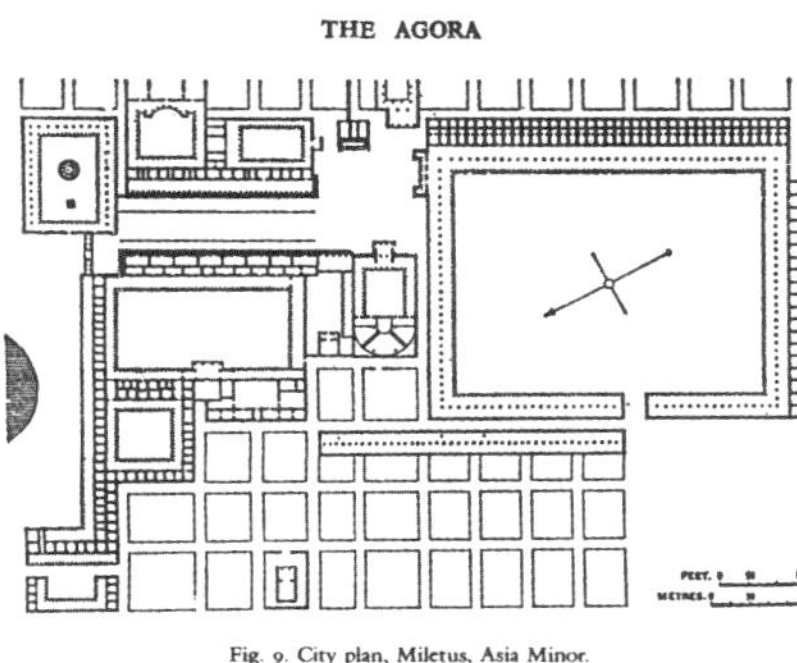

Fig. 9. City plan, Miletus, Asia Minor.

同心円的＝共－中心的なものは、離心的＝常軌を外れたものへと変わる」。

7 こうして、ヘルメス的な住み方は、できあがった場所の周囲を回り、外に出て、つねに何かと何かの間を往来する生活である。それは、移住しながら、一箇所に留まらない住み方である。ヘルメスの守護する人びとの多様さ、その役割の広さは、ヘルメスが変身する神であることを示している。このことは、ヘスティアの内向的な一貫性と、それゆえの役割の狭さと比較してタイ(ウ)ショウテキである。ヘスティアは安定と同一性の神である。特定の場所に居着くのではなく移動し、住居を所有するのではなく家を持たないことは、すなわち「ホームレス」であるような生活である。

8 ケイシーはシテキしていないが、時間性と空間性の配分も、ヘスティア的住み方とヘルメス的住み方では異なってくる。居住場所が固定しているがゆえに、ヘスティア的住み方では、変化や成長に時間へと結びつけられる。同じ場所での経験の積み重ねは、経験や知識から空間性を切り離していく傾向がある。経験と知識は時間と歴史に結びつき、時間と歴史が精神と同一視される。(注4)ハイデガーの『存在と時間』という著作の題名は、典型的にヘスティア的住み方をする人の思想であることを表している。

9 他方、ヘルメス的住み方では、時間と空間は切り離されない。経験や知識は、つねに特定の場所に結びついており、他の場所でも同じ経験や知識が役に立つかは分からない。経験と知識は局所的なものにすぎず、初めての場所や場面ではかつての知識は通用しないことがしばしばだ。同じ場所で得られるアイデンティティや、その場所での変遷の積み重ねとしての歴史や文化は、移動する者には重んじられない。そうしたアイデンティティや歴史、文化などは、他の場所では役に立たないことも多いし、そんなものは持ち運べないからである。ポータブルであること、転調可能であること、交換可能であること。これらが貴重なものの特徴である。ヘルメスにとって精神とは移動できるもののことである。重くて動かないものは、むしろ物質的なもの、生命や精神を持たない死物の特徴である。

10 政治哲学者のハンナ・アーレント(注5)によれば、人間の活動的生活には三つの種類、「労働」、「仕事」、「活動」があるという。「労働」とは、自分の生命維持そのもの、たとえば、最低限の衣食住の獲得を目的とした活動のことである。「仕事」とは、単なる生命維持を超えた人工物を作り出す活動である。たとえば、建築物や都市などの耐久財の生産、芸術作品のような文化の製作などが仕事に当たる。「活動」とは、物の媒介なしに人と人の間で行われる人間の活動であり、たとえば、政治やコミュニケーションがそうである。A ヘスティアは仕事を重視し、ヘルメスは活動を重視すると言えるだろう。

11 さて、ケイシーによれば、この二つの住み方の形態は排他的ではなく、相補的でもある。たしかに、実際、遊牧民がコウ(エ)エキ相手として定住農民を必要としており、定住農民がある種の農作を(オ)センギョウにするには、商業による交換と特産物の割り振りが前提となっている。この点において、ケイシーは正しい。

12 ヘスティアとヘルメスの二つの住み方は、二つの身体行動のあり方と対応している。ヘスティアの、不変で、長期的に続き、計算された行動は、家庭生活の核をなす習慣的行動や記憶を表現している。家庭生活の親密さと記憶しやすさは、塀によって仕切られた家の内部空間に慣れ親しむことに負っている。身体は環境に据え付けられる。文化と呼ばれるものは、ヘスティア的な場所に蓄積され、継承された集団的な記憶と慣習に他ならない。これに対して、ヘルメスの変化に富み、反復的・習慣的とはならない即興的で偶発性を含んだ行動は、開かれた公開の場所、境界の外、家々の間の道路を素早く移動する時に向いたものである。

13 私たちは誰もが、これらの二つの行動のあり方をとるし、ヘスティアとヘルメスの二つの住み方は矛盾するのではなく、相補的である。私たちは動物である。樹木は居住しない。生えているだけである。自分で運動できる存在だけが、休息することも移動することもできる。そして、動物は学習する。学習とは、ある新しい場所に適応し、新しい習慣を獲得することである。習慣は柔軟に環境に適応することであり、習慣そのもののなかに調整的な能力が前提とされている。習慣は変化への対応を含んでいる。そうでなければ、機械が示す反復と異ならなくなり、生物が学習する行動とはほど遠くなってしまう。

14 しかし、もし動く者のみが居住できるのであるならば、ヘルメス的な住み方こそがヘスティア的な住み方の前提条件になっているはずである。ケイシーは、ヘルメスとヘスティアを並列的で単純に相補的に扱うが、ヘルメスこそがより基本的な住み方ではないだろうか。私たちは、休息し、炉端に安らぐ存在であったとしても、何にもまして私たちは、動物であり、動く存在である。ヘスティア的な住み方は、ヘルメス的な住み方の特殊な形態である。ちょうど、安定した土地が、海洋惑星の特殊な一面に過ぎないように。

**注**

1 エドワード・ケイシー…アメリカ生まれの哲学者（一九三九〜）。
2 韋駄天…足の速い神や人。
3 メッセンジャー…使者。
4 ハイデガー…マルティン・ハイデガー（一八八九〜一九七六）。ドイツ生まれの哲学者。
5 ハンナ・アーレント…ドイツ生まれの哲学者、思想家（一九〇六〜一九七五）。

問1　傍線部(ア)～(オ)に相当する漢字を含むものを、次の各群の①～⑤のうちから、それぞれ一つずつ選べ。（2点×5）

(ア)　ヨウタイ
① カラヨウの書体
② 明治期にヨウコウした人
③ 薬のコウヨウをためす
④ ボクヨウを営む
⑤ チョウヨウの序

(イ)　シテキ
① シケツの処置を行う
② シセイに生きる人々
③ シセキを訪ねる旅
④ 世間からシダンされる
⑤ シシンを捨て誠実に生きる

(ウ)　タイショウテキ
① ショウジュンを的に合わせる
② 煮え切らないショウブンだ
③ ショウゴウをさずける
④ ショウソクを絶つ
⑤ ショウケイ文字を解読する

(エ)　コウエキ
① エキザイを散布する
② ゲンエキをしりぞく
③ エキビョウがはやる
④ エキデン競走に参加する
⑤ エキシャに占ってもらう

(オ)　センギョウ
① センパクな考え
② レキセンのつわもの
③ センキンにあたいする
④ センオウなふるまい
⑤ よい種をセンベツする

| (ア) |
| --- |
| |
| (イ) |
| |
| (ウ) |
| |
| (エ) |
| |
| (オ) |
| |

問2　**【文章】**の図について説明したものとして最も適当なものを、次の①〜⑤のうちから一つ選べ。（9点）

①　**図1**が「ヘスティア的」と呼ばれているのは、**図1**の左の図のように、堅牢（けんろう）な素材によって上方へと至る構造が作られている点で、「ヘスティア」の性格と合致するからである。

②　**図2**が「ヘルメス的」と呼ばれているのは、直線的で低い建築物が密集しており、水平的な空間となっている点が、「ヘルメス的」といえるからである。

③　**図1**が「ヘスティア的」なのは、**図1**の左の図のように、屋根の端に守護神の像を配置し、外部からの侵入に対応しようとしている点が自閉的であり、「ヘスティア的」といえるからである。

④　**図2**が「ヘルメス的」と呼ばれているのは、右上の空間の下の境界が開いており、外に開放されている点などが「ヘルメス」の性格と合致するからである。

⑤　**図1**が「ヘスティア的」なのは、**図1**の右の図のように、上下左右の家族各々の閉じられた個室の中心に家族が集い食事をする円的空間があり、求心的で「ヘスティア的」だからである。

問3　**【文章】**における「ヘスティア」に関する説明として最も適当なものを、次の①〜⑤のうちから一つ選べ。（7点）

①　「ヘスティア」はかまどという、家族の身体を養うものを象徴する神であり、健康な身体こそが健全な精神の基盤であるという思想を内包しているといえる。

②　「ヘスティア」が家族を中心とした集団を象徴する神である以上、そこでは家族の同居が原則であり、家を出て違

う家族を作るという自由は制限される。

③「ヘスティア」は同じ所に居を構える傾向をもつため、自らの経験はその空間にのみ対応するものであり、時代の変化にも対応できるものではないと考える。

④「ヘスティア」は家庭の安定を象徴する神であり、ひたすら内部へと向かう自閉性をその特色としており、自らの領域を固定化しようとする性格をもつ。

⑤「ヘスティア」は家庭だけではなく、国家の象徴でもあったが、それは、「ヘスティア」が求心的であり、共同体的な性格をもつことと関連があるといえる。

**問4 【文章】の傍線部A「ヘスティアは仕事を重視し、ヘルメスは活動を重視すると言えるだろう」とあるが、筆者がこのように言うのはどうしてか。その説明として最も適当なものを、次の①～⑤のうちから一つ選べ。**（8点）

① 前者はかまどの神として家族の健康の維持を第一としつつ、その家族とともに過ごすための家の建設をも行うのに対し、後者は文化の異なる土地を旅する放浪がその生き方の典型だから。

② 前者は持続的な居住のために建築物を造らねばならず、またその場所で経験を蓄積し、文化として後世に伝えるのに対し、後者はさまざまな場所へ赴き、多様な人々と関係をもつから。

③ 前者は家庭を第一とする神として、家族を中心とした習俗や文化の形成を担うのに対し、後者は交換と商業の神として、ものの交換や同じ仕事をする人間との付き合いを重んじるから。

④ 前者はひとつの場所に流れる時間の持続性を重んじるため、耐久性のあるものの生産を重視するのに対し、後者は多様な場で蓄積した経験や普遍的知識を政治に役立てようとするから。

⑤ 前者は生命維持という衣食住や身体性よりも、神のいる世界を志向する垂直的な精神性を重んじるのに対し、後者は定住を好まず、常に斬新なものの見方を他者と共有しようとするから。

問5 【文章】の表現に関する説明として適当でないものを、次の①～⑤のうちから一つ選べ。（8点）

① 第3段落第一文の「ヘスティア的住み方とは、佇むことであり、留まることであり、最終的に宿ることである」という表現では、同様のことを繰り返しているように見えるが、時間とともに少しずつ変化する人間の状態を説明しようとする筆者の意図が示唆されている。

② 第4段落末尾の「ケイシー」の引用文は、「ヘスティア的」なありかたは「運動」を否定しないという内容であるが、これは、「ケイシー」がヘスティアとヘルメスとが「排他的ではなく、相補的でもある」と述べていることを紹介する第11段落へとつながる論理を作ろうとする筆者の意図を示唆している。

③ 第6段落第四文「ケイシーはこう書いている」とあるように、この文章は「ケイシー」の議論に即しながら展開されているが、筆者は「ケイシー」が論じていない観点からも、「ヘスティア」や「ヘルメス」に関する事柄を論じている。

④ 第8段落末尾では「ハイデガーの『存在と時間』」、第10段落冒頭では「ハンナ・アーレント」の議論を登場させて

いるが、そこには、筆者の論じようとしている主題をすでに論じた両者を登場させることで、同じ論点をより深めようとする筆者の意図が示唆されている。

⑤ 第11段落末尾の文「この点において、ケイシーは正しい」という表現は、「ケイシー」の論点を認めながらも、それとはまた異なる見方を示そうとする最終段落への伏線となっているといえる。

問6 【資料】の空欄 a に当てはまるものを、【文章】を踏まえて次の①～⑤のうちから一つ選べ。（8点）

① 時間と空間は渾然（こんぜん）一体だということを示唆した
② 旅に生を委ね芸術の道を極めると宣言している
③ 軽薄を是（ぜ）とし重厚長大を否（いな）とする決意を表した
④ 日常性への固執を排し一所不住の志を示した
⑤ 変化の中に確かな自分が生じる逆説を語った

# 文学的文章

文学

# 〈文学的文章〉への導入問題

センター試験　改

目標解答時間　20分

本冊(解答・解説)　p.90

**〈文学的文章〉の特徴とは？**

〈文学的文章〉についても、〈論理的文章〉と同じく、ご先祖のセンター試験から受けついだものと、新しく加わったものがあります。受けついだものは、語句の意味を問う設問と、表現に関する設問です。何が変わったかを見て、共通テストの特徴を見ていきたいと思います。〈論理的文章〉で書いたことと重複しますが、〈文学的文章〉の特徴は次の五つに絞られます。

1　複数の素材（文章や詩など）を読ませるため、一つずつの素材は短い。
2　複数の素材を結び合わせ、それらの共通点や相違点などを問う設問が出題される。
3　問題文のいい換え表現が、選択肢に多くなる。
4　表現の問題は、それぞれの素材ごとに作られる。
5　〈心理〉を問う設問が少なくなる。

では二〇一一年センター本試験の問題文を、共通テストふうにアレンジした問題を解いて、共通テストの特徴を具体的に確認しましょう。二つの【文章】を読んで、設問を解いてください。ただし導入問題ですから、設問数を少なくして、共通テストの特色がわかるようにしています。とくに**問X**が、共通テストの最大の特徴を示す設問です。〈論理的文章〉の導入問題よりも易しいと思いますが、**問3**まで解いて、もし「う〜、わからない…」というようなことがあったら、問3を解いたあとに、「**問題文LECTURE**」と「**設問LECTURE**」の**問3**までを読んで、そのあとに**問X**を解いてもいいですよ。まだいけると思った人は、**問X**も一緒に解いてください。

さあ、いきましょう。

次の【小説Ⅰ】【小説Ⅱ】（ともに作品は加藤幸子「海辺暮らし」、二〇〇八年）を読んで、後の問い（問1〜3・X）に答えよ。

（漁師であった夫に先立たれたお治婆さん（元木治）は、他の土地に住む娘夫婦の同居の誘いを断り、夫が漁業権を手放した際に得た補償金の残金を元手に、干潟に遊びに来る客を相手にした駄菓子屋を一人で営んでいる。）

【小説Ⅰ】

店に続く四畳半は、風の通り道である。海の匂いが満ちていて、貝殻にもぐりこんだ宿借りの心境が分ってくる。お治婆さんがうたた寝をしているところへ〝コーガイさん〟が訪ねてきた。お治婆さんは慌てて起きあがり、一枚だけの客用座布団の上へ招じ入れた。市役所からは月一度の割りで、だれかが訪問にくる。水質調査の名目だが、お治婆さんの体と気持ちが弱って、家を手放すつもりになってはいまいか偵察するためである。その意図を承知の上で、お治婆さんは〝コーガイさん〟の訪問を楽しみにしている。

今回は初対面の人だった。先月までは停年間近の白皙[注1]の紳士で、結構話が弾んだものだった。新しい訪問者は、アニメのロボットみたいに顔も肩も胴体も四角ばっている。

「公害課の梶と申します」

傍らに採集した海水の広口瓶をていねいに立ててから、名刺をお治婆さんに差し出した。訪問先が、まれにみる陋屋[注2]であることにびくともした様子はない。お治婆さんはちょっと感心した。ルル[注3]は初めて会う人物を特に念入りに調べる癖があるので、梶氏の前に坐って動こうとしない。そのためまるで猫に向って、お辞儀をしているように見える。

「元木さんのことは、前任の平田からよくうかがっております」

「前の方は、どうされましたか？」

「県庁のほうへ栄転してゆかれました」

「まあ、それはよかったですこと」

お治婆さんは、梶氏を(ア)つくづくと眺めた。壮健そうな働き盛りである。教育のしがいもあるというものだ。

「そうそう」お治婆さんは急に思い出した。

「前の方は、よく浅蜊(あさり)の佃煮(つくだに)を召しあがっていかれました」

蠅帳(はいちょう)(注4)を開けて佃煮の小皿を取り出すと、冷えた麦湯(注5)とともに梶氏にすすめた。

「こういうものが、お口に合うかどうか……」

「あ、これは、どうも」相手は恐縮した。「ぼくの大好物ですよ。母の料理は和風でしたのでね。頂きます」

行儀よく梶氏は三個の浅蜊を口へ運ぶと、首をかしげて言った。

「とてもいいお味ですな。最近、佃煮の製造法が画一的になってしまいましたが、これは一味ちがう。酒悦(しゅえつ)(注6)ですか、それとも貝新？」

「あら、いやだ」お治婆さんは、頰を染めた。

「あたしが作ったんですよ。この前で掘った浅蜊で」

〝市役所〟はすとんと箸を戻し、その拍子に畳に転げた一個にルルが飛びついた。

「ここの貝なんですか、ここの干潟の……」

声がかなり上ずっている。

「そうですとも」お治婆さんは力をこめて言った。「ここの浅蜊はよく太って汁気が多いので、おだしがよく出ますよ。たまには稚児蟹(注7)も集めて煮ますけれど、あれはいがいがして口当りが悪いんですの。でもカルシーウムがいっぱいありますからね、蟹の甲羅には」

風が急いで通り抜け、お治婆さんの短い白髪が総毛立った。梶氏は坐り直すと、緊張の面持で言った。

「ごぞんじないんですか。この干潟の水の測定値はＢ(注8)ＯＤ14PPMです」

「はいはい、前の方もそのように言われていましたよ」

「とても汚れているという証拠です」

「でもこういうお水のほうが、浅蜊や牡蠣はよく肥えますわ」

「それはかりじゃありませんよ」

梶氏は(イ)躍起になって言った。

「川向うの埋立地に工場がびっしり建っているでしょうが」

「ええ、ええ。毎日きれいな煙を吐いて……まるで七色鉛筆のよう」

「呑気なことを言わないでください。あれはみな悪い煙や廃水を出すので、住宅地から追い出されてきた工場です」

「…………」

初めて老婆が沈黙したので、梶氏は調子に乗ってたたみかけた。

「廃水には、いろいろの化学物質が混じっているのです。だからそれを吸いこんでいる貝なども食べないほうがいいのです」

「おや、まあ」

お治婆さんは(ウ)頓狂な声で叫んだ。

「この貝にもドクが入っているのですか」震える指で、彼女は佃煮の小皿を差した。「どうしましょう。あたしの責任だわ」

「え？」

「だって日曜祭日には、何百人っていう町の人たちが貝掘りに来るんですもの。今日だってほら、子どもたちがあんなに夢中になって……。さっそく立札(たてふだ)を立てなくっちゃ。『工場からドクが出ています。貝を採らないでください』って。ここはあたしの干潟ですもの……、もう間にあわないかも知れないけれど、でも知った以上は……」

新任の〝市役所〟の顔色が変わった。

「そんなこと、まったく必要ありませんよ、おばあちゃん。こうやって毎月厳重に検査を実施しているのは、そのためなんですから。基準値を超えることはめったにないのです。ただ、気分の問題で……」

「おや、そうでしたか」お治婆さんはにっこりした。「気分なら、今のところ上々ですわ」

「そうでしょうとも」

「さあさあ、ドクでないことが分ったのですから、もう少しおつまみくださいませ。佃煮の好きな方に巡り会って、ほんとうに嬉(うれ)しいですわ」

梶氏は仕方なく小皿に箸を近づけて、数個の浅蜊を麦湯で流しこんだ。この苦役が終(おわ)ると、彼はある決心の色を浮かべて、お治婆さんに向き直ったのである。

「さて、元木治さん」

「はい」お治婆さんは小首をかしげて、素直な生徒みたいに返事をした。

「来年度の市の計画では、この干潟を埋め立ててゴミ処理場を建設することになっています」

お治婆さんの首の傾斜は、ますます深くなった。

「だから元木さんには、本年中にぜひここを引き払っていただきたいのですよ」

お治婆さんは麦湯を啜（すす）って、かすかに笑みを浮かべた。

「もちろん最大の補償をさせていただきます。引っ越しの費用も労働力も、私どもで提供いたします」

少し疑いを生じながら、梶氏は続けた。お治婆さんは相手の口もとをじっと見つめていながら、何の反応も表明しなかった。

「ゴ・メ・ン・ナ・サ・イ・ネ」

梶氏は周囲を見まわした。彼はこの金属的な音声が、目の前の老婆から発せられたことを信じることができなかったのである。

「ゼンゼン聞コエナクナリマシタ」

「は?」

「トキドキ耳ガ、遠イトコロニ行ッテシマウノデス。A アナタノ楽シイオ話ヲモット聞キタイノデスガ、残念デス。耳ハ夕方ニハ戻リマス。良カッタラソレマデココデオ待チクダサイマセ」

市の意向を伝えようとする虚（むな）しい努力の末に、梶氏は落胆しきって立ちあがった。お治婆さんはその前に立ちふさがった。そして一本の棒キャンデーを差し出したのである。

「今日ハトテモ暑イノデ、町ヘノ道々、コレデ口ノ中ヲ冷ヤシテオ帰リクダサイマセ」

〝市役所〟が肩を落として帰っていく様を、お治婆さんとルルは並んで見送った。梶氏は、もらったキャンデーを舐（な）めるために、ときどき立ち止まった。そうしなければ、たぶん溶けたキャンデーは掌（てのひら）からズボンに滴り落ちて、染みをつくる原因になったであろう。

**注**

1　白皙…色白なこと。
2　陋屋…狭くてみすぼらしい家。
3　ルル…お治婆さんが飼っている猫の名。
4　蠅帳…蠅(はえ)などが入らないように金網などを張ってある、食物を入れるための戸棚。
5　麦湯…麦茶のこと。
6　酒悦・貝新…いずれも佃煮の老舗(しにせ)の名。
7　稚児蟹…スナガニ科の小型の蟹。体長一センチ程度で、河口の干潟などに群れをなして生息している。
8　ＢＯＤ…生物化学的酸素要求量。有機物による水質汚染の度合いを表す指標に用いられる。

**【小説Ⅱ】**

太陽が町の後ろに、引きずりこまれていく。空気が枯れ草のように黄ばみはじめた。七本の煙突は、ごく薄い最後の息を吐くと、錆釘色(さびくぎいろ)になって凍りついた。干潟に分散していた人影が、獲物を抱えて立ち去っていくと、見張っていた鳥たちが戻ってきた。河口で餌を漁(あさ)った鳥たちは、休息のほかには欲していないように見えた。ウミネコが灰色の船団のように水面に漂っている。彼らが陸に上がったら店仕舞いしよう、とお治婆さんは考えた。三羽の白い鷺(さぎ)が足首を水に浸して、ゆっくりと横切っていった。お治婆さんは、捕らえ損ねたアオサギのことを思い出した。喉に針を刺したまま、広い葦原(あしはら)の中で同じ夕暮れを眺めているだろう。

「おいで」

だれかの声がした。もしかしたら、自分でつぶやいたのかもしれない。お治婆さんは静かに周囲を見まわした。上げ潮に攻めのぼられて、干潟はずっと小さくなっていた。水の中にところどころ枕ほどに残った陸地があり、チゴガニが飽きもせず鋏（はさみ）を振っていた。お治婆さんは、蟹たちに話しかける資格を得たいと思った。スカートを濡（ぬ）らしながら、その場に屈（かが）んだ。チゴガニは運動を止めた。水がお治婆さんと蟹の群れをすばやく分断し、その最後の瞬間に蟹たちが穴に逃げこむのが見えた。お治婆さんは立ち上がり、ゆっくりと干潟のかなめの部分に向（むか）って歩いた。岩陰に、舟虫に中身を食い荒らされた甲羅が散乱している。焼場（やきば）で拾いあげたお骨と同じように軽々としている。〝源（げん）さん〟(注1)のほうは陶磁の骨壺（こつつぼ）に収めたけれど、海の生き物の骨は光線に灼（や）かれて風が吹き飛ばす。

干潟は渇いた生き物のように、水を吸いこみ続けた。太陽の死んだ空から鉛色が注がれて、少しずつ夜が開いていく。鳥たちは互いに、触れあうばかりの距離にうずくまった。

そのとき、猫がどこかで鳴いた。今まで聞いたことのないほどの物憂げな声だった。気がつくと、ルルが孤島のように水に囲まれた陸地に立って、こちらを見ているのだ。お治婆さんはふしぎに思った。足の裏を濡らすことさえ嫌いな猫だった。ルルはもう一度鳴くと、いきなり飛びあがった。何度も何度も、目に見えない掌で突かれているように跳んだ。空にのぼって、星座になりたがっている猫みたいだった。それから突き損ねた毬（まり）のように、二、三度小さく弾むと横たわった。お治婆さんが近づいていくと、猫はのっそり起きあがった。しかしその目は飼主（かいぬし）を見てはいなかった。家とは反対の、暗く単調な海を向いていた。お治婆さんの視野がしだいに狭くなり、中心に細い光のリボンが残った。闇を縦に切り開いたその光の中に、猫だけがいつまでも坐っていた。

**注**

1 源さん…お治婆さんの亡くなった夫。

問1　傍線部(ア)〜(ウ)の本文中における意味として最も適当なものを、次の各群の①〜⑤のうちから、それぞれ一つずつ選べ。

(ア)　つくづくと

① 興味を持ってぶしつけに
② ゆっくりと物静かに
③ 見くだすようにじろじろと
④ 注意深くじっくりと
⑤ なんとなくいぶかしげに

(イ)　躍起になって

① 平静を装って
② さとすように
③ 威圧するように
④ あきれたように
⑤ むきになって

(ウ)　頓狂な声

① びっくりして気を失いそうな声
② あわてて調子はずれになっている声
③ ことさらに深刻さを装った声
④ とっさに怒りをごまかそうとした声
⑤ 失望してうちひしがれたような声

| (ア) | (イ) | (ウ) |
|---|---|---|
| | | |

**問2** 傍線部A「アナタノ楽シイオ話ヲモット聞キタイノデスガ、残念デス」とあるが、この部分の説明として最も適当なものを、次の①〜⑤のうちから一つ選べ。

① 表面的には、体の変調によって梶氏との会話を中断したことをお治婆さんが悔やむ言葉であるが、梶氏を責める気持ちが表されており、市役所の担当者と対等に渡り合おうとするお治婆さんの気丈さがうかがわれる。

② 表面的には、体の変調から会話が続けられないことをお治婆さんが心から梶氏に訴える言葉であるが、市役所の担当者とかかわり合うことを諦める気持ちが表れており、梶氏を教育する気力が失せていることがうかがわれる。

③ 表面的には、体の変調が起こったお治婆さんが会話の中断を申し出る形式的な言葉であるが、話を続けられなくなった切ない心情が隠されており、会話を介して孤独な思いを解消しようと願っていることがうかがわれる。

④ 表面的には、お治婆さんが体の変調を感じ梶氏との会話を続けられなくなったことを惜しむ言葉であるが、市役所の担当者に対する皮肉が込められており、梶氏をやりすごそうとするお治婆さんの賢さがうかがわれる。

⑤ 表面的には、お治婆さんが体の変調により梶氏の楽しい話を聞けなくなったことを謝る言葉であるだ、空空しい言い方であり、そもそも梶氏とは会話を交わしたくなかったお治婆さんの本音がうかがわれる。

問3　【小説Ⅰ】・【小説Ⅱ】の表現に関する説明として適当なものを、次の①〜⑤のうちから一つ選べ。

①　【小説Ⅰ】6・7行目の「新しい訪問者は、アニメのロボットみたいに顔も肩も胴体も四角ばっている」は、梶氏の体型の描写であるとともに、梶氏が立派な体格をしたヒーロー的な存在であることも明らかにしている。

②　【小説Ⅰ】27行目の「〃市役所〃」は、梶氏を勤め先の名称によって指し示す擬人法であり、梶氏が「市役所」を代表して公害対策に日々奔走する役人であることを強調している。

③　【小説Ⅰ】54行目の「おばあちゃん」という呼び方が62行目の「元木治さん」に変わったことは、市側の意向を伝達するために、梶氏が会話におけるふたりの関係性を変化させ、自らの公的な立場を明確にしたことを示している。

④　【小説Ⅰ】81行目の「〃市役所〃が肩を落として帰っていく様を、お治婆さんとルルは並んで見送った」という描写は、梶氏が責めを負わせられる側であり、お治婆さんが責める側であるという関係を具体的に示している。

⑤　【小説Ⅱ】22・23行目の「闇を縦に切り開いたその光の中に、猫だけがいつまでも坐っていた」という描写は、お治婆さんの狭くなった視野を抽象的に示すとともに、荘厳でありながら耽美(たんび)的な雰囲気を生じさせている。

**問X** 【小説Ⅱ】は【小説Ⅰ】に対してどのような意味を持っているか。その説明として最も適当なものを、次の①〜⑤のうちから一つ選べ。

① 【小説Ⅱ】ではチゴガニと向き合うお治婆さんの姿を通して、【小説Ⅰ】に描かれていたように他人との必要以上の付き合いを避けてひとりでたくましく暮らし、干潟に生息する生き物を救おうとして生きてきたお治婆さんの様子が情緒的に描かれている。

② 【小説Ⅱ】では飛び跳ねるルルの一連の行動が、【小説Ⅰ】で繰り返し立ち退きを迫る市役所の担当者にお治婆さんが懸命に抗っていた姿と重ねられており、干潟での生活を必死に守り続けるお治婆さんの今後の生き方が象徴的に描かれている。

③ 【小説Ⅱ】では干潟に生きる海の生き物たちと死を結びつけた表現が用いられることで、【小説Ⅰ】で描かれた、人間の営みとはかかわりなく生き物たちが淘汰されていくという過酷な自然のありようが具体的に描かれている。

④ 【小説Ⅱ】では夜を迎えつつある干潟と、そこにひっそりと息づく生き物たちの姿が示されることで、工場の停止が、【小説Ⅰ】に描かれた干潟の生き物たちに安堵をもたらしたことが感覚的に描かれている。

⑤ 【小説Ⅱ】では、工場の煙突、空、お治婆さんについての視覚イメージを伴った表現の中に死を連想させる要素がちりばめられることで、【小説Ⅰ】では明るくも描かれていたお治婆さんの身に起こるかもしれない不吉な事態が暗示的に描かれている。

文学

# 触覚の歌・聴覚の歌

2017年度モデル問題例

目標解答時間 20分

本冊(解答・解説) p.98

短歌について書かれた次の【文章Ⅰ】と【文章Ⅱ】を読んで、後の問い(問1~5)に答えよ。

【文章Ⅰ】

毎朝起きると、顔を洗い、歯を磨き、料理をして、ご飯を食べる。五感のうちでもっとも幼稚だけれどもっとも根源的なのが触覚であると、彫刻家の高村光太郎が言っていたが、あるいはその根源性ゆえに、私たちは私たちの一瞬一瞬が手指や舌などの触覚によって成り立っていることを普段は忘れがちだ。

触覚が本当に生きている歌というのは、視覚や聴覚の歌に比べると思いのほか少ない気がする。「(ア)琴線に触れる」「やさしさに触れる」といった言い回しがあるように、「触れる」というのは象徴的、観念的に使われることも多い言葉である。短歌でも、何かに「触れる」という歌はたくさんあるけれど、それがすなわち触覚の生きた歌だとは限らないのだ。

一粒づつぞくりぞくりと歯にあたる泣きながらひとり昼飯を食ふ　河野裕子『歳月』

ひやひやと素足なりけり足(あな)うらに唇(くち)あるごとく落椿(おちつばき)踏む　同『体力』

触覚の歌人としてまず思い浮かぶのが、河野裕子。こうした歌のなんとなまなましいことだろう。一首目、「ぞくりぞくり」が怖いくらいに肉感的である。神経が昂ぶっているときの、異様に研ぎ澄まされた感覚だろう。二首目には、裸の足裏にものが吸いつくようなリアルな感じが喩によって再現されている。全身の皮膚は、世界と自分の境目であり、また繋ぎ目でもある。そのことの面白さを全力で味わうかのような触覚の歌。

こんなにも湯呑茶碗はあたたかくしどろもどろに吾はおるなり　山崎方代『右左口』

花冷えや夕暗がりにかむ洟がほのかに温してのひらの上に　島田幸典『駅程』

何かに触れることは、生きている自分自身を確かめ直すことなのだなと思う。手に包み持つ湯呑茶碗や自分の洟の、侘しいような温かさがここにはある。

触れることが命の輪郭をなぞり直すことだとしたら、それは他者の命についても同じだ。自分で自分をくすぐっても何も感じないように、私たちは自分と異なる他者に触れたときに触覚を意識することが多い。ひとの身体に気軽に触れる機会は現代の日本では減ってきているが、例えば介護、出産、子育てなど家族との時間のなかでは、身体に触れることが多いだろう。また、次のような性愛の歌でも触覚が印象的に詠まれる。

君の髪に十指差しこみ引きよせる(イ)時雨の音の束のごときを　松平盟子『帆を張る父のやうに』

髪のひとすじずつの柔く冷たい感触を「時雨の音の束」に喩えることで、「君」の儚さが切なく立ち上がってくる。触覚を「音」に喩えるというややアクロバティックな比喩でありながら、すっと胸に入ってくる。

| 1 |
|---|

| 2 |
|---|

いちじくの冷たさへ指めりこんで、ごめん、はときに拒絶のことば　　千種創一『砂丘律』

生きている／生きていた命に触ることは、しばしば怖れや気味の悪さを伴う。それぞれ動詞がリアルに効いていて、日常の破れ目が見えるような怖さがある。

ひとつひとつの何でもない場面が、触覚を経由することでひりひりと印象づけられる。つまるところ、触覚にはやはり体験の一回性の力強さがある気がする。視覚なら今は写真や映像があるし、聴覚ならさまざまの音源があるが、触覚は基本的に「記録」できない。実際の体験と切り離せない。そんなかけがえのない触覚を、言葉によって再現してやろうという挑戦がある歌、そして、さまざまなものに触れながら生きている自分の輪郭を新鮮に確かめ直すような歌が面白いのではないだろうか。

（大森静佳（おおもりしずか）「わたしの輪郭、いのちの感触」による）

**【文章Ⅱ】**

(ウ)感嘆おくあたわざる、といった出会いをした聴覚の歌を三つあげよう。

ひたぶるに暗黒を飛ぶ蠅ひとつ障子にあたる音ぞきこゆる　斎藤茂吉『あらたま』

真っ暗闇の部屋のなかを、迷い込んだ蠅がひとつ出口をもとめて飛び巡っている。ときおり障子にぱしっとあたる重い音——この「音」を何と言いあらわしたらいいかと、もどかしい。

銀蠅などとも言った大きい蠅であろう。「音」には質量がある。ぐしゃりと潰れる生身も感じられる。そんな存在が、暗黒のなか、光をもとめては飛礫のように盲動し、身をうちあててはまた盲動する。あたかも運命であるかのように〈受苦〉するその音。

ニコライ堂この夜揺りかへり鳴る鐘の大きあり小さきあり小さきあり小さきあり大きあり　北原白秋『黒檜』

初めてこの歌を知ったとき、文字通り感嘆した。教会の鐘の音がまるで耳元で鳴っているようだ。「この夜」は特別の夜、題にあるように降誕祭前夜。「大きあり小さきあり」の繰り返しだけでは単調に終わるところを「小さきあり大きあり」と続けて、言葉そのものが鐘の響きとなっている。なんと言ってもすごいのは「揺りかへり」。実際に作っていると、これが出ない。これがあるから、下の句が生きてくる。

7

空の日に浸みかも響く青々と海鳴るあはれ青き海鳴る　　若山牧水『海の声』

まっ青な空。日は高々とさしのぼる時刻、目をつぶって寝転ぶ。まぶたの裏は日のひかりであかるい。海鳴りが聞こえる。なんと空の日に滲み入るように響くものか。青々と海が鳴っている。青い海が鳴るよ。

明るくて気持のよい、うつくしい青の響くような歌。青の色彩と響きとが溶け合っている。「青々と海鳴るあはれ青き海鳴る」の繰り返しが絶妙だ。「青々と――鳴る」だからこそ、海から空へとひろがる青の空間が生まれた。さらに「青き海」と言いかえて単調にせずうたいおさめていく。

(エ)右三首のうち白秋と牧水の歌は、作りが似ている。白秋「揺りかへり鳴る鐘」も牧水「空の日に浸みかも響く」も、三次元空間をもたない。揺れる鐘も、空の日も、読者には視覚的刺激をともなって想起されるけれども、言葉の組み立ては三次元的ではない。歌全体が聴覚と化したようで、響きそのものになって拡がっていくようだ。それは、茂吉の、すべてが「音」に集中する歌と比べればよくわかるだろう。茂吉の歌は、灯を消した暗い部屋という現実の三次元空間を「ひたぶるに暗黒を飛ぶ」と真っ黒に塗りつぶした。だからこそ耳は「音」に集中して異次元へと誘われる。

みづうみの氷に立てる人の声坂のうへまで響きて聞こゆ　　島木赤彦『氷魚』

この歌は、聴覚をもって一首を統合し、三次元空間を見せたところに新鮮さがある。地形と作者との位置関係が明確で、空間が感じられる。冬の澄んだ空間に固く響く声の反射が聞こえてきそうだ。

赤彦たちは、三次元空間の現出を「写生」という語によって探求した。それゆえ歌はどうしても視覚中心になる。聴覚をもって一首を統合しなければならない場合にも、視覚が干渉してきやすい。

大きなる風音となれり目のまへに曇り垂れたる冬田のおもて　島木赤彦『太虚集』

「大きなる風音となれり」なんて言ったって、少しも風音は聞こえてこない。視覚把握による「目のまへに曇り垂れたる冬田のおもて」はよく見えるが、音に関してはまったく索漠たるものだ。大きな風音になったとただ説明しているだけである。かの島木赤彦にして、こうだったのである。

（阿木津英「『写生』と聴覚」による）

**問1　傍線部(ア)〜(ウ)の本文中における意味として最も適当なものを、次の各群の①〜⑤のうちから、それぞれ一つずつ選べ。**（3点×3）

(ア)　琴線に触れる

① 落ち着き安堵させること
② 失望し落胆させること
③ 感動や共鳴を与えること
④ 動揺し困惑させること
⑤ 怒りを買ってしまうこと

(イ) 時雨

① 春の、特に若芽の出る頃、静かに降る細かい雨
② 昼すぎから夕方にかけて、急に曇ってきて激しく降る大粒の雨
③ 一しきり強く降ってくる雨
④ 秋の末から冬の初め頃に、降ったりやんだりする雨
⑤ みぞれに近い、きわめて冷たい雨

(ウ) 感嘆おくあたわざる

① 感嘆せずにはいられないこと
② 感嘆してはいられないこと
③ 感嘆する余裕がないこと
④ 感嘆するか迷ってしまうこと
⑤ 感嘆することもありうること

| (ア) | (イ) | (ウ) |
|---|---|---|
| | | |

**問2 【文章Ⅰ】の空欄1、2について、筆者がここに引用した短歌を次の①〜⑥のうちから二つ選べ。ただし、解答の順序は問わない。**（5点×2）

① 悲しみの単位として指さす川にはなみずき散りやんでまた散る　服部真理子『町』
② ぬめっとるまなこに指をさし入れてゆびが魚をつきやぶるまで　吉岡太朗『ひだりききの機械』
③ 触れることは届くことではないのだがてのひらに蛾（が）を移して遊ぶ　大森静佳『てのひらを燃やす』

④　足のゆびはおろかにし見ゆ湯あがりの一人しばらく椅子にゐたれば　　河野愛子『夜は流れる』

⑤　遠くまで来てしまひたり挽き肉に指入るるとき今も目つむる　　朝井さとる『羽音』

⑥　風よりも静かに過ぎてゆくものを指さすやうに歳月といふ　　稲葉京子『柊の門』

**問3　【文章Ⅰ】で示された「触覚」の説明として最も適当なものを、次の①〜⑤のうちから一つ選べ。**（8点）

①　生きているものに触れることの恐怖感や不気味さを克服して、その真の姿を知ること。

②　記録する媒体に頼ることなく、たった一度の経験を自ら記憶し続けること。

③　何かに触れるリアルな体験により、自他が一体化した感覚を強く意識すること。

④　視覚や聴覚による認識をこえて、対象の本質に深くせまろうとすること。

⑤　直接触れる実体験を通して、何気ない生活場面や自らの存在を鮮明に捉え直すこと。

**問4　【文章Ⅱ】の傍線部(エ)「右三首のうち白秋と牧水の歌は、作りが似ている」とあるが、これらの作品の説明として最も適当なものを、次の①〜⑤のうちから一つ選べ。**（8点）

①　知覚した音の響きが視覚に変換され、リフレインを効果的に使うことによって、より実感的に音が表現されている。

②　知覚した音の響きそのものが言語化され、リフレインを効果的に使うことによって、音の拡がりが表現されている。

③　知覚した音の響きそのものが言語化され、比喩表現を効果的に用いることによって、読者を異次元空間に誘っている。

④ 知覚した音の響きと実景が言葉によって融合し、対句を効果的に用いることによって、立体感ある情景が表現されている。

⑤ 知覚した音の響きが視覚に変換され、対句を効果的に用いることによって、音のうねりや拡がりが表現されている。

**問5** **【文章Ⅰ】と【文章Ⅱ】を踏まえて、「国語総合」の授業で次の短歌を鑑賞することとした。【生徒たちの会話】を読んで、後の(i)〜(iii)の問いに答えよ。**（5点×3）

死に近き母に添寝のしんしんと遠田のかはづ天に聞ゆる　　斎藤茂吉『赤光』

**【生徒たちの会話】**

**生徒A**　この短歌は母が危篤であるという知らせを聞き、東京から急いで故郷の山形へ戻った作者が、母を看病していた時の歌で、**【文章Ⅰ】**で取り上げている「触覚」と、**【文章Ⅱ】**で取り上げている「聴覚」のどちらにも関わる歌ですね。まずは「触覚」の観点でこの短歌を捉えてみるとどのようなことがわかるでしょうか。

**生徒B**　「触覚」を連想させる言葉は「添寝」ですね。一つの部屋の中で、隣に寝ている死に近い母に触れている作者の実体験が表現されていると思います。

生徒C　一方、「聴覚」に着目してこの短歌を鑑賞してみると、遠くの田で鳴く「かはづ」の生にあふれた声が響き合っている状況を表現していると考えられます。**【文章Ⅱ】**で紹介されている明るくダイナミックな「空の日に」の歌とは対照的な世界が表れています。

生徒A　そうですね。しかし、私はこの短歌を詠んだとき、母と「かはづ」が同時に詠まれている意味がわかりませんでした。どのように考えたらよいでしょうか。

生徒B　私も同じような疑問を感じました。そこで私はこの短歌で使われている言葉について、もう少し調べる必要があると思い、「しんしんと」という言葉の意味を調べてみました。ある辞書には、

> **【意味1】**　あたりが静まりかえる様子
> **【意味2】**　寒さなどが身にしみ通るように感じられる様子

という意味が載っていました。

生徒C　私は「しんしんと」という言葉を使っている次の五首の作品を見つけました。

> ・しんしんと雪ふりし夜に汝(な)が指のあな冷たよと言ひて寄りしか　斎藤茂吉
> ・しんしんとゆめがうつつを越ゆるころ静かな叫びとして銀河あり　中畑智江
> ・大いなる岩を穿(うが)ちて豊かなり水しんしんと滝壺(つぼ)に入る　小松カヅ子
> ・暖かき小鳥を埋めるしんしんと雪ふればみな死なねばならぬ　黒崎由起子
> ・火のやうなひとに逢ひたししんしんとひとつの思想差し出(い)だしたし　永井陽子

「しんしんと」の言葉の【意味1】や、これらの作品と比較してみると、「死に近き」の短歌は、看病をしている部屋の中や屋外が静まりかえって夜が更けていく中で、遠くの田で「かはづ」が鳴いている情景を表現していることがわかります。

**生徒B**　確かにそのように捉えることもできますが、「しんしんと」の【意味2】を踏まえると、「［ア］」と【文章Ⅰ】にも書かれていたように、母の死を覚悟した作者の痛切な思いが身にしみ入っていく様子を表現しているとも捉えられます。

**生徒A**　改めて二つの文章を読み返したり、皆さんの話を聞いたりして、私はこの短歌は［イ］により、生と死を象徴的に表した歌であると考えることができました。このように、五感に関わる視点や使われている言葉などに着目して短歌を鑑賞してみると、短歌に表れている場面や、その場面から想像できる作者の気持ちを多角的に読み取ることができ、深い鑑賞ができました。皆さん、ありがとうございました。

(i)　**生徒Cが紹介した歌の中で使われている「しんしんと」について、【文章Ⅱ】で取り上げていた内容に最もふさわしいものは何か。次の①〜⑤のうちから一つ選べ。**

① しんしんと雪ふりし夜に汝が指のあな冷たよと言ひて寄りしか　斎藤茂吉

② しんしんとゆめがうつつを越ゆるころ静かな叫びとして銀河あり　中畑智江

③ 大いなる岩を穿ちて豊かなり水しんしんと滝壺に入る　小松カヅ子

④ 暖かき小鳥を埋めるしんしんと雪ふればみな死なねばならぬ　黒崎由起子

⑤ 火のやうなひとに逢ひたししんしんとひとつの思想差し出だしたし　永井陽子

(ii) **生徒Bの発言の空欄アに【文章Ⅰ】の中の一文を入れる場合、どのような表現が入るか。最も適当なものを、次の①～⑤のうちから一つ選べ。**

① 触覚が本当に生きている歌というのは、視覚や聴覚の歌に比べると思いのほか少ない気がする
② 短歌でも、何かに「触れる」という歌はたくさんあるけれど、それがすなわち触覚の生きた歌だとは限らないのだ
③ 神経が昂ぶっているときの、異様に研ぎ澄まされた感覚だろう
④ 視覚なら今は写真や映像があるし、聴覚ならさまざまの音源があるが、触覚は基本的に「記録」できない
⑤ 触れることが命の輪郭をなぞり直すことだとしたら、それは他者の命についても同じだ

(iii) **生徒たちの会話を踏まえて、生徒Aの発言の空欄イに入るものとして最も適当なものを、次の①～⑤のうちから一つ選べ。**

① 添寝という空間的表現と、かはづの声という聴覚的表現とを交差させること
② 死に近い母の命の感触と、天から降り注ぐように聞こえるかはづの声を重ね合わせること
③ 添寝によって実感する母の命と、夜の静寂の中に響くかはづの声とを対比させること
④ 母に添寝をしている自己の視点を、かはづの声にあふれた遠田に転換させること
⑤ 死にゆく母に添寝する部屋の静けさを、遠田で鳴くかはづの声によって強調させること

| (i) |
| --- |
| |
| (ii) |
| |
| (iii) |
| |

7

文学

# 人のいのちと芸術のいのち

2018年度試行調査

目標解答時間 20分

本冊(解答・解説) p.112

次の詩「紙」(『オンディーヌ』、一九七二年)とエッセイ「永遠の百合(ゆり)」(『花を食べる』、一九七七年)を読んで(ともに作者は吉原幸子(よしはらさちこ))、後の問い(問1～6)に答えよ。なお、設問の都合でエッセイの本文の段落に1～8の番号を付し、表記を一部改めている。

紙

愛ののこした紙片が
しらじらしく　ありつづけることを
(ア)いぶかる

書いた　ひとりの肉体の
重さも　ぬくみも　体臭も
いまはないのに

死のやうに生きれば
何も失はないですむだらうか
この紙のやうに　生きれば

さあ
ほろびやすい愛のために
乾杯

こんなにも
もえやすく　いのちをもたぬ
たった一枚の黄ばんだ紙が
こころより長もちすることの　不思議

いのち　といふ不遜
一枚の紙よりほろびやすいものが
A 何百枚の紙に　書きしるす　不遜

のこされた紙片に
乾杯
いのちが
蒼（あお）ざめそして黄ばむまで
（いのちでないものに近づくまで）
乾杯！

---

### 永遠の百合

1 あまり生産的とはいえない、さまざまの優雅な(イ)手すさびにひたれることは、女性の一つの美点でもあり、（何百年もの涙とひきかえの）特権であるのかもしれない。近ごろはアート・フラワーという分野も颯爽（さっそう）とそれに加わった。

2 去年の夏、私はある古い友だちに、そのような〝匂わない〟百合の花束をもらった。「秋になったら捨てて頂戴ね」という言葉を添えて。

3 私はびっくりし、そして考えた。これは謙虚か、傲慢か、ただのキザなのか。そんなに百合そっくりのつもりなのか、そうでないことを恥じているのか。人間が自然を真似（まね）る時、決して自然を超える自信がないのなら、いったいこの花たちは何なのだろう。心こめてにせものを造る人たちの、ほんものにかなわないという(ウ)いじらしさと、生理まで似せるつもりの思い上がりと。

4 枯れないものは花ではない。それを知りつつ枯れない花を造るのが、つくるということではないのか。――花そっくりの花も、花より美しい花もあってよい。それに香水をふりかけるもよい。だが造花が造花である限り、たった一つできないのは枯れることだ。そしてまた、たった一つできるのは枯れないことだ。

5 花でない何か。どこかで花を超えるもの。大げさに言うなら、ひと夏の百合を超える永遠の百合。それをめざす時のみ、つくるという、真似るという、不遜な行為は許されるのだ。（と、私はだんだん昂奮（こうふん）してくる。）

6 絵画だって、ことばだってそうだ。一瞬を永遠のなかに定着する作業なのだ。個人の見、嗅いだものをひとつの生きた花とするなら、それはすべての表現にまして在るという重みをもつに決まっている。あえてそれを花を超える何かに変える――もどす――ことがたぶん、描くという行為なのだ。そのひそかな夢のためにこそ、私もまた手をこんなにノリだらけにしているのではないか。もし、もしも、ことばによって私の一瞬を枯れない花にすることができたら！

7 ――ただし、（と私はさめる。）秋になったら……の発想を、はじめて少し理解する。）「私の」永遠は、たかだかあと三十年――歴史上、私のような古風な感性の絶滅するまでの短い期間――でよい。何故（なぜ）なら、（ああ何という不変の真理！）死なないものはいのちではないのだから。

8 私は百合を捨てなかった。それは造ったものの分までうしろめたく蒼ざめながら、今も死なないまま、私の部屋に立っている。

問1　傍線部(ア)〜(ウ)の本文中における意味として最も適当なものを、次の各群の①〜⑤のうちから、それぞれ一つずつ選べ。(3点×3)

(ア)「いぶかる」
① うるさく感じる
② 誇らしく感じる
③ 冷静に考える
④ 気の毒に思う
⑤ 疑わしく思う

(イ)「手すさび」
① 思いがけず出てしまう無意識の癖
② 多くの労力を必要とする創作
③ いつ役に立つとも知れない訓練
④ 必要に迫られたものではない遊び
⑤ 犠牲に見合うとは思えない見返り

(ウ)「いじらしさ」
① 不満を覚えず自足する様子
② 自ら蔑み萎縮している様子
③ けなげで同情を誘う様子
④ 配慮を忘れない周到な様子
⑤ 見るに堪えない悲痛な様子

| (ア) | (イ) | (ウ) |
|---|---|---|
| | | |

問2　傍線部A「何百枚の紙に　書きしるす　不遜」とあるが、どうして「不遜」と言えるのか。エッセイの内容を踏まえて説明したものとして最も適当なものを、次の①〜⑤のうちから一つ選べ。(8点)

① そもそも不可能なことであっても、表現という行為を繰り返すことで、あたかも実現が可能なように偽るから。

8

② はかなく移ろい終わりを迎えるほかないものを、表現という行為を介して、いつまでも残そうとたくらむから。
③ 心の中にわだかまることからも、表現という行為を幾度も重ねていけば、いずれは解放されると思い込むから。
④ 空想でしかあり得ないはずのものを、表現という行為を通じて、実体として捉えたかのように見せかけるから。
⑤ 滅びるものの美しさに目を向けず、表現という行為にこだわることで、あくまで永遠の存在に価値を置くから。

**問3　傍線部B「つくるということ」とあるが、その説明として最も適当なものを、次の①～⑤のうちから一つ選べ。**（6点）

① 対象をあるがままに引き写し、対象と同一化できるものを生み出そうとすること。
② 対象を真似てはならないと意識をしながら、それでもにせものを生み出そうとすること。
③ 対象に謙虚な態度で向き合いつつ、あえて類似するものを生み出そうとすること。
④ 対象を真似ながらも、どこかに対象を超えた部分をもつものを生み出そうとすること。
⑤ 対象の捉え方に個性を発揮し、新奇な特性を追求したものを生み出そうとすること。

問4　傍線部C「在るという重み」とあるが、その説明として最も適当なものを、次の①～⑤のうちから一つ選べ。（7点）

① 時間的な経過に伴う喪失感の深さ。
② 実物そのものに備わるかけがえのなさ。
③ 感覚によって捉えられる個性の独特さ。
④ 主観の中に形成された印象の強さ。
⑤ 表現行為を動機づける衝撃の大きさ。

問5　傍線部D「私はさめる」とあるが、その理由として最も適当なものを、次の①～⑤のうちから一つ選べ。（8点）

① 現実世界においては、造花も本物の花も同等の存在感をもつことを認識したから。
② 創作することの意義が、日常の営みを永久に残し続けることにもあると理解したから。
③ 花をありのままに表現しようとしても、完全を期することはできないと気付いたから。
④ 作品が時代を超えて残ることに違和感を抱き、自分の感性も永遠ではないと感じたから。
⑤ 友人からの厚意を理解もせずに、身勝手な思いを巡らせていることを自覚したから。

8

**問6　詩「紙」とエッセイ「永遠の百合」の表現について、次の(i)・(ii)の問いに答えよ。**（6点×2）

(i)　次の文は詩「紙」の表現に関する説明である。文中の空欄 a ・ b に入る語句の組合せとして最も適当なものを、後の①〜④のうちから一つ選べ。

> 対比的な表現や a を用いながら、第一連に示される思いを b に捉え直している。

①　a―擬態語　　b―演繹（えんえき）的

②　a―倒置法　　b―反語的

③　a―反復法　　b―帰納的

④　a―擬人法　　b―構造的

(ii)　エッセイ「永遠の百合」の表現に関する説明として最も適当なものを、次の①〜④のうちから一つ選べ。

①　第4段落における「たった一つできないのは枯れることだ。そしてまた、たった一つできるのは枯れないことだ」では、対照的な表現によって、枯れないという造花の欠点が肯定的に捉え直されている。

②　第5段落における「（と、私はだんだん昂奮してくる。）」には、第三者的な観点を用いて「私」の感情の高ぶりが強調されており、混乱し揺れ動く意識が臨場感をもって印象づけられている。

③　第6段落における「――もどす――」に用いられている「――」によって、「私」の考えや思いに余韻が与えられ、「花」を描くことに込められた「私」の思い入れの深さが強調されている。

④　第7段落における『私の』永遠」の「私の」に用いられている「　」には、「永遠」という普遍的な概念を話題に

応じて恣意的に解釈しようとする「私」の意図が示されている。

| (i) |
| --- |
| |
| (ii) |
| |

# 文学

## 文学の力

オリジナル

目標解答時間 20分

本冊（解答・解説） p.126

次の小説『続明暗』（一九九三年）とエッセイ「漱石（そうせき）と『恋愛結婚の物語』」（二〇〇九年）を読んで（ともに作者は水村美苗（みずむらみなえ））、後の問い（問1～6）に答えよ。なお、設問の都合で表記を一部改め、エッセイの本文の段落に1～16の番号を付している。

『続明暗』

（お延（のぶ）は夫である津田が他の女性が宿泊している宿を訪ねたと聞いて、その宿へ行き、その事実を確かめた。）

暁はまだ空に白く月を残していた。

朝靄（あさもや）とも霧ともつかない重たい空気が、四隣（あたり）にのべつに動いていた。すべてが暗かった。そうして濡（ぬ）れていた。水飛沫（みずしぶき）の合間から天に向かって突き出た蒼（あお）黒い岩が、月の最後の光を浴びていよいよ蒼く鋭く尖（とが）っていた。

つい先刻（さっき）まで括（くく）りつけられたようにその蒼黒い岩を見つめていたお延は、今、青竹の手摺（てすり）の前にうずくまったなり両手で顔を覆っていた。闇を残した明け方の光の中で見た滝は、昨日昼間に見た滝と同じもののようには思えなかった。身を乗り出し滝壺（たきつぼ）を覗（のぞ）くうちに、突然足元が竦（すく）み、思わずその場にうずくまってしまったのであった。こうして両手で顔を覆い、暗黒のうちに音から想像する滝は一層物凄（すご）かった。今、耳を通しての刺激だけを受けるうちに、轟々（ごうごう）という滝の音は薄い鼓膜を脅かすように大きく鳴り始めていた。

何時宿を出る決心をつけたのかはお延自身にとっても定かではなかった。宿の枕に頭を載せ、寂と凍った暗闇を見詰めるうちにふと気がつけば、すでに己れの身を滝壺に沈める決心はついていた。思えば夜中だというのに瞼を合わすこともせず、闇に向かって凝と眼を開いていたのも、淵川に赴くために朝の最初の兆しを待っていたからに他ならなかった。そう気が付いた途端骨が凍るような恐ろしさを覚えた。しかしそれが通り過ぎた後、不思議と恐怖心は起こらなかった。隣の座敷の津田はもうだいぶ前から寝入っているらしく、襖を隔てて生ぬるい風を送る鼾のようなものが微かにかつ規則正しく聞こえてきていた。お延はなおもしばらく目を凝らして闇の中を見詰めていたが、やがて天井の電燈をつけると、手早くあたりを片付け、身支度の整ったところで人の疑いを招かぬよう再び電燈を消した。そのあとは、座敷に漏れ入る廊下の光をたよりに、懐時計の針の位置を幾度となく調べるだけだった。そうしてそろそろ空の白む頃だと思えた時に腰を上げたのであった。

うずくまるうちにも滝の音はいよいよ耳元に迫った。お延の瞼の裏では奔湍の水が激しく猛り狂った。猛り狂っては、己れの勢いに吹きさらわれるようになだれ落ちた。なだれ落ちては再び頭上遥かに躍り上がった。物凄い音は物凄い景色を自然(ア)髣髴させてやまなかった。

「一体何のためにわざわざこんなところまでやってきたのだろう……」

お延は想像の水飛沫を全身に浴びながら自問した。お延の自問は自嘲でもあった。東京を出る時にはすでに何の望みもなかったのを、それでも夫の元へと一心に駆けつけたのは、わが眼で己れの不幸を確かめたかったからだけではなかった。胸の何処かで万が一の奇跡を知らず知らずのうちに願っていたからでもあった。現実は想像していたより更に情けない展開を遂げた。

夫は好きな女に自分を見変えったのですらなかった。好きな女への止み難い思いを抑えきれずに、どうしようもないところまでいって、そこで初めて自分を裏切ったというのではなかった。深い決意もなく、ふらふらと人に言われるままに、お延の依(よ)って立とうとするところすべてを撲殺したのであった。貴方(あなた)を信用したい、——お願いだからどうぞ最後のところでは、信ずるに足る人であってください、というお延の切実な魂の訴えに、(イ)毫(ごう)も本気で応えようとしなかったのだった。

今、お延の胸には津田がそんな人間だったという絶望が渦巻いた。しかもその絶望は不意に足元をさらわれたような驚愕(きょうがく)を伴ったものではなかった。お延の絶望は津田がまさかそんな人間だったとはという驚きよりも、やはりそんな人間だったのかという苦い思いを伴う、一層救いのないものであった。その苦い思いの裏には、そんな人間をこの人こそと夫に選んだ自分の姿があった。それは己れの才を頼み過ぎた軽薄な姿であった。お延はその姿を一人で顧みての、ここ数か月来の孤独な後悔を憶(おも)い起(おこ)した。その後悔をみんなの前では寧(むし)ろ(ウ)糊塗(こと)して生きてきた彼女の欺瞞(ぎまん)も憶い起した。事もあろうか、すべてに止(とど)めを刺すように、その欺瞞を世にあまねく知られてしまうという耐え難い屈辱までお延のために用意されていたのだった。「お前の体面に対して大丈夫だという証書を入れる」という津田の宣言は、今となっては、お延を愚弄する為にあの時天がわざわざ津田に言わせたものだとしか思えなかった。

轟々いう水の音は、新たに天地の響きを添えた。まるで滝を落とす絶壁(きりぎし)そのものが轟々と鳴り始めたようだった。お延の耳は山の鳴るのを聞いた。地の鳴るのを捉えた。しまいには四方にそびえる山々も足の下の地面も、悉(ことごと)く震動して爆発するかと思われた。天からも地からも、淵川へ早く身を沈めるよう催促されているようであった。お延の心臓が気味が悪い程高鳴った。

お延は不意に袂(たもと)を顔から引き離すと、青竹の手摺を支えに立ち上がった。そうして手摺を摑(つか)んだまま滝壺に目を下ろした。押さえ付けられていた眼球はすぐには機能が戻らず、焦点の定まらない瞳に出鱈目(でたらめ)に色や形が舞い込んで来た。だが間もなく視界は落ち着いた。滝のまっすぐに落ちる様子が鮮明(あざやか)に瞳に映るにつれ、轟々という音も次第次第に遠のいていった。うずくまっている間に更に夜が明けてきたらしく、四隣(あたり)は白々と明るかった。月の影ももう姿を隠していた。世の中は想像していたよりも大分穏やかな姿をお延の前に現わした。見れば、青竹を摑んだ手の上に、津田に買って貰(もら)った宝石がある。A <u>宝石は反故(ほご)にされた約束の象徴のように薄寒く光っていた。</u>

## 「漱石と『恋愛結婚の物語』」

1 誰にも小さいころくり返し読んだ本があります。私の場合——というより、当時の日本の女の子供の場合、それは『小公女』『若草物語』『足長おじさん』『ジェーン・エア』(注1)『嵐が丘』などの本でした。つまり私たちは、たんに英語の文学に親しんで育ったというだけではない。英国ヴィクトリア朝の女の作家の書いた作品、あるいはその流れをくむ作品に、とりわけ親しんで育ったのでした。

2 中学生になり、両親に連れられてアメリカに渡ったとき、それらの少女文学は家財道具とともに太平洋を渡りました。しかし、アメリカに着いてからは、それは棚の上で埃(ほこり)をかぶったままになってしまいました。大人の読む本を読むようになったからだけではありません。望郷の念にかられ、日本の文学ばかり読むようになったからです。ことにくり返し読んだのは、古い「現代日本文学」の全集でした。外国で育つ娘たちのためにと、両親が日本を発(た)つとき、一世代上の親戚からゆずってもらった全集です。そこにある「現代」とは、祖父母の代の「現代」でした。

3 さて、十年ほど前、漱石の『明暗』の続編である『続明暗』という小説を書いたときのことです。なぜそんなものを書いたのか、とたくさんの人から聞かれました。当然のこととして、まず頭に浮かんだのは、あの、祖父母の時代の「現代日本文学」の全集です。あの全集ゆえに、私は明治大正の時代をおのがもののように感じて生きてきたからです。

4 ところがそれから十年。同じ問いを問い続けられるうちに、いつしか、まったく別のものが見えてきました。それと同時に、あの埃をかぶっていた少女文学を思い出すようになりました。思えば小さいころあのような小説を読んでいたということと、漱石の絶筆の続編を書くということはつながっていたのです。なんと、あの威張った口髭(くちひげ)をはやした漱石に、私たちの懐かしいBヴィクトリア朝の女たちの精神が継承されていたのです。しかも「則天去私」(注2)などと書いていたころの漱石に、もっとも深く継承されていたのです。

5 西洋の文芸の最大の主題が「恋愛」なのはいうまでもないでしょう。そしてそれは、有夫の女が姦淫(かんいん)を犯すという、姦淫の物語を中心に発展してきました。古代のトリスタンとイゾルデの伝説然(しか)り。中世のパオロとフランチェスカの伝説然り。近代に入ってから、その姦淫の物語——『赤と黒』『ボヴァリー夫人』『アンナ・カレーニナ』——はいよいよ栄えます。でも、そこには同時に、まったく別の系統の物語が花ひらいたのです。今まで父によって結婚させられていた女が、自らの自由意志を行使して結婚するようになる。そのとき初めて結婚というものが、西洋の文芸の中心に躍り出たのでした。

6 それが恋愛結婚の物語です。

7 恋愛結婚の物語を一言で要約すれば、人がいかに理想の結婚にゆきつくかという物語です。理想の結婚とは、もちろん、相思相愛の結婚をさします。でもそれはたんに好きな者同士の結婚ではない。それは、男女の現実の出会いに先行する理念なのです。相手を絶対的に愛するもの同士——相手が自分にとって神のように絶対的であるもの同士の結婚という、理念なのです。そして、人は自らの自由意志を正しく行使することによって、その理想の結婚にゆきつく。いいかえれば、どのような結婚にゆきついたかでもって、人がいかに正しく、あるいはまちがって、自らの自由意志を行使してきたかが見えるのです。恋愛結婚の物語では、結婚こそが、その人の人間としての価値を映し出す鏡となるのです。

8 恋愛結婚の物語がすぐれて女の物語として発展してきたのは、必然でした。結婚を選べない存在として規定されていた女が、結婚を選べる——結婚しないことすら選べる——存在として規定され直したとき、女の結婚は、女の自由意志の象徴として物語の中で機能するようになったのです。そこで、あのおなじみの物語がくりかえされるようになる。賢く生きてきた娘が理想の結婚にゆきつき、幸せを手に入れるという物語にほかなりません。

9 だからこそ、恋愛結婚の物語とは、「いかに生きるべきか」という、女にとっての教養小説でもあるのです。だからこそ、それは少女小説とも大きく重なるのです。このような恋愛結婚の物語が、英国ヴィクトリア朝で花ひらいたのも当然のことでした。そこではいち早く資本主義が発達し、いち早く個人主義が確立し、いち早く女が自分で自分の生を生きるのが可能になった。しかも、そのような女の中には作家がおり、彼女らはまさに恋愛結婚をめぐる物語を書いて、食べてゆこうとしたのです。恋愛結婚の物語が、何よりもまず、自分で自分の人生を切り開いてゆこうとする女の物語であるのは、このような女の作家たちの存在と切りはなせません。

10 明治維新のあと、西洋の文芸が日本に入ってくるや否や、恋愛結婚という理念は若い世代を熱病のようにとらえました。でも、そもそもその核をなす、絶対的な愛などというキリスト教を背景とした理念が、いかに異質なものであったか。何しろ見合い結婚という没理念的な結婚――漱石の言葉でいえば「お手軽」な結婚がゆきわたっていた国です。そしてそれは、うまく機能しており、日本の女もとりたてて不自由を感じていない。日本の現実の中で、見合い結婚に是が非でも反対し、恋愛結婚の理念を高く掲げねばならないような必然はどこにもなかったのです。事実、その後の人々の結婚は、恋愛結婚でも見合い結婚でもあるような、不分明な結婚に落ち着きました。作家が文学の中で恋愛結婚を大まじめにとりあげることもありませんでした。

11 驚くべきはC文学の力です。

12 その中で唯一漱石だけが、恋愛結婚というものを大まじめにとりあげたのです。英文学を嫌い、英文学に反発しながら書いた漱石ですが、英文学を当時のどの作家よりもよく読み、よく読んだことによって、理解してしまったのです。そのあげく、気がついたときは、恋愛結婚という理念にとらえられていた。そして、見合い結婚と不分明な恋愛などはありえないことに、こだわり続けて書くにいたった。しまいには、なんとヴィクトリア朝の女の作家たちの、その息吹が感じられるような小説を書くにさえいたったのです。

13 それがあの『明暗』です。漱石の中で初めて、女主人公の視点からも物語が語られたというだけではない。お延は、まさに、「自分の眼で自分の夫を選」ぶという女――自分で自分の人生を切り開こうという女なのです。同時に、まさに、絶対的な愛という理念を心に掲げている女でもあるのです。彼女はたんに夫に充分愛されていないのが不幸なのではない。絶対的な愛という理念にかんがみて、自分が理想の結婚をしていないという自覚が、D彼女を不幸にしているのです。

14 「どうしても絶対に愛されてみたいの。比較なんか始めから嫌いなんだから」

15 何しろこのように、翻訳小説のようなせりふをはく女です。だからまわりの女たちからは疎まれる。夫からはうんざりされる。怖がられもする。この日本の現実にどうして絶対的な愛などが要るのか。ところが、『明暗』の世界にとりこまれてしまった読者にとって、お延の理念の必然は自明のものになってしまっているのです。私たちはお延の運命に一喜一憂して、文章を追ってゆくのです。

16 小さいころ少女小説によって耕された心の一部を、漱石の『明暗』は知らぬまに掘り起こしていたのでした。そしてそれが『続明暗』につながっていたのでした。それに気がついたとき、時代を越え、海を越え、男女の差を越える文学というものの力――言葉というものの力を知ったように思います。

**注**

1 ヴィクトリア朝…イギリス一九世紀の王朝。

2 則天去私…小さな自我を捨て、運命に従うという漱石晩年の心境。『明暗』が描こうとした境地ともいわれる。

問1　傍線部(ア)～(ウ)の本文中における意味として最も適当なものを、次の各群の①～⑤のうちから、それぞれ一つずつ選べ。（3点×3）

(ア)　髣髴
① より恐ろしいものに思える
② 目の前にありありと思い浮かぶ
③ かつて抱いた感情を再びわきおこす
④ 不吉な予感に襲われる
⑤ 明確に記憶することができる

(イ)　毫も
① 意外にも
② あたかも
③ ちっとも
④ からくも
⑤ 皮肉にも

(ウ)　糊塗して
① 曖昧にして
② 嘘(うそ)だと言って
③ 誰かになすりつけて
④ 笑顔でごまかして
⑤ 触れないようにして

| (ア) | (イ) | (ウ) |
|---|---|---|
| | | |

問2　傍線部Ａ「宝石は反故にされた約束の象徴のように薄寒く光っていた」とあるが、これはどのようなことを意味しているのか。その説明として最も適当なものを、次の①～⑤のうちから一つ選べ。（8点）

① もはや津田の裏切りを示すものでしかない宝石を滝壺に投げ捨て、過去を振り捨てて強く生きていこうという気持ちがお延に生じている、ということ。
② 津田に屈辱さえ味わされたのに、それでも津田がくれた宝石を最後までもっている自分の中に、いまだ津田への

未練があることをお延が自覚した、ということ。

③ 物によってお延の心まで手に入れようとした津田のゆがんだ愛情を思いおこし、お延の心に津田への憎しみがじわじわと生じてきている、ということ。

④ お延の体面を守ると言った津田の言葉と津田に買ってもらった宝石がともに無意味なものとして、お延の心に虚無感を生じさせている、ということ。

⑤ 津田が「大丈夫」だと言った言葉が嘘になってしまったことを示す宝石を見つめるうちに、お延の心に死へ向かおうとする衝動が再び生まれてきた、ということ。

**問3　傍線部B「ヴィクトリア朝の女たちの精神」とはどういうものか。その説明として最も適当なものを、次の①〜⑤のうちから一つ選べ。**（7点）

① 結婚の物語を書いて生活するという境遇を手に入れ、結婚の理想を描く物語こそ文芸の中心だと主張する精神。

② 結婚を人生の理想として位置づけ、その理念に合う、互いに愛し合うことのできる人間と結婚したいと願う精神。

③ 恋愛結婚の理想を描く女性作家の作品に感化され、自分も、自分を変わらず愛してくれる男性を探そうとする精神。

④ 個人の意志による恋愛結婚を理想化し、その理想を小説に描くことによって個人主義を発達させようとする精神。

⑤ 自立した女性として、誰にも束縛されない自らの意志によって結婚し、自分の人生を生きていこうという精神。

問4　傍線部C「文学の力」とはどういうものか。その説明として最も適当なものを、次の①～⑤のうちから一つ選べ。（6点）

① 作家の理想とする生のありかたを、作家が作品を通して社会に伝え、社会的な通念を変革することができる力。
② ある作品に示された理念が、時間や空間などを超越し、人間から人間へと伝播していくことを可能にする力。
③ 西洋の文学的主題が日本においても若い世代に熱烈に受け容れられるという、文学のもっている普遍的な力。
④ ある限定された時代に書かれた小説の主題が、一度は注目されなくなっても、時代を経て再び復活してくる力。
⑤ 文学に反発する人間をも、いつしか文学の世界へと取り込んでしまうような、人を惹きつけてやまない力。

問5　傍線部D「彼女を不幸にしている」とあるが、「彼女」の「不幸」とはどのようなものか。小説の内容を踏まえて説明したものとして最も適当なものを次の①～⑤のうちから一つ選べ。（8点）

① 西洋文学により理想の結婚という理念に目覚め、理想の結婚を追求したが、その理想を夫に選んだ津田にも理解されないこと。
② 津田が絶対的な愛を実現してくれると思いこんだが、夫がそんな人間ではないことを再認識する事態に追いこまれていること。
③ 津田が他の女性といるのは単にお延を愚弄するためだとわかり、津田が自分を徹底的に嫌っているという現実を突きつけられたこと。

④ 自分が津田を夫として選んだことに対し後悔を抱いているということを、自らの行動によって他の人々に暴露してしまったこと。

⑤ 津田が他の女性への愛ゆえに自分を裏切ったことに衝撃を受け、自殺まで考えてしまう絶望的な事態に至ってしまったこと。

**問6 小説『続明暗』とエッセイ「漱石と『恋愛結婚の物語』」の表現について、次の(i)・(ii)の問いに答えよ。**（6点×2）

**(i) 次の文は小説『続明暗』の表現に関する説明である。文中の空欄 a ・ b に入る語句の組合せとして最も適当なものを、次の①～④のうちから一つ選べ。**

> 五感のうち、とくに a に訴える風景描写と、 b を交えた丹念なお延の心理描写とが、絡まり合うような表現世界がつくりだされている。

① a―聴覚や触覚　b―自省
② a―視覚や聴覚　b―独白
③ a―視覚や触覚　b―内省
④ a―聴覚や視覚　b―告白

(ii) エッセイ「漱石と『恋愛結婚の物語』」の表現に関する説明として最も適当なものを、次の①～④のうちから一つ選べ。

① 第1段落第二文における「私の場合――というより、当時の日本の女の子供の場合」という表現には、自分の経験を「私」と同世代の多くの子供たちの経験へと拡大し、エッセイの読者にも、そうした経験を共有してもらおうという配慮が感じられる。

② 第2段落の「古い『現代日本文学』」という表現は、字面だけを見ると矛盾しているとも思える表現だが、その後「現代」がいつの時代かが説明され、筆者と漱石が、「現代日本文学」において結びつくことが推論できるようになっている。

③ 第4段落における「威張った口髭をはやした漱石」、「『則天去私』などと書いていたころの漱石」という表現には、漱石に対する愛着を直接的に示すことに対する羞恥心から、漱石を揶揄(やゆ)するかのような「私」の心理が示されている。

④ 第11段落における「驚くべきは、文学の力です」という表現には、当時の日本の状況を説明していた文脈を転換し、読者を漱石の理解力と先見性に注目させようとする「私」の意図が示されている。

| (i) | (ii) |
| --- | --- |
| | |

9

文学

# 心という不可思議なもの

オリジナル

目標解答時間 20分

本冊（解答・解説） p.138

次の二つの小説『おとうと』（幸田文　一九五七年）と「蘆声」（幸田露伴　一九二八年）を読んで、後の問い（問1〜6）に答えよ。なお、一部表記を改めた。

『おとうと』

うちへ帰ってみると変事が起きていた。もうさきへ帰っているはずの弟がいず、出不精の母が外出してい、父親だけが一人で留守をしていた。碧郎の学校から電話があって、碧郎が同級の子の腕を折ったからと、母に呼びだしが来たのだという。

「腕を折ったって喧嘩でもしたのかしら？」

「よくわからないんだ。教師もあわてているらしかったそうで、とにかく行って見なくてははっきりしないからね。まあおよそは、(ア)ものの弾みでそんなことになったと思うのだが、故意のことのように言ったというんだ。なあに、母さんの聞きちがえかもしれないんだ。」いつも通り机に座ってしごとはしていても、父は案じておちつけないらしい。煙草ばかりふかして報告を待っていた。

「過失でも故意でも、どうなるのかしら？　罪になるの？」

父はときどき沈んで、「そんなことはないと思う。しかし故意と言われれば、そしてそれが間違いなくそうなら、正しく考えなくてはなるまいが、――取り越し苦労は益のないことだ。それより私やおまえの今することは、相手の子の怪我がどうか軽くて済むようにと祈ることだ。誰のどうした怪我であろうと軽くて済むなら、……」

そうなのだ。その子の怪我が何でもない軽いものであって、大騒ぎをしたというだけで済めば、したがって弟の問われかたも軽く済むことなのだと思える。と思ってきて、げんはぎょっとした。つい今、故意と聞いたとき咄嗟には、あんなにきつくそんなばかなことあるか、碧郎が人に故意の怪我をさせるような恐ろしいことをするものかと、心から思いが噴きこぼれるほど反発したのに、いつの間になのか、父と話しているうちに、「故意にした」に傾いたような思いかたをしているのである。父は故意を信じたくない話しぶりを見せていた。あたりまえである。そして自分も故意だなんて思いたくないのである。だのになぜ故意めかしく受け取りそうに気が動くのだろう。相手の怪我が軽ければ弟も軽く許されるだろうと思う心は、なんとなく後ろめたく故意を呑みこんだようなところがある。故意ということばには、Aおかしく惑わす力がある。碧郎はおそらく教員室、あるいは人気のない講堂の片隅などというところに留めておかれているのだろう。あるいは怪我した子の両親が駆けつけて来て(イ)面罵したかもしれないし、訊問されているかもしれない。それにうちの母はどう碧郎をかばってくれているだろうか。母もげんのように故意に惑わされていはしないか。色白な皮膚、細い頸、紺の制服をだぶだぶと着て、見るからに(ウ)きゃしゃな新入生である。言い負かされていはしないかという不安が感じられる。孤立している困難な立場を思う。腹立ちっぽくて強情っぱりで、か細い神経なのだ。(中略)

「お父さん、あたし心配だから、学校へ電話かけて様子訊きたいけど、いけないかしら?」

「まあもう少し待ってみよう。面倒なことになってるなら母さんから一ト言言って寄こすだろう、長引くとか何とか。」

犬が夕食を催促してげんのあとしりついて回るが、人の心を見ぬく利口な動物は頸を抱きよせられると、じっと素直にいつまでも抱かれていて哀しい。

暮れきって母は疲れた顔つきで、弟を連れて帰って来た。いつもならもうしごとを切りあげて茶の間へ来ている父なのに、きょうは机の前から起たずに碧郎を待っていた。母はそのまま父のところへ行ったが、碧郎は促されても父の前へ行くのを無言で拒んだ。

「どうしたの？」

ちょっと眼を上げて姉の方を見、すうっと涙が眼頭と眼尻へ盛りあがってこぼれた。「知らねえや。」

瞬間を置かず哀しさが姉へのりうつってきた。B そうだろうと思ったのはあたっていた、とげんは判断した。「でもね碧郎さん、お父さんはあんたのこと心配していたのよ。心配ないからお父さんにあんたの言いぶん話しなさいよ。考えてくださるわ。」

「嘘だい。先生の前でさんざ母さんに言われたぞ。主人はこの子をかわいがりすぎてわがまま放題にしたので、いまでは手に負えなくなって時々は困っていますなんて。きつく叱ってもらいますなんて、父親も嘆いておりましたなんて。——どっちがほんとなんだ！　どうせぼく、ぼく……」と言うと、いきなり起って納戸へ行き、納戸の壁へ蜘蛛のようにへばりついてしまった。

父が報告を一ト通り聞いてから納戸へ行った。哀しいのを隠した口調で、「おい、出て来いよ。お父さんと話さないか。おまえもくたびれただろ。こっちへ来て飯でもたべようじゃないか、姉さんが何かこしらえているよ。」

げんは父を、いいなあと思って胸がつまった。でも父は泣いている碧郎をほうり出したなり、茶の間へ来てしまった。それ以上は優しくしないらしかった。げんも台処から炊事から動いてはいけないというような、妙な意地を自分でこしらえて、耳だけをそっちへやりながら刻んだり煮たり、頑固にやっていた。母は外出着を脱いだり畳んだり、それからしんと静まった。

「蘆声」

（「自分」は西袋でよく釣りをしていたが、重りもつけずに釣りをしている「少年」と話をするようになった。問題文の前には、「自分」が遊びで釣りをしているというと、「小父さんが遊びだとって、俺が遊びだとは定まってやしない」と少年が答える場面があり、母親に「遊んでないで気の利いた魚でも釣ってこい」といわれたということが書かれている。）

お前も今日はもう帰るのかい。

アア、夕方のいろんな用をしなくてはいけないもの。

夕方の家事雑役をするということは、先刻の遊びに釣をするのでないという言葉に反映し合って、自分の心を動かさせた。

ほんとのお母さんでないのだネ。明日の米を磨いだり、晩の掃除をしたりするのだネ。

彼は黙った。

今日も鮒を一尾ばかり持って帰ったら叱られやしないかネ。

彼は黯然（注1）とした顔になったが、やはり黙っていた。その黙っているところがかえって自分の胸の中に強い衝動を与えた。

お父さんはいるのかい。

ウン、いるよ。

何をしているのだい。

毎日亀有（注2）の方へ通って仕事している。

土工かあるいはそれに類した事をしているものと想像された。

お前のお母さんは亡くなったのだネ。

ここに至ってわが手は彼の痛処に触れたのである。なお黙ってはいたが、コックリと点頭(注3)して是認した彼の眼の中には露が潤んで、折から真赤に夕焼けした空の光りが華々しく明るく落ちて、その薄汚い頰被りの手拭、その下から少し洩れている額のぼうぼう生えの髪さき、垢じみた赭い顔、それらのすべてを無残に暴露した。

お母さんは何時亡くなったのだい。

去年。

といった時には、その赭い頰に涙の玉が稲葉をすべる露のようにポロリと滾転(注4)し下っていた。

今のお母さんはお前をいじめるのだナ。

ナーニ、俺が馬鹿なんだ。

見た訳ではないが情態は推察出来る。それだのに、ナーニ、俺が馬鹿なんだ、というこの一語でもって自分の問に答えたこの児の気の動き方というものは、何という美しさであろう、我恥かしい事だと、愕然として自分は大いに驚いて、大鉄鎚で打たれたような気がした。釣の座(注5)を譲れといって、自分がその訳を話した時に、その訳がすらりと呑込めて、素直に座を譲ってくれたのも、こういう児であったればこそ先刻の事を反顧(注6)せざるを得なくもなり、また今残り餌を川に投げる方が宜いといったこの児の語も思合されて、田野の間にもこういう性質の美を持って生れる者もあるものかと思うと、無限の感が涌起(注7)せずにはおられなかった。

自分はもう深入りしてこの児の家の事情を問うことを差控えるのを至当の礼儀(注8)のように思った。

では兄さん、この残り餌を土で団めておくれでないか、なるべく固く団めるのだよ、そうしておくれ。そうしておくれなら、わたしが釣った魚を悉皆でもいくらでもお前の宜いだけお前にあげる。そしてお前がお母さんに機嫌を悪くされないように。そうしたらわたしは大へん嬉しいのだから。

自分は自分の思うようにすることが出来た。少年は餌の土団子をこしらえてくれた。自分はそれを投げた。少年は自分の釣った魚の中からセイゴ二尾を取って、自分に対して言葉は少いが感謝の意は深く謝した。

二人とも土堤へ上った。少年は土堤を川上の方へ、自分は土堤の西の方へと下りる訳だ。別れの言葉が交された時には、日は既に収まって、夕風が袂涼しく吹いて来た。少年は川上へ堤上を辿って行った。暮色は漸く逼った。肩にした竿、手にした畚(注9)、筒袖の裾短かな頬冠り姿の小さな影は、長い土堤の小草の路のあなたに段々と小さくなって行く踽々然(注10)たるその様。自分は少時立って見送っていると、彼もまたふと振返ってこちらを見た。自分を見て、ちょっと首を低くして挨拶したが、その眉目は既に分明(注11)には見えなかった。五位鷺がギャアと夕空を鳴いて過ぎた。

その翌日も翌々日も自分は同じ西袋へ出かけた。しかしどうした事かその少年に復び会うことはなかった。

西袋の釣はその歳限りでやめた。が、今でも時々その日その場の情景を想い出す。そして**C** 現社会の何処かにその少年が既に立派な、社会に対しての理解ある紳士となって存在しているように想えてならぬのである。

**注**

1 黯然…暗いさま。
2 亀有…東京の地名。
3 点頭…うなずくこと。
4 滾転…ころがること。
5 釣の座を譲れ…少年と初対面のとき、自分がいつも座っていた釣りの場に少年が座っていたので、席を替わってくれないかと頼んだこと。
6 反顧…かえりみること。
7 涌起…わきおこること。
8 至当…極めて当然の、の意。
9 畚…竹などで編んだ運搬用のかご。
10 踽々然…一人で行くさま。
11 分明…はっきりしているさま。

問1　傍線部(ア)〜(ウ)の本文中における意味として最も適当なものを、次の各群の①〜⑤のうちから、それぞれ一つずつ選べ。（3点×3）

(ア)　ものの弾みで

① 相手の挑発に乗って
② 不自然な力がかかって
③ 何の予兆もなくて
④ その場の勢いで
⑤ とっさの機転によって

(イ)　面罵

① 態度についてののしること
② 恐い面構えでののしること
③ 一方的にののしること
④ 口汚くののしること
⑤ 目の前でののしること

(ウ)　きゃしゃ

① 弱々しそうな
② 病気がちな
③ だらしない
④ 人を小馬鹿にしたような
⑤ いいかげんそうな

| (ア) | (イ) | (ウ) |
|---|---|---|
| | | |

問2　傍線部A「おかしく惑わす力」とあるが、これはどのようなものか。その説明として最も適当なものを、次の①〜⑤のうちから一つ選べ。（8点）

① 弟に罪はないと主観的に考えているげんに対し、弟が故意にしたことかどうかは客観的に判断すべきだと冷静な態度を促してくるもの。
② 弟が故意で怪我をさせたという知らせに激しく反発したげんを、なぜか弟の行為が故意であるかのように考える方

向へ向かわせるもの。

③ 弟の行為が故意であるはずはないと言い聞かせているげんに、弟には姉である自分にも知らない面があるのではないかと思わせるもの。

④ 弟にかぎって人を傷つけるという恐ろしいことはするはずがないと思っているげんに、父の思いと同様に自分の確信を揺らがせるもの。

⑤ 相手の怪我が軽ければ弟の責任も軽くなるだろうと楽観的に考えていたはずのげんを、故意にしたことならば許されないと不安にさせるもの。

**問3 傍線部B「そうだろう」とはどういうことか。その説明として最も適当なものを、次の①～⑤のうちから一つ選べ。**（6点）

① 怒りやすい性格ゆえに人を傷つけ、繊細な性格ゆえに、今は母に見離され哀しくなっているのだろう、ということ。

② 故意にクラスの子に怪我をさせたのではないと信じようとしたが、やはり故意にしてしまったのだろう、ということ。

③ 普段と違う場所で自分を待ちかまえている父を見て、父に叱られるのを怖れて泣いているのだろう、ということ。

④ 母がいるとはいうものの、頼れる人がおらず一人で不利な状況のなかに立たされて心細かったのだろう、ということ。

⑤ 父が出来の悪い息子を恥じており、それゆえ自分を助けに来てくれないのを恨んでいたのだろう、ということ。

問4　傍線部C「現社会の何処かにその少年が既に立派な、社会に対しての理解ある紳士となって存在しているように想えてならぬのである」とあるが、「自分」がこのように「想」うのはどうしてだと考えられるか。その説明として最も適当なものを、次の①～⑤のうちから一つ選べ。（7点）

① きちんと家の手伝いをし、継母（ままはは）が冷たい人間かどうかを探ろうとする「自分」の問いかけをも軽く受け流し、話題を変えて継母をかばおうとする優しい子どもだったから。

② 実の母が死に、そのうえ継母に冷たくされているようなのに、家の手伝いを怠らず、継母の行動を自分が悪いからだという、けなげで礼儀の正しい子どもだったから。

③ たまたま魚釣りをする間柄になったにもかかわらず、年の離れた「自分」に心を開いてくれ、最後には感謝の気持ちをきちんといえる大人びた少年だったから。

④ 実の母が死んでまだ間もないというのに、その哀しみを断ち切ろうとして家の仕事をしたり、明るくおどけてみせたりするような、涙ぐましく心の美しい少年だったから。

⑤ 見知らぬ人間から家庭の事情を聞かれたとき、初めは家のことは話さず沈黙を守った姿に心動かされ、今は幸福になっていてほしいと思わせるような少年だったから。

問5　『おとうと』に登場する「父」（「前者」とする）と「蘆声」の「自分」（「後者」とする）についての説明として最も適当なものを、次の①～⑤のうちから一つ選べ。（8点）

① 前者はある程度子どもと距離をとっているのに対し、後者は子どもの立場に感情移入しているという違いはあるものの、両者とも子どもの抱える心情や立場を考え、それを想像し心を寄せている。

② 前者はいくら子どもへの愛情があっても、大人と子どもとの立場の違いをわきまえさせようとしているが、後者は自らが子どもの立場に立って、子どもの心情や境遇を想像しようとしている。

③ 前者は自分の実の子どもである分、冷たく突き放すことも辞さないが、後者は偶然出会った子どもであるため、子どもの心をできるだけ傷つけず、明るい気持ちで再会できることを願っている。

④ 前者は子どもへの愛情を口や態度に表さないのに対し、後者は子どもへの同情を隠さないという違いはあるものの、両者とも子どもの心情を理解し、母親や継母の理不尽さを批判的に見ている。

⑤ 前者は子どもへの愛情を持ちながらもそれを表現するのが苦手であり、それを自分でも口惜しく思っているが、後者は心に思ったことをはっきりと口に出し、子どもへの同情を直截(ちょくせつ)に表現している。

問6 次の【Ⅰ群】のa～cの表現に関する説明として最も適当なものを、後の【Ⅱ群】の①～⑥のうちから、それぞれ一つずつ選べ（ただし同じものを二度選んではいけない）。（4点×3）

【Ⅰ群】

a 『おとうと』の26～27行目の「犬が夕食を催促してげんのあとしりついて回るが、人の心を見ぬく利口な動物は頸を抱きよせられると、じっと素直にいつまでも抱かれていて哀しい」という表現

b 『おとうと』の37〜38行目の「――どっちがほんとなんだ！　どうせぼく、ぼく……」の「――」や「……」

c 「蘆声」の19行目の「その赭い頰に涙の玉が稲葉をすべる露のようにポロリと滾転し下っていた」という表現

【Ⅱ群】

① 事情を把握することができないもどかしさをぶつけようとした存在に、逆に癒（いや）されていることを暗示する表現である。

② 色彩や形態に関するイメージを読者に喚起させながら、登場人物の心情を間接的に表しているといえる表現である。

③ 自分の言動がどう受け取られているのか理解できないまま、感情を必死になって抑えようとしている様を表す表現である。

④ 他の存在の心情を表す言葉が、同時に登場人物の心情をも暗示するという二重の意味を表す構造になっている表現である。

⑤ ある人を信頼することができず苛立（いらだ）ちながら自暴自棄になって、言葉を口にできない登場人物の様子を暗示する表現である。

⑥ 心理表現をあえて行わず、物の様子を写実的に描くことによって、登場人物の心理を逆に印象づける表現である。

| a | |
|---|---|
| b | |
| c | |

大学入試

# 全レベル問題集
# 現代文

河合塾講師 梅澤眞由起 著

共通テストレベル

改訂版

# はじめに

日本の教育が大きく変わろうとしています。グローバル化に対応して、自分の意見をはっきりと主張し、なおかつみんなと協力していける人間が求められています。学校でも積極的な発言が求められ、そういう人間を評価するように学校現場が変わってきています。つまり外部に自分をアピールできる人間が評価されるのです。

でも自己アピールが評価されるならば、誰もがそういうキャラを作ろうとするでしょう。そして若い人たちは自分が他人からどう見られるかということに敏感になり、自分の心と対面する時間を失います。だからといって他人との関係が充実しているわけではありません。だって相手を気にしてばかりいるのですから。

そういう若い人の心の揺れ動きが気にかかります。今必要なことは、他人や情報に振り回されない孤独な時間を作ることです。孤独の中で自分の心と向き合うことです。孤独の中で自分と出会い、そこから他者へと開かれていくことの中にしか、自分を安定させる道はないのです。

僕はそんな孤独な時間をこの問題集を通じてもってほしいと思います。現代文の問題を解くことは、筆者の考えの筋道をたどり、他者と出会うことだからです。そうした他者との出会いが、いつしか、では自分が何をどう考えているのか、他者は何を考えているのか、という想いを抱くことへと通じると思っているのです。

設問を解くことと同時に、筆者の言葉を自分はきちんと受けとめているかを確かめながら、問題文を読んでいってください。

梅澤真由起

# 目次

# この問題集の構成と使いかた

本書は、次の流れで取り組むことをおすすめします。

1 8ページ「共通テストの現代文について」
↓
2 14ページ「〈論理的文章〉へのアプローチ」
↓
3 別冊（問題）4ページ〈論理的文章〉問題
↓
4 16ページ〈論理的文章〉問題　解答解説

＊〈文学的文章〉も同様に、1「アプローチ」→2別冊問題→3本冊解説、の流れで取り組むとよいでしょう。

各講の解説は、大きく分けて、次の三つで構成されています。

■**学習ポイント**■…その講で学習すべき、大事な点を説明しています。そのあとの解説でもここで挙げたポイントを意識して読み進めてください。

■**問題文LECTURE**■…出題された文章・資料などを、例をあげたり、まとめたりしながら、きちんと読み解きます。**読解のポイント**、**ひとこと要約**などで頭の中をしっかり整理してください。

■**設問LECTURE**■…出題された設問を解説していきます。ひっかかってしまった点をここでしっかり解決しましょう。

## 本冊で使用する記号について

ムズ…間違えても仕方のない、ややむずかしい設問に示してあります。

大ムズ…むずかしくて、かなり正答率の低い設問に示してあります。

目標点 30/50点…「解答」のところに説明がありますし、あとで説明しますが、〈予想される平均点＋1問分〉として示しています。

語句ごくごっくん…問題文に登場した重要語句を解説しています。言葉を飲み込んで、みんなの血や肉になることを意識したネーミングです。しっかり飲み込んでください。

L42・L42・(L42)…問題文での行番号を示しています。

梅POINT…現代文の大事なポイントをひとことでビシッと示しています。同じ種類の設問などにも共通するポイントなので、頭のひきだしに入れておきましょう。

テーマ…論理的文章の問題文で扱われたテーマについて、もう一歩踏み込んで解説しています。

チョイマヨ…間違えやすい選択肢。でもこれで間違えるのは、選択肢の見かたがだいぶ安定してきている証拠。ヘンな選択肢で間違えて点数が不安定なのは、読解か選択肢の見かたに問題があります。そういうポイントで自分の弱点を診断してください。それもこの問題集の大きな目的です。

## 志望校と「全レベル問題集　現代文」シリーズのレベル対応表

| シリーズラインナップ | 各レベルの該当大学　※掲載の大学名は本シリーズを活用していただく際の目安です。 |
|---|---|
| ①基礎レベル | 高校基礎～大学受験準備 |
| ②共通テストレベル | 共通テストレベル |
| ③私大標準レベル | 日本大学・東洋大学・駒澤大学・専修大学・京都産業大学・近畿大学・甲南大学・龍谷大学・東北学院大学・成蹊大学・成城大学・明治学院大学・國學院大學・亜細亜大学・聖心女子大学・日本女子大学・中京大学・名城大学・京都女子大学・広島修道大学　他 |
| ④私大上位レベル | 明治大学・青山学院大学・立教大学・中央大学・法政大学・学習院大学・東京女子大学・津田塾大学・立命館大学・関西大学・福岡大学・西南学院大学　他 |
| ⑤私大最難関レベル | 早稲田大学・上智大学・南山大学・同志社大学・関西学院大学　他 |
| ⑥国公立大レベル | 東京大学・京都大学・北海道大学・東北大学・信州大学・筑波大学・千葉大学・東京都立大学・一橋大学・名古屋大学・大阪大学・神戸大学・広島大学・九州大学　他 |

# 共通テストの現代文について

二〇二〇年一月現在の情報です。

## 今までの試験とは異なる能力が求められている

評論では、文章の中の論理（＝つながり）やむずかしい表現の意味を理解すること、小説では〈心理〉を読みとること、がたいていの試験でのポイントです。私立大学の現代文、国公立大学の個別試験では、そうしたことが変わらず問われています。

ですが、共通テストでは、第1問の〈論理的文章〉でも、第2問の〈文学的文章〉でも、**複数の文章と資料・図表の中から、傍線部や設問の要求に従って、必要な情報を見つけ、結びつける力＝〈情報収集の力〉**が求められています。これは文章を大きくつかむ、という今までの現代文の基本とは異なる、いわばピンセットでデータ部分をはぎ取ってきてつなぐような、細かな部分への着目が求められるということです。共通テストは**〈思考力・判断力・表現力〉**を問うとされていますが、どの部分が必要かを判断する力が、共通テストで求められる**〈判断力〉**です。

また、そうして集めた情報は、正解の選択肢では、問題文（や資料）の表現とは少し違う表現にいい換えられています。それを「これは問題文のあの部分をいい換えたのだな」と理解する力、これが共通テストの**〈思考力〉**の一つです。

これらはそれほどレベルの高いものではありませんが、慣れていないと苦労すると思います。たくさんの問題にチャレンジして、慣れていってください。

## 時間との戦い

共通テストはとにかく時間的に厳しいテストです。それは、**複数の素材**を見なければいけないからです。現代文二題、そして古文と漢文が一度に押し寄せてくるので頭の切り替えが必要です。そこで考えるべきことは、**①どれから解くか**

**②どういう時間配分をするか**、ということです。

## ① どれから解くか

僕は古文・漢文から入ったほうがいいと思っています。現代文は現代日本語ですからとりあえず読めるので、「もう少し考えると解けるかも……」という気になりやすく、ズルズル時間を使ってしまうことがあるからです。でもこれは人それぞれですから、論理的文章・文学的文章・古文・漢文をセットで解いて、自分に合ったパターンを二つは用意しましょう。〈二つ〉というのは、たとえば「漢文から解く」と決めていて、もし漢文がすごくむずかしかったときに、違うルートをもっていれば、動揺せず違うものから手をつけていけるからです。

## ② どういう時間配分をするか

やはり四題セットで何回か解き、自分は論理的文章は25分、文学的文章は20分、古文は20分、漢文はなんとか15分でできる、というような平均を出してください。そしてそれをどんな問題でも守ることです。つまり一題ごとの時間を決めて、時間が来たら、移る。この**〈移る〉勇気を身につけてください**。ですからこの問題集をやって、現代文はOK、ということになったら、必ずセットで問題を解くようにしてください。それは総合点で勝負！ということです。たとえば三題カンペキにこなしても150点です。四題に自分の決めた時間をかけて、解ける問題は解いた、という状態で40点ずつ取れれば160点になります。**一題だけにこだわらず、総合点をきちんとゲットする**。このことを忘れずに。ただし〈移る〉ときにマーク箇所がズレないように、答えはとりあえず仮決めしてマークしておきましょう。そして時間に余裕があればあとでもう一度考えればよいのです。

# 問題文を最後まで読んでから解くか、読みながら解くか

これはよく聞かれるんですが、**【文章】**は一度最後まで読み、**【資料】**などにも目を通してから解くほうがよいと僕は思っています。複数の素材には、**共通点や相違点などがあります**。それをまず見抜いて、素材同士の〈つながり〉を見つけることが大切だからです。これらの点が**テーマであり、設問の解答につながることも多い**です。そのためにも、**まずどの素材とどの素材を結び合わせる設問があるか、読みに入る前に設問をチラ見しましょう**。一つでいいですから、複数の素材を結びつける設問を頭に入れてから読みに入りましょう。

それに、〈論理的文章〉では、その「テーマ＝主旨」を正面から問う設問が出題されることが多いので、全体がわかっていないとマズイです。読みながら解く人は、**【文章】**の全体像をつかみにくい。

設問で「資料を参考に」などと書いてある場合でも、**【資料】**だけでなく、**【文章】**の関連箇所を使って選択肢が作られていることもあります。そういう点でも、目配りは広ければ広いほどよいです。

また読みながら解く人は、まだ読んでいないところに設問の根拠（**＝問題文に書かれていて、読解や解法を支える証**（あかし））があったら、当然これが見つけられない、そういうリスクがあります。

でもどうしても時間がない人は読みながら解いても仕方ないので、次のようにしてください。

傍線部に関連する意味のブロックのまとまりの切れ目や根拠が見つかったら（見つからないときは、次の傍線部まで読んだら）、そこで振り返って選択肢を消去法で吟味する。それでも根拠が見つからないときや一つに答えを絞れないときは、答えを仮決めして先に進む。そして最後まで読んでからもう一度考えて解く。

〈消去法〉についてはあとで説明しますが、**単に問題文に書いてある書いてない、だけではなく、傍線部の表現と対応しているか、設問の問いかけに対応しているか、という基準で選択肢を見ることが〈消去法〉**です。

〈文学的文章〉も同様です。一応最初から最後まで一度読む、ということを勧めますが、読みながら解く人は、読み進めるときや解くときに意識しなければいけないことは右に書いたことと同じです。しっかりルールを身につけてください。

# 学習する上でのこころがまえと手順 12345

◆時間配分に注意しよう

どんなにむずかしい【文章】でも、読解に時間をかけすぎてはいけない。大問一つのもち時間の60％は設問解法・選択肢の吟味に使おう。

◆二段階のチャレンジ

❶時間を決めて、アラームを鳴らすとか、ホントのテストのつもりで解く。

❷その数時間あと、または2、3日あとに、他人の立場に立ち徹底的に自分の解答にツッコミを入れて、なぜこの選択肢を選んだか、他人に説明できるようなチェックを行う。最初のテスト時間内にできなかった部分や、あとで書き換えた答えは青で記す。もとの答えは残しておく。その青の部分がなくなってきたら、スピードと実力がついてきた証拠！

◆目標点越えを意識せよ

目標点はp.7にも書いたように、〈予想される平均点＋1問分〉です。平均点では残念ながら、みんなの志望校には届かないと思います。だから「＋1問分」です。ぜひ、この「目標点」を越えられるようにがんばってください。もちろん自分の志望大学や実力に合わせて、「my 目標点」を設定してもらってかまいません。

ちなみに「試行調査」の問題は平均点が低いですが、この「調査」はテストの方向性を示すためのものであり、問題の精度が高くないため、平均点が低くなってしまったのです。むずかしく感じられるかもしれませんが、そんなことで「共通テスト」はむずかしい、などとめげてはいけません。

## 復習しよう

①解説を読もう。

②問題集に書き込むなら最初にまっさらな問題文をコピーしておいて、【文章】を自分のことばでかみ砕いてもう一度読もう。

③声に出して誰かに説明するように、それぞれの設問の解きかたをもう一度確認しよう。

④語句を確認し、論理的文章に出題された漢字25題を書こう。

⑤長い【文章】（文学的文章を除く）については、要約（100～200字以内）をして、先生など誰かに見てもらおう。

⑥数学と同じで、同じ公式を違う問題で使えることがポイント。なので、梅POINTなどに書いてあるルールを確認し、すぐに新しい問題にチャレンジしよう。

編集協力　加田祐衣／岡崎匠吾／山本咲子
　　　　　(株) 友人社／広瀬菜桜子
装丁デザイン　(株) ライトパブリシティ
本文デザイン　イイタカデザイン

# 論理的文章

# 〈論理的文章〉へのアプローチ

## 解法の注意点

1 「論理的文章」というジャンルとして出題されますが、ふつうの現代文の問題文のように、何かについて、論理的に探究していくという〈評論〉の【文章】や、たとえば「著作権」という現実的、実用的なことがらを〈説明〉している【資料】や【文章】も出題される可能性があります。

2 【文章】と、他の【文章】・【資料】・【図表】が組み合わされて出題されます。他の【文章】や【資料】は【文章】の内容をまとめたもの・関連することがらが書かれているもの・違う角度から【文章】のテーマを扱っているもの、などがあります。【図表】は【文章】の中に含まれていることが多く、【文章】に書かれていることの根拠となるもの、であることが多いです。

3 【文章】の記述や傍線部と関連のあることがらやイイカエを、【文章】の他の部分やもう一つの【文章】・【資料】などを見て探し、それらを結びつけて解答します。

4 それゆえ問われているのは、ふつうの現代文の問題のように、読解して内容を解きほぐし、正解を選ぶ、というよりは、必要な情報を見つけ、結びつける〈情報収集〉の力です。

5 設問文で、【文章】・他の【文章】・【資料】・【図表】の一つを扱うのか、どれかとどれかを結びつけるのか、指示があることが多いので、それをきちんと意識しましょう。

6 【文章】の中に使われている表現が、そのままあるいは少しいい換えられて正解が作られるのが基本ですが、【資料】などに使われている言葉をベースにし、それをいい換えた表現で正解が作られることも少なくありません。→〈○○と書かれているということは、△△ということだな〉という解釈力＝自分でいい換えていく力が問われる、ということも意識しましょう。そのためには語彙（ごい）力も必要です！

7 【文章】のテーマに関する主旨（＝一番中心になること）判定問題が出題されることがあるので〈要約力〉も身につけましょう。最初に設問を見て、こうした問題があったら、それを意識して【文章】を読んでいきましょう。

主旨判定問題は、間違いを見つけたり、問題文に書いてあるかないかを吟味したりする消去法でいいですが、他の問題はまずは、自分でヒントや正解の要素をつかみ、それを含んでいる選択肢はどれか、という積極的な方法で正解を選ぶようにしましょう。単に問題文に書いてあるから、という理由で単純に○にしてはいけません。

8 小説と同じように、【文章】の表現の特徴も問われるので引用や記号（ex:「——」）の役割に注意しましょう。

9 ただしふつうの評論を読み解く際のように、【文章】の仕組み（＝構造）や、部分と部分との関係に着目することも大事です。次に示す四つの【文章】の書きかた・構造を読みとれるようになりましょう。

## 文構造の種類

### イイカエ

Aに傍線を引いて、もう一方の内容（A´）をもとに説明させたり、Aと同じ内容の部分（A´）を手がかりにしてAを説明させたりする設問が作られる。

**A′＝A**

A…言葉には複数の意味がある
＝
A′…言葉は多義的だ

### 具体（例）と抽象（まとめ）

イイカエの〈つながり〉の変形バージョン。具体例（A）の部分に傍線を引き、Aを抽象化させたり、イコール関係にあるまとめ（A′）の部分の内容を問うたりする設問が作られる。

**A（例）＝A′（まとめ）**

A（例）…父は今日も残業だ
＝
A′（まとめ）…日本人は勤勉だ

### 対比

二つの対照的なことがらを比べ合うのが対比。二つの違いを問う相違点説明や、同じグループにある語句の組み合わせを問う設問などが作られる。Aに関することが離れた所にもう一箇所あれば、それをつなぐとイイカエの〈つながり〉が作られることにもなる。

**〈B〉↔A**

A…文学は主観を重んじる
↕
〈B〉…科学は客観性を重んじる

### 因果関係

論理〈つながり〉のメイン。問題提起をしている文章や「どうしてか」ということを追究した文章では、結果や事象（A）に傍線を引き、その理由（B）を問うという設問などが作られる。理由説明問題がある場合は、展開のある文章であることが多く、視野を大きくもち、論理的に整理していくことが求められる。

**A（結果）←B（理由・原因）**

A（結果）…科学の発展
←
B（原因）…産業革命

## 【文章】の具体的な読みかた

① 段落冒頭の接続語・指示語や段落間の共通語句をチェックし、段落同士の話題のつながり、境界・区分け（意味のブロック）を把握する。
② 対比（二項対立・日欧比較文化論・近代と他の時代・筆者の意見と他の意見や一般論との対立）をつかむ。できたら、対比関係にあることがらのどちらか片方を〈 〉で囲む。
③ 具体例は軽く読む。「このように・要するに・つまり」などで始まる〈まとめ〉の部分に傍線を引く。
④ 引用、比喩もイイカエ関係なので、具体例と同じように扱う。
⑤ 問題提起とそれに対する筆者の結論に傍線を引く。
⑥ 筆者の考えが強調されていたり、定義を示している、次のような箇所や、繰り返されている内容に傍線を引く。

「もっとも大事なことは～」・「～こそ必要である」・「～しなければならない」・「このようにして～（まとめ）」・「（打ち消しを伴う）～ではない（だろう）か」「○○とは××である」

**注意点**
・傍線は引きすぎないように。自分が大事だと思う箇所に傍線を引くのではなくて、筆者が大事だということを示している右のような箇所にだけ傍線を引く。

p.11に書いてある「二段階のチャレンジ」と「復習しよう」を行うこと。がんばって下さい！

1

論理

# 〈論理的文章〉への導入問題

センター試験　改

別冊（問題）　p. 4

## 解答

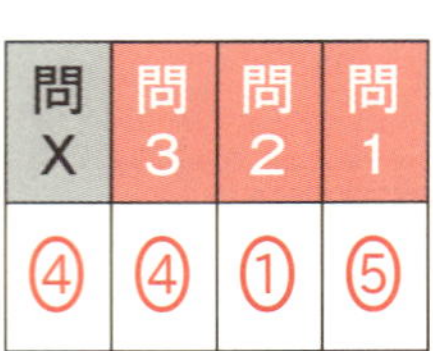

| 問1 | 問2 | 問3 | 問X |
| --- | --- | --- | --- |
| ⑤ | ① | ④ | ④ |

ムズ 問1、問3、問X

## 問題文LECTURE

### 語句ごくごっくん

【文章】

L8 **多義**…複数の意味をもつこと。複雑

L9 **実在**…実際に存在するもの

L17 **意匠**…工夫。趣向

L22 **概念**…言葉で表された、物事についての一般的な考え

L32 **秩序**…物事の正しい順序。きちんとした関係・きまり

L38 **バージョン**…書物などの版。コンピュータのソフトウェアなどの、改訂の回数

L51 **可搬性**…運ぶことができること。また、その性質

L60 **ハードウェア**…機械や装置

L62 **摂理**…（神などの造った）世界のしくみ・法則

L66 **レディメイド**…すでに作られたもの。既製品

L67 **オーダーメイド**…注文して作るもの

L73 **想起**…思い起こすこと

L92 **不可分**…分けることができないこと

## 読解のポイント

Ⅰ　デザインとは、「ひとのふるまいと世界のあらわれ」にかかわる

Ⅱ　デザインとは、今ある現実に人間が手を加えることだ＝環境を人工物化することだ
≒
デザインとは、対象に今までと違う秩序を与えたり、変化させたりすることだ

Ⅲ　「心理ダッシュ」とは？
私たちの精神は文化や道具と切っても切れない関係にある。そうした「文化」や「歴史」と一体化した「心理」を「心理ダッシュ」と捉えよう

**ひとこと要約**
人間は現実に手を加え、文化を作ってきた。人間の心理や人間そのものはそうした文化と深く関係した存在である。

1

## Ⅰ デザインとは？ その一（1〜6）

「デザイン」というと、ふつうは〈美しさや機能（＝働き、使いやすさ）を考えて形あるモノを作ること〉というような意味でしょう。筆者も5で「一般にデザインということばは、ある目的を持って意匠・考案・立案すること、つまり意図的に形づくること、と、その形づくられた構造を意味する」（L17）と書いています。ですが、同じ5で「デザイン」ということを、広い意味で用い、**「ひとのふるまいと世界のあらわれについて用いてきた」**（L19）と述べています。

ここまで読んで、「授業」「講義」のことを書いた1・2の内容を考えてみると、教師が「これから話す内容をどの程度理解できたか、後でテストをする」と言ったことが、「ひとのふるまい」だとわかりますね。そしてその教師の一言で、今までボーッとしていた学生も「ひえ〜」とあせり、「整理してノートを取る」など「暗記に向けた聴き方へと、授業の聴き方を違える」（L4）ことになります。こうして「学生」の「ふるまい」は変わり、授業の場も変わります。場の変化は「世界のあらわれ」が変わった、といってよいでしょう。だから教師の一言と学生の変化は、「学習や教育の場のデザイン」（L4）といわれているように、「ひとのふるまいと世界のあらわれ」という「デザイン」の「例」なのです。（1・2）

そもそも授業や講義とは何か？　その答えは学生それぞれで違います。いろんな意味をもつ＝「多義的」、なものです。ある学生には教師の声によって生まれる「空気のふるえ」だったり、教師の「モノローグ」かもしれません。

このように「授業」という日常的なものでさえ、〈こういうものだ〉と確定できることではありません。つまり、「講義」というものも、人間とは関わりなく存在する固定的な存在＝「不変な実在」（L9）ではないのです。（③）

そうしたところへ教師が「テストをする」という言葉を発する。その一言で〈テストのために聴いておかなくてはならない授業〉というように、授業の意味が明確なものになります。つまり「多義性」はなくなり、講義は「記憶すべき一連の知識」（L12）となります。こうして「テストをする」という教師の「ふるまい」＝「授業者（＝教師）の教授上の意図的な工夫」（L12）によって、学生の「ふるまい」や講義の場（＝「世界」）の「あらわれ」かたが変わります。（④）。このように③・④は、①・②で述べた「デザイン」のことを、もう一度繰り返し説明している**〈イイカエ＝同義〉**の部分です。

⑤については先にコメントしましたが、筆者は、「デザイン」ということばを、「ひとのふるまいと世界のあらわれについて用い」るといっています。ですが、「デザインを人工物とひとのふるまいの関係として」論じたノーマンのすぐれた著書を見ても、このことをどう「定義」して説明するかということには触れていない。だから筆者自らが「その説明を試みることで、私たちがデザインという概念をどう捉えようとしているのか」（L21）を示していくと筆者はいいます。（⑤・⑥）

## Ⅱ デザインとは？　その二（⑦～⑮）

筆者は、⑥の最後で、「デザインという概念」を「ひとのふるまいと世界のあらわれ」として考えていくことを説明していくと書いていたので、⑦からは、筆者のいう「デザイン」の概念が、より深められていくと考えられます。

「デザイン」ということばは、ラテン語の語源に従うと、「印を刻むこと」という意味だそうです。人間は自分に与えられた環境を自分たちが生きやすいように変えてきました。それは自然環境に自分の「印を刻」みこむような営みです。そして自然を文明的なものへと「近づけていった」のです。それは「今ある現実に『人間が手を加えること』」（L26）です。筆者の挙げている例でいえば、「太陽の高さで時間の流れを区分する」ことによって、現実や自然に人間の手が加わります。（⑦）

このように環境を変えていくことが、人間というものの「何よりの特徴」です。そして次に明確な「デザイン」の定義が出てきます。「デザイン」とは**「環境の加工」**（L27）だというのです。「加工」だから、人間が手を加えて人工的に変える、つまり「デザイン」は、**「まわりの世界を『人工物化』することだと言いかえ」**（L28）ることもできる。[7]の例でいえば、時間を区分された自然は、人間が加工しました。つまり「人工物化」されました。そこから5時という名付けや、時計が生まれれば、区分された時間という「人工物」が、時計という形で「再人工物化」されることになります。このように、「アーティフィシャル」つまり**「ひとの手の加わったものにする」こと**、が「デザイン」の定義なのです。(8)

さらに「デザインすること」は、**秩序（＝きちんとしたありかた）のない「無秩序」なところに秩序を与えたり、「今ある秩序」を変化させ、「異なる意味や価値を与える」**（L32）**こと**だといえます。

たとえば昔の本にはページ番号がない。でもページ番号をつけると、「新しい秩序」が生まれる。その秩序があると、「さっきは32ページを読んでいたんだっけ」と、読みはじめる部分にすぐにたどりつける。これが「任意の位置にアクセス可能」（L33）ということです。

ページ番号をつけるという「デザイン」が、「本という人工物」を再人工物化して、その性質をがらりと変える。現実は、「デザイン」によって、新しい秩序として私たちに「知覚」（L36）されるようになるのです。[1]に書いてあった教師の一言も、講義の意味を変化させ、「記憶すべき知識群」という新しい秩序を「講義」にもたらしたのです。筆者がここで[1]・[2]に書いてあった例をもち出したのは、**I**で説明されていた「ひとのふるまいと世界のあらわれ」という「デザイン」の意味が、人が自然や環境を変えて人工物化し、現実や世界の秩序を変化させることと同じだということを示そうとしたからです。そして[6]でいっていたように、筆者はここで「デザイン」の意味をより深く説明しているといえるでしょう。(9)

このように「デザイン」は、今ある現実とは「別のバージョン」（L38）の現実を生みだします。「モノ＝物質」、「コト＝できごと・ことがら」に手を加えることで、世界の意味や価値が違って見えてきます。その例が**図1**の、湯飲み茶碗に持ち手をつけると珈琲カップになることです。持ち手がつくと、指に引っ掛けて持てるようになり、モノとしての扱いかたが変わります。それは現実が「別のバージョン」を見せることですから、世界の意味や価値が違ってみえるということでもあります。

そして持ち手をつけたカップから、〈指に引っ掛けても持てるよ〉、という使いかたの可能性（＝「アフォーダンスの情報」（L41））が提供されます。こうした情報はモノの「たたずまい＝

様子」の中に含まれているのです。鉛筆なら「つまむ」という情報が「モノ自身から使用者に供される（アフォードされる）」（L44）のです。「アフォーダンス」のことはあとで説明しますが、モノが与える情報ということを覚えておいてください。（10・11）

　このように形が変わると、「ひとのふるまい」も変化します。「ひとのふるまい」は「デザイン」に関連することでしたね。たとえば**図2**のように、持ち手のついたカップは両手の指に一個ずつ引っ掛けると十個いっぺんに持つことができます。

　こうした「ふるまい」の変化は、「こころ」の変化につながっていきます。一回で十個片づけられる（運搬の可能性＝可搬性が高まった）のに、両手に一個ずつ持って片づけているウェイターを見たら、雇い主は「十個持てるだろっ！」って思い、「いらいら」するかもしれません。だから「ふるまい」の変化は、「こころ」の変化につながるのです。そして持ち手がつくことで変化したのは「可搬性」だけではありません。今までは二、三個運べればOKだと考えていた現実も変わりました。ウェイターも雇い主も「知覚可能」な、今までとは違う「十個持てる」という現実が登場したのです。（12・13）

　今までのことを踏まえながら、筆者は「デザイン」の定義をまとめます。その定義によれば、「デザイン」とは、人間が対象に手を加え**「対象に異なる秩序を与えること」**（L56）です。

　こうして「デザイン」は、**「ひとのふるまいと世界のあらわれ」＝「環境の加工」＝「ひとの手の加わったものにする」こと＝「対象に異なる秩序を与えること」**、といい換えられていきます。こうした**イイカエ＝同義をつなぎ、筆者が繰り返し強調していることを見つけることは、重要な読みかた**の一つです。

　そして「デザイン」には「物理的な変化（＝形が変わった）が、アフォーダンスの変化（＝モノが与える情報が変わった）が、ふるまいの変化が、こころの変化が、現実の変化が伴う」ともいっています。たとえば目の前に熱い砂（＝「対象」）があるとします。裸足（はだし）ではやけどしてしまう。これは人間という「ハードウェア」の運命です。でも「はき物」をデザインする、つまり人工物を作り出す。すると「熱くてこんな砂の上は歩けない」と知覚していた現実が変わる。百円のビーチサンダルでも手に入れば、「自然の摂理が創り上げた（人間の皮膚は弱いという）運命」（L61）を、こんな簡単なデザインで、乗り越えられる。これが**「対象に異なる秩序を与えること」**です。そのとき、「熱い砂」という「対象」は「危険」だという情報ではなく、〈歩いてもOKだよ〉という情報をアフォード（＝提供）するものになるのです。

　現代では、「自転車」、「電話」、「電子メール」などが私たちの「現実」を変化させていることは、「スマホをなくして何もできない！」というように、失ってみれば身にしみてわかることです。そしてそうした人工物による現実の変化の先では、現実と人工物が互いに関わり合いながら（＝「相互反映的」）、また新たな人工物を生み出していることも、よくわかりますね。⑭

このように私たちの生きている現実では、「文化」が生み出した「人工物」が、私たちと環境や世界を「媒介（＝仲立ち）」していています。つまり私たちは「文化的意味と価値」というめぐみを受け取っています。だから「文化」的「価値」と固く手を結んでいます。「価値中立的」ということは、どんな価値とも関わらない、あるいはどれとも同じように関わることですが、すると、文化的な価値と強く関わっている私たちの「現実」は、「価値中立的な環境」ではありませんね。そしてその文化がもたらす意味や価値は「一意に定まった（＝一つに決められた）レディメイドな（＝すでに作られて変えようのない）世界」(L66)ではありません。私たちの文化や人工物が与える可能性や、実際に作られた物を試してみるような「実践」によって変わっていく世界です。自分たちの状態に応じて、つまり「身の丈に合わせて」作られる、「オーダーメイドな現実」(L67)なのです。たとえば、それは手の長さ、肩幅などを測って作られるワイシャツのように、自分に合わせて作られるのです。

人間の文化や歴史を振り返ってみれば、人間が「デザインした現実」＝人工物化した現実、を作り、それを「知覚」して、また再び「人工物」を作ったりして生きてきたことがよくわかります。このことは人間というものについて書き記し、理解していくうえでとても大事なことだ、と筆者は考えています。⑮

## Ⅲ 心理ダッシュとは？（⑯～⑲）

筆者はここで「さて」と話題を転換します。というより、まとめに入ったといってもよいかもしれません。

筆者は「デザイン」によって変化した行為すべてを、「行為′（こういダッシュ）」と呼びます。たとえば持ち手のついたカップが「デザイン」されて、その結果指に引っかけてカップを十個運べるようになったことは「行為′（こういダッシュ）」です。そこではこれまでとは異なる現実＝〈一人で十個運べる〉という現実、が知覚されています。「デザイン」される前と同じ現実ではないのです。たとえば読みかけの本をどこまで読んだかな、と探す「記憶」・「想起」と、ページ番号がついていて、その番号を憶(おぼ)えていて探すときの「記憶」とでは、その結果は同じかもしれませんが、結果に至るプロセスは全然違います。ページ番号があると、探す時間や手間がすごく少なくてすむでしょう。ページ番号がなかったときの探しだしが「記憶」活動なら

1

ば、ページ番号に助けられて探す活動は「記憶′（記憶ダッシュ）」です。人工物によって変化した新たな環境でのふるまいだからです。そしてそのように変化した現実は人間の手の加わった「デザインされた現実」であり、そこでの「ふるまい」は「デザインされた現実」に関わろうとする「ふるまい」（＝「行為′」）です。⑯

たとえば、自分の頭の中で行う足し算→そろばんを使った足し算→表計算ソフトでの集計、これらは順に「足し算′」→「足し算″」→「足し算‴」と展開してきたものです。つまり〈人工物が再人工物化され、また…〉という歴史を示しています。ただし自分の頭の中で行う足し算も、「足し算」のルール（＝秩序）を学校で習ったからできるのです。だから頭の中の足し算も文化的に秩序化された「デザイン」による行為、つまり「足し算′」（＝「行為′」）です。するとこの世界に、「′（ダッシュ）」のつかない行為はない、といえます。もし「′」のつかない行為を、人間の加工や文化といっさい関わりのない「原行為」＝〈むじるし行為〉と呼ぶとすれば、そうしたものはこの世界にない。頭の中の足し算のように、「原行為」に見えるものも、文化や歴史の中で作られてきた、「デフォルトの環境デザイン（＝初期の人工的な秩序の作成）に対応した」(L83)「行為′」なのです。つまりそもそも人間には「なまの現実」(L85)はなく、すべての現実や行為は、人間の作った「人工物とセットになった『行為′』」(L85)なのです。⑰

こうした歴史を考えるなら、技術の発達などに支えられて、これからも人間は環境や世界を、「徹底的にデザインし続け」(L87)るでしょう。人間の環境は、人間が「デザイン」した＝作りかえた、環境ですから、「環境′（かんきょうダッシュ）」です。

そして題名にあるように、筆者は心理学を研究している人なので、ここで心理学の話をします。たとえば心理学の元祖といわれるフロイトは、患者の隠された無意識の世界を探るために、患者が見た夢を聞き、それを材料として患者のこころの奥深くに迫ろうとしました。でも自分の見た夢を細かく正確に覚えているということはふつうないと思います。すくなくとも僕はよく覚えていない。フロイトの患者も、「どんな夢を見ましたか?」と聞かれて、必死に記憶をたどりながら、フロイトにはいえないアブナイ部分はカットし、いろいろ自分で作っているかもしれません。つまり心理学の実験室で語られる記憶は、人の手が加わった＝デザインされた、「記憶′（きおくダッシュ）」です。なのにそれを本物の「記憶（むじるしきおく）」と見なしたら、それはおかしいという批判が出てきます。「心理学が批判されてきた」(L88)のは、こうした「記憶」と「記憶′」の違いを意識

しなかった「無自覚さ」（L90）のためだったのではないかと筆者は考えています。(18)

それゆえ筆者は「心′理学（しんりダッシュがく）」の必要性を主張します。その理由は、人間の本質は現実を「デザイン」するということだからだと、筆者はいいます。それを人間のこころに当てはめれば、人間のこころは、人間を取りまく社会文化によって手が加えられ、作られていくものだということになります。人間性は生まれ落ちた社会文化と切っても切れない関係にあります。ヴィゴツキーというこわそうな名前の学者によれば、「私たちの精神は道具に媒介されている」（L93）。この「道具」とは問題文の中のことばでいえば、「人工物」でしょう。するとヴィゴツキーも、人工物を作ること―「デザイン」することが人間の本質だから、私たちの「精神」もこころも、人工物や「道具」という「文化」と結びつき、その影響を受けているのだ、といっていると考えられます。

だから「原心理」などというものはない。すると心理学が対象としてきた私たちのこころの現象は、文化や歴史的条件によって形作られ、それらと一体となった「心′理」なのです。なのでそれを探る心理学は「心′理学（しんりダッシュがく）」といわれるべきだということになります。

19の冒頭で、「『心′理学（しんりダッシュがく）』の必要性を指摘しておきたい」と筆者が述べたのは、こういうことを考えていたからです。この「心′理学」は「文化」とこころは一体だ、と考えるわけですから、「文化心理学」のことであり、その心理学では「人間を文化と深く入り交じった集合体の一部」（L95）と考えます（ここで筆者が「人間」を「一部」だといっているのは、「文化と深く入り交じった集合体」には、人間以外に、人工の手が加わった自然や現実なども含まれるからでしょう。あるいは「集合体」を人類みたいに考えて、その一人としての人間のことを「一部」といっているのだと考えてもよいと思います）。そしてもし〈文化と一体となったもの〉が人間のこころだという認識が、みんなに理解され当然のことだと思われるようになれば、「原心理」なんかないよ、文化と一体だよ、ということをアピールするためにあえて「′」をつける必要もなくなる、と筆者は考え、そうした日の来ることを望んでいるのでしょう。(19)

## 設問LECTURE

### 問1 〈話し合い〉の中の空欄補充問題

先に書いた共通テストっぽい設問です。

**図1**と**図2**は、「デザイン」を変えたことで、「ひとのふるまい」が変わることを示す例です。このことは問題文の10〜13で

も説明されています。生徒たちの会話も、最初の生徒A・生徒B・生徒Cの話は、10・12に書かれていることをなぞっています。話が転換するのは生徒Dが、茶碗やカップのもちかたについて、問題文に書かれたことから離れて、自分の考えを述べるところです。生徒Bは生徒Dの考えに「なるほど」と合意し、別に「**図2**のような運び方をするとは限らないね」といいます。そこで生徒Aが生徒Dの話を自分なりに解釈して、「デザインを変えたら、変える前と違った扱いをしなきゃいけないわけではないってことか」といいます。つまり「デザイン」を「知覚的に共有し」、「今ある現実の別のバージョン（ex：両手で十個の珈琲カップを運ぶことができるという現実）を知覚」しても、現実の行動はそのとおりでなくてもよい、ということを生徒Aは述べているのです。そして生徒Aの話を聞いて空欄部を含む発言をした生徒Cは、「それじゃ、デザインを変えたら扱い方を必ず変えなければならないということではなくて」と、生徒Aの発言と同じことを繰り返します。すると、この生徒Cの発言に続く空欄には、**〈a　デザインが変わっても、必ずこうしなくてはいけないという行為のきまりはない〉**ということにつながる内容が入ります。

また空欄のあとには「そうか、**それ（＝空欄に入る内容）が、『今とは異なるデザインを共有する』ことによって、『今ある現実の別のバージョンを知覚することになる』ってことなんだ」**（**b**）、という生徒Dの発言があります。**空欄には、このことにつながる内容が入らなければいけません。空欄補充問題では、空欄前後とのつながりを考えてくださいね。**

**a**は「デザイン」が変わっても、「扱い方を必ず変えなければならないということではな」いのですから、**〈A　まあ、そういう扱いかたもできるってことだねと理解すればよい〉**という内容が空欄に入れば、空欄前とのつながりが生まれるでしょう。

では空欄のあとの、「今とは異なるデザイン（持ち手がついたこと）を共有する」ことによって、「今ある現実の別のバージョンを知覚することになる」（**b**）ということが、問題文ではどのように説明されているかを見てみましょう。

この語句は10冒頭にあります。そしてそのあとには「デザインすることで、世界の意味は違って見える」（**c**　*L*39）、と書かれています。「現実の別のバージョンを知覚すること」（**b**）と「世界の意味は違って見える」（**c**）こととは同じような内容です。そして「世界の意味は違って見える」（**c**）ことの例として、**図1**のように持ち手をつけることで、「モノから見て取れるモノの扱い方の可能性」が「変化する」（**d**）ということが示されます。ラーメン（具体例）は麺類（まとめ）だ、といえます。「〈論理的文章〉へのアプローチ」にもあったように、

**〈具体例＝まとめ〉**といえますから、例**d**とそのまとめの**c**はイコールと考えていいです。**b**と**c**も似たもの同士でしたから、するとb＝c＝d**（これをまとめてBとします）**、ということになります。これらから、**「今とは異なるデザインを共有する」ことが、「今ある現実の別のバージョンを知覚することになる」というのは、新たな「デザイン」によって、みんなにとって、「世界の意味」が「違って見え」たり、「モノから見て取れるモノの扱い方の可能性」が「変化」したりすることだ**（**B**）とわかります。

では**A**と**B**の両方に、うまく結びつく内容はどういうことでしょう？ **A**は**〈そういう扱い方もできるってことだねと理解すればよい〉**ということでした。**B**もあくまで**「知覚」する＝見たり想像したりするだけ**です。今引用した問題文のことばでいえば、**「違って見え」たり、「可能性」として感じられれば、それだけでよいのです。**つまり**実際に決まった行為をするのではなく、以前とは違った扱いかたが理解・想像できる、という内容**が、**A**ともつながり、**B**とも合致する内容です。この内容と最も近い選択肢、それは⑤です。「形を変える以前とは異なる扱い方ができることに気づく」という⑤の選択肢の「できることに気づく」という説明に注目してください。これは現実の行動ではなくて、「できる」という〈可能性〉を感じた、理解した、ということですね。**だからAともBとも合致します。**

それに⑤を入れると、空欄のあとの「それ」が〈できることに気づくこと〉になります。「気づく」と「知覚」が同様の意味をもつので、「気づく」ことは『知覚することになる』ってことなんだ」というのは、ことば同士の対応もよく、空欄のあとともスムーズにつながります。もちろん空欄の前ともうまくつながります。

**〈選択肢チェック〉**

①行為の話をしているため、空欄直後の生徒Dの「知覚する」ことにうまくつながりません。それに、これを空欄に入れると、直後の「それ」が「各自の判断に任されている」ことという内容になり、「各自の判断」と「共有する」がミスマッチを起こします。

②「現実の別のバージョンを知覚する」だけで、「無数の扱い方が生まれる」わけではありません。問題文にもそのような内容はないので、正解にする根拠がありません。

③ チョイマヨ「より新しい現実に合った見方を探る必要性を実感する」という説明は、「現実」が変わったあとで、それに「合った見方を探る」ということです。ですが「今とは異なるデザインを共有するものは、今ある現実の別のバージョンを知覚することになる」というのは、「今とは異なるデザイン」が「共有」

されると、自然に自動的に「今ある現実の別のバージョンを知覚することになる」ということです。「ことになる」は、〈自然とそうなる〉という意味だからです。ですから「現実」が変わったあとで、それでは変わった「現実」に合う「見方」を探そうとなどしなくてよいのです。別のいいかたをすれば、③には〈見方を探らなければいけない〉という意味が読みとれるため、「ことになる」という空欄のあとの表現にもつながりにくくなります。さらに**B**の内容とズレています。

④**B**は「今とは異なるデザインを共有する」ことが条件ですから、「立場によって異なる」という説明が×です。それゆえ「今とは異なるデザインを共有する」という空欄直後と食い違い、うしろにつながりません。「ウェイターだけでなく雇い主にも同時に知覚可能」(L53)という問題文の内容とも食い違います。**設問文に「本文の内容を踏まえて」とあるのも忘れずに。**

**解答** ⑤

どうですか? 文章から離れて、会話文の空欄を埋めるというのは、意外と面倒ですね。でもどうしてこうした設問を共通テストは出すのでしょうか? それは共通テストが、試験だけではなく、高校や大学の授業のスタイルを変えることをも考えているからです。先生が一方的に話すという今までの形の授業から、生徒自身、学生自身が考えて討論し、考えを深めるといったものへと授業を変えたいのです。この設問でも、問題文に書かれていないことへと話が展開していっていますね。ですからこういう学習の例として〈話し合い〉という形を示す設問を作り、〈こういう授業をしてくださいよ〉というメッセージを発しているのです。

## 問2 主旨判定問題

「心′理学(しんりダッシュがく)」は**【文章】後半のテーマです。共通テストでは、こうした【文章】のテーマが理解できているか、をストレートに問う設問が出題されます。**

「心′理学(しんりダッシュがく)」ということばは、⑲にしか出てきませんが、「心理学」については、その前の⑱でも触れられていました。

**「問題文LECTURE」**にも書いたことですが、それをもういちど確認すると、次のようになります。

**a 自分で変えたとも考えられる「記′憶(きおくダッシュ)」を本物の「記憶(むじるしきおく)」と見なすのはおかしい、という批判が心理学に向けられてきた**

**b 自分で変えたとも考えられる「記′憶(きおくダッシュ)」を本物の「記憶(むじるしきおく)」と考えるのは自覚が足**

りない

**c　人間のこころは、社会文化によって作られていくものであり、むじるしの「原心理」はない**

**d　現実を「デザイン」するのが人間性の本質であり、それは社会文化と不可分だ**

**e　私たちのこころの現象は、文化や歴史的条件と一体となった「心理′」だから、それを探る心理学は「心理′学（しんりダッシュがく）」といわれるべきだ**

なので、こうした内容に最も合致する①**が正解**です。「人間が文化と分離不可能である」は**d**と対応し、そのことに「無自覚的な心理学」とは「記憶′」を「原記憶′」と考えたために批判された**a**の「心理学」であり、筆者もその「心理学」を、**b**のように「無自覚」だと批判しています。よって**a**の「心理学は越え」られなければならない。

そして筆者が考える「心理′学（しんりダッシュがく）」とは、私たちのこころの現象を**e**のようなものだと考える心理学です。そして①の「自らがデザインした現実や環境の中で」というのは、**d**や、自分でデザインした「『環境′（かんきょうダッシュ）』を生きている」(L87)という部分と合致します。「文化と心理とを一体として考える」という部分は、**d**・**e**と合致します。

**〈選択肢チェック〉**

②「人工物化された価値中立的で客観的な現実や環境に直面した際に明らかになる人間の心理を捉えて深く検討する」のが「心理′学」だという説明が、問題文に書かれていません。それに「価値中立的」な「環境」という説明は、「私たちの住まう現実は、価値中立的な環境ではない」(L65)と食い違う。×です。

③「従来の心理学」を説明した前半が**a**と合致しません。また「心理学実験室での人間の『記憶′』を、動物実験で得られた動物の『記憶′』とは異なるものとして認め研究する」ことが「心理′学」だという説明も、問題文に書かれていませんし、**e**と食い違います。

④「人間の心性を、文化歴史的に整備されていないデフォルトの環境デザインに対応させて記述する」のが「心理′学」だという説明が**e**と一致しません。「デフォルト」の「デザイン」にだけ人間の「心性」を対応させるような説明は問題文と食い違います。それにこの「デフォルトの環境デザイン」に「対応」するのは、「行為」(L83)であり、「心性」と「対応」すると説明するのも、問題文とズレています。

また17を見ると、「デフォルトの環境デザイン」は、「文化歴史的に設(しつら)えられてきた」(L83)とあるので、「文化的に整備されていない」とするのは、問題文と×です。

⑤前半に書かれた、批判される「心理学」の内容がaと合致しません。また「人間の心性と……現実とを集合体として考えていく」という部分が「人間を文化と深く入り交じった集合体の一部であると捉える」という内容とズレているので、eと合致しません。

 ①

## 問3 【文章】の表現に関する説明問題

**適当でないもの**を選ぶということを忘れずに。また**表現に関する設問は、消去法で考えましょう**。では順に見ていきます。

①[1]は、たしかに教師の発言ですから「会話文」であり、少し唐突な感じはしますが、それが読者にインパクトを与え、文章に入り込ませるという働きはあります。またその唐突な感じをやわらげるように、[2]～[4]で「状況説明」がされているので、妥当な説明といえます。

②[3]の「空気のふるえ」というのは、わかりにくいですが、「講義」中に空気が振動しているとすれば、「講義」をしている教師の声が「物理的な」音波として空気を振るわせている、ということだと考えられます。このあとに続く部分も「教師のモノローグ」(L6)という教師の話しかたを説明しているので、こうした解釈は妥当でしょう。よって②の説明も妥当です。

③[6]で「新しい古典」といわれているのは、「ノーマンの『誰のためのデザイン』」という本です。注を見ると、一九三五年生まれですが、いつ頃書かれた本かは、問題文からはわかりません。ですが、「新しい」というのですから、出版されたのはそんなに古くはない、つまり「発表後それほどの時間を経過していない」と考えられます。

またこの本は「デザインを人工物とひとのふるまいの関係」と考える筆者と近い考えかたが示された本であり、そこに自分の研究のヒントを探そうとしたのです。そうした本を「古典」と呼んでいるのは、よい本と評価し、「広く参照され、今後も読み継がれていくような書物」=「古典」だと考えたからでしょう。「新しい古典」ということばを③のように解釈するのは、「新しい古典」ということばの意味からして、「適当でない」とはいえません。表現の設問は根拠がとぼしくて、むずかしいです。**表現の設問では、「こうも言えるな」と考えられる選択肢は、基本的に○と考え、その上で他の選択肢と比べて、一番マシなもの、あるいは悪いものを選ぶようにしましょう。**

④[8]の「私たちはこうした～考える。」という一文の「私たち」は、「考える」という述語と、次に続く文の「表そうと思う」という述語から、〈筆者と、筆者と同じ考えかたをもつ人びと〉でしょう。ただし、一般の評論では、「私たち」「われわれ」と

いういいかたで、筆者を含め、同じ時代を生きる人びと全般を指すこともあるので、そこに「読者」を含めることもあり得ます。だからこの「私たち」については「筆者と読者を一体化して扱い」と説明することは「適当でない」とはいえません。

ですが、「〜、私たちは繰り返してきたのだ。」の「私たち」は、「自然を人工物化したり、そうした人工物を再人工物化したりということを」「繰り返してきた」のですし、過去形でも書かれていますから、「筆者と読者」に限定されない、「私たち人類」「人間一般」を指していると考えられます。するとどちらも「筆者と読者を一体化して扱い」と説明するのは、妥当ではありません。なので**正解は④**です。

⑤ 11に「モノ」は「その物理的なたたずまいの中に」とあるので、「モノ」が「物理的なたたずまい」つまり「形をもった具体的な存在」としての「物質」であることがわかります。また平仮名で「もの」と書くと、日本語では、「物質」だけでなく、「もの悲しい」=〈なんとなく悲しい〉という意味を表したり、「なにものだ!?」などというように人間を表したりすることもあり、いろんな意味に受けとられます。「片仮名」のほうが「物質」という意味にはっきり「限定」することができるといえます。よって⑤は「適当」です。

表現の問題は、なかなか「これだっ!」というふうに選べないことが多いので、ムズかしいです。

ムズ　解答 ④

**問X 共通テストの特徴的問題**

これが共通テストの一番特徴的な設問です。**【資料】**や他の**【文章】**などが、問題文=**【文章】**にプラスされ、そうした**【資料】**などの解読、あるいは**【文章】**と**【資料】**などの両方に関わる設問が出題されます。この設問を通して共通テストの特徴を理解して、「〈論理的文章〉への導入問題」をしめくくりましょう。

まず**【資料】**の「レポート」に「アフォーダンス」がどのように書かれているか、を見ましょう。「レポート」には「アフォーダンスは環境や物の側にあり、それらに備わる性質であり」、「よいデザインとはその使い方をアフォードする」と書かれています。

では**【文章】**のほうはどうでしょう? 「モノはその物理的なたたずまいの中に、モノ自身の扱い方の情報を含んでいる」(L42)、「情報が、モノ自身から使用者に供される(アフォードされる)」(L44)とあります。

これらをまとめてみましょう。すると、**モノや環境が、自らもっている情報を人間に投げかけてくるというのが「アフォーダンス」の考えかた**だといえます。こうして素材の**共通した内容(あるいは違う点など)を見いだしてまとめていく**のが、共通テストですべきことです。付け加えると、「アフォーダンス」という考えかたは人間が自分の自由な意志で、行為やふるまいを選んでいるんだという、人間中心の考えかたをくつがえすものであったために、インパクトがあったのです。

そして問題文には「アフォーダンスの変化」(L57)という語句があります。**「【文章】を踏まえて」という設問文の指示は、とくにここに着目することを求めている**のです。そこには熱くて踏み込めないぞ、「危険」だぞという情報を「アフォード」していた「熱い砂」の上を、サンダルを「デザイン」したことで、歩くことができるようになったという例が示されています。以前の考えかたなら、これを、人間の技術や創造性の勝利だ、と考えたでしょう。ですが「アフォーダンス」の考えかたでは、情報はモノや環境からやってくるのです。ですから「アフォーダンスの変化」とは、モノや環境の与える情報の変化です。つまり人間が歩けるようになった、というのではなく、「熱い砂」が「危険だぞ」という情報を「アフォード」するのをやめ、「歩けるよ」という情報を提供してくれるようになった、と考えるのです。

以上のことをまとめると、**「アフォーダンスの変化」は、モノや環境の側が発する情報が変わること(a)**だといえます。

この観点で選択肢を見たときに、**「適当でないもの」**はどれか、という設問です。モノや環境の側が発する情報の変化ではなく、人間の側の変化だけを述べているような選択肢があったら、それが**「適当でないもの」**ですね。なので**正解は④**です。これは人間の心理の変化だけです。なくなってどこにあるかわからない「財布」から、〈仕方ない、あきらめたほうがいい〉という「情報」が提供されているとは考えられません。「仕方ない」と自分で思っただけです。

**【文章】**に登場する、カップも鉛筆も熱い砂も、みんな目の前に見えるモノや環境であり、それが人間に情報を与えています。「モノはその物理的なたたずまいの中に、モノ自身の扱い方の情報を含んでいる」(L42)というときの、「物理的なたたずまい」は「物理的」なのですから、目に見えるモノです。目に見えないモノや環境が情報を提供してくれる、というようなことは、**【文章】**にも**【資料】**にも示されていません。なので「**【文章】**を踏まえて」という設問の条件にも反します。つまり④では、モノや環境の発する情報の変化が読みとれません。だから**a**に反し、**「適当でない」**のです。具体例というのはいろいろな読みができそうな気がします。ですから、ちょっとむずかしかったかもしれませんね。

**〈選択肢チェック〉**

①「坂道」に「手すりが付けられ」るという「デザイン」

がなされ、そこで「坂道」から、今までの〈上れないよ〉という情報ではなく、〈上れるよ〉という情報が発信されるように「変化」した、と考えることができます。モノや環境の側が提供する情報の変化＝「アフォーダンスの変化」として説明できます。

②「押して開ける」ということが習慣になっていた「ドアに縦型の取っ手がつく」という「デザイン」によってモノに変化が起きています。するとなぜか「ついつい引きたくなる」のは、今までなかった「縦型の取っ手」が、その人に「引きなさい」という情報を与えていると考えるのが「アフォーダンス」の考えかたですね。そのような説明が可能な選択肢です。「モノはその物理的なたたずまいの中に、モノ自身の扱い方の情報を含んでいる」（L42）、という問題文の記述に最も合致するといってよい選択肢です。

③今まで「食べられない」という情報を発信していた「イモ」を「焼く」、つまり「加工」（L27）＝「デザイン」することで、「イモ」は「食べられるよ」という今までとは違う情報を提供してくれて、人間がそれを食べる、ということになった、と説明できます。「デザイン」には「アフォーダンスの変化」が「伴う」（L58）のでした。③は人間の「デザイン」によって、モノの側が提供する情報が変わったともいえるので、「アフォーダンスの変化」という考えかたが適用できます。

⑤「テニスのラケット」が変わることで、テニスが上達した、ということです。これは、新しいラケットから「こうして打てばいいよ」という情報が届いて、それでテニスが上達した、ということになります。だからこれも「アフォーダンスの変化」として説明できます。

ムズ 解答 ④

「〈論理的文章〉へのアプローチ」にも書きましたがこのように共通テストでは、一つの【文章】だけではなく、他の【文章】や【資料】など複数のものを見て、情報を集めなければなりません。**視野を広くもって共通点や相違点などをつかむこと、そして今度は細かく、同じような内容や語句のあるところを結びつけてまとめること**、が求められます。

トンボの眼は、複眼と言われ、とても視野が広いといわれています。みんなもトンボのように、あっちこっちいろんなところを見なければなりません。問われている力は、ほんとは「情報」を集める力で、思考力や読解力とは違うものです。でも慣れていないとむずかしく感じるでしょう。だから慣れてください。とにかく、与えられた【文章】や【資料】などを見て、それらの関係に反応する、その反射神経を養ってください。では2講目からもガンバ！

2 論理

# 「著作権」とはどのようなものか

2018年度試行調査

別冊（問題） p. 18

## 解答

| 問 | 解答 | 正答率 | 配点 |
|---|---|---|---|
| 問1 | (ア) ① | 83.4% | 2点×5 |
| | (イ) ② | 87.4% | |
| | (ウ) ⑤ | 74.7% | |
| | (エ) ④ | 74.0% | |
| | (オ) ① | 50.0% | |
| 問2 | ④ | 41.9% | 6点 |
| 問3 | ⑤ | 39.4% | 8点 |
| 問4 | ④ | 31.1% | 9点 |
| 問5 | ① | 17.1% | 8点 |
| 問6 | ②・④・⑥ | 44.3% | （順不同）3点×3 |

＊二つ正解31.6%、一つ正解14.9%。

ムズ 問1(オ)、問2、問3、問4　大ムズ 問5

＊参考：%で示したものは実施時の正答率。実施時発表の平均点は23.6点

## 学習ポイント

**【文章】**は論理的文章というよりは、「著作権」とはどのようなものかを〈説明〉した文章です。対比的に分類されている項目を丁寧に追いながら、**【資料Ⅱ】**の「著作権法」と**【文章】**、この二つをもとにして作られた**【資料Ⅰ】**の「ポスター」とを照らし合わせて、〈情報〉を結びつけていくことが大切です。

## 問題文LECTURE

### 語句ごくごっくん

【文章】

- L4 **エッセンス**…ここでは、ものごとの本質
- L5 **記号**…ある事柄や意味を表すもの
- L8 **概念**→**P.16 語句「概念」参照**
- L13 **プラトニズム**…ギリシャの哲学者プラトンの考えかた（「**問題文LECTURE**」のⅠ参照）
- L14 **テキスト**…ここでは、言語によって成り立っているもの
- L31 **普遍的**…どこでも誰にでも通用するさま
- L31 **客観的**…誰にとっても変わらないさま⇔主観的…自分だけの見かたや考えかたにかたよっているさま
- L35 **希少性**…ごくまれで、珍しいさま。「稀少」とも書く

L39 アイデンティティ…いつも同じ、確かな自分。自己同一性。その人らしさ

L55 コピーライト…著作権

L56 多義的→P.16 語句「多義」参照

## 読解のポイント

**Ⅰ「著作物」とは、作品の中に含まれる〈記号＝意味〉などを表す「概念」である**

**Ⅱ「叙情詩型」と「理工系論文型」**

○「叙情詩型」＝個人が感情を独創的に「表現」した希少なものなど…著作物性＝著作権が濃い

⇔

●「理工系論文型」＝誰かが客観的に事実（≒「内容」）を述べたものなど…著作物性が低く、著作権保護の対象にならないこともある

↓

☆著作権は「内容」ではなく、希少性のある「表現」を、「価値」として重んじる

**Ⅲ「著作物」の「利用」と「使用」**

・「利用」＝著作物と関わる際、著作権が関係してくる事態

⇔

・「使用」＝著作物と関わる際、著作権が関係しない事態

↓

☆実際には「利用」と「使用」の区別は困難なときもある

## ひとこと要約

著作権とは、著作物の表現がもつ価値に関して生じるものである。

## テーマ　著作権

現在では、たとえば文学だけではなく、建築や音楽などさまざまなものに著作権が設定されています。でも古文で習うように、和歌の世界では「本歌取り」など、人の歌を下敷きに自分の歌を作る、ということはよくあることでした。江戸時代の芭蕉（ばしょう）も弟子の俳諧（＝俳句）に手を加えたりしています。

このように、著作権という考えは、作品は個人に属するものだという、個人尊重の考えかた、つまり個人主義が高まりを見せる近代以降の考えかたなのです。

## Ⅰ「著作物」とはどういうものか（1～4）

何かを書いたり作ったりした人は、それを紙などの「メディア（＝〈人と作品を〉仲立ちするもの。媒体）」を使って発表します。この「最初の作品」を、使われた「メディア」と一緒に「『原作品』――オリジナル」と呼びます。ですが、「著作権」を扱う「著作権法」では、「メディア」とは切り離した「原作品」の中の「エッセンス（＝本質）」（傍線部**A**）だけを「著作物」と定義しています。その「エッセンス」とは、「メディア」の中から引き出された「記号列（＝意味を発するもののつらなり）」のことです。（1・2）

著作権法は、この「著作物」を対象として作られた法律です。でも「エッセンス」や〈意味（＝価値）〉というのは「概念（＝頭の中で考えられたこと）」です。それらは目には見えない。ですが、著作権法は、その「著作物」という「概念」を、〈これは盗作だっ！〉とかいうように、「複製物など」、形のある「物理的な実体」に適用していきます。でも、たとえば有名な歌手が録音したばかりの音源が入った「メディア」は、その後たくさんのCDへと形を変えていきます。年数が経てば、その音源は「メディア」と一緒に「消失」してしまうかもしれません。それでも著作権法は「著作物」という「概念」によって、そのなくなった音源に「著作権」があると見なすのです。「頑丈な概念」（L9）という表現は、目に見えない「著作物」という「概念」が、たとえ物自体がなくなっても「著作権」があることを主張する姿を表現したものです。（3）

そうした「著作物」は先にいった例でいえば、最初の音源がなくなっても、法律で決まっている「保護期間内」であれば著作権をもつものとして扱われます。よく似たようなメロディの曲があって、〈これパクリ!?〉とか思えることがありますが、著作物の概念に従ってオリジナルを盗んだかどうか、がチェックされるのです。ここで筆者が「プラトニズム」という言葉を使っているのは、「破れた書籍」や「音程を外した歌唱」（L12）の中にも「著作物」がある、という考えかたが、プラトンの考えかたと似ているように思えるからです。プラトンは、唯一の存在は〈イデア〉と呼ばれる、目には見えないものであり、私たちが知覚している個々の物は〈イデア〉の不完全な模造品だと考えました。そして知覚される物は変化し、〈イデア〉が失われがちになる、とも考えました。

この〈イデア〉（**A**）が、知覚される物（**b**）に不完全な形で入り込んでいる、というイメージと、「著作物」という概念が適用される、見えない「エッセンス（＝本質）」（**A'**）が、実体である「書籍」や「歌唱」（**b'**）にある、と見なされることとが重なると筆者は考え、「現代のプラトニズム」（L13）といっ

たのです。（4）

## Ⅱ「叙情詩型」と「理工系論文型」（5〜14）

繰り返しになりますが、「著作物」は「エッセンス」や〈意味〉をもたなければなりません。そして当然のことながら「著作物」は個人（あるいは特定の集団や団体）のものとして保護されます。個人的なものとは、その人が誰の手も借りずに「創作」したものです。また最も個人的なものであり、なおかつ〈意味〉を発するのは「感情」の「表現」だともいえるでしょう。**表1**「著作物の定義」に挙げられた「キーワード」に最も該当するのは、「感情」を独創的（「創作的」）に「表現」した「文芸」の代表としての「叙情詩」（L15）です。「叙情詩」はその字の通り、「情」を詠いあげたものですから。それゆえ「テキスト（＝言語によって成り立っているもの）」の中で、「著作物」の代表は「叙情詩」だといえるのです。

この反対の位置にあるのが、**表1**の「（「著作物」という概念から）排除されるもの」を多く含む「理工系論文、あるいは新聞記事」（L17）です。それらは「事実」や「法則」を記したものですし、たいてい「実用」的なものと結びつくからです。それゆえ「思想」「感情」「創作」という性格をもつ「叙情詩」などとは、縁遠いものだということもわかると思います。（以上、5）

---

もちろん著作権法は「叙情詩」だけを保護するのではありません。「叙情詩」のような性格をもつものを守るのです。筆者はそれを「叙情詩モデル」と呼んでいます。「叙情詩」は「モデル（＝見本）」です。その見本である「叙情詩」のように、「創作的」な「表現」だと見なされれば、「テキスト」ではない「伽藍」（L20）でも「叙情詩モデル」に入ります。（6）

すると「著作物」、あるいは「著作権」を保護されるものは、きちんと決まっているのだな、と思いたいのですが、「無方式主義」（L22）という原則がある。これは**注**を見ると、「著作物」が「誕生」したら、同時に「著作権も発生するという考え方」です。先にも書きましたが、「著作物」というのは、実体のある「物」ではなく「概念」です。けれどこの「方式」で一度「著作物」だと見なされれば、そこには「著作権」が生まれるのです。法律はあるにしても、「著作物」という概念自体がカチッとしたものではありませんから、「叙情詩モデル」に入らないものまでも、「著作権法」が「著作物」と認めてしまうことになるのです。すると「DNA配列」について書かれた「理工系論文」は、11では「著作物性は低く」「著作権法のコントロール領域の外へはじき出されてしまう」と書かれていますが、「著作物性は低く」ても、「著作物性」はあるのです。だから「新聞記事、理工系論文」も、著作権を認められないのではなく、著作権が認められるのです。「無方式主義」のもとでは、著作物＝著作権をもつものなのですから。実際「論文」盗んだ!?、というような事件を耳にした人も多いはずです。（7）

　ですが、それは置いといて、「叙情詩モデル」のことを、「具体的な著作物――テキスト――について」（傍線部**B**）もう少し説明すると、**表2**のようにまとめられると筆者はいいます。**表2**は**表1**をもとにして作った（＝「再構成した」）と筆者は述べています。**表2**は、「叙情詩モデル」と逆の位置にある「理工系論文型」とを対比的に整理しています。**表1**には「叙情詩（型）」という表現は出てきませんが、5・6の内容を踏まえて、**表2**では**表1**の「表現」という語を用いたり、「感情」という**表1**の語と対応する「主観」という語を使ったりして、「著作物」＝「叙情詩型」ということが明確に示されます。

　その「叙情詩型」が一回きりのその人の『「表現」』なのに対して、「理工系論文型」は、「『誰』か」が「『普遍的』な対象（ex：DNA配列）」（L31）を「客観的」に「事実」として示すものです。当然「叙情詩型」のほうが、個人の一回きりの表現なので「希少性（＝まれであるさま）」が高く、「希少性」が高いと「著作物性」＝「著作権の濃さ」（L36）が高まり、厳重に保護されることになります。

　これに対して、「DNA配列」を説明しようとする「理工系論文型」は、誰が書いても同じような表現にならざるを得ません。ですが、その論文は研究者の全情熱が注がれ、自分という存在（＝「アイデンティティ」）を賭けたものだったかもしれません。それでも「著作物性」は低い。その「発見」の「内容」が貴重だとしても、誰が書いても同じ「表現」になってしまうと考えられているからです。だから「無方式主義」という原則がなくなれば、これらは「著作権法のコントロール領域の外へはじき出されてしまう」（L38）可能性があります。（8〜11）

　多くの書かれた物＝「テキスト」は、この「叙情詩」と「理工系論文」との間の「スペクトル（＝配列線）」（L43）上に位置づけることができます。そして先にも書いたように、「叙情詩型」の著作権が濃いとされ、「理工系論文型」は「著作物性」が低く、「著作権法」が「コントロール」を行わないものになってしまう可能性があるのは、「著作権」が「内容」と「表現」を分けているからです。どんなテキストも「表現」と「内容」をもつのですが、「著作権法」は、「内容」を「排除」し、「表現」の「希少性」を「価値」、「エッセンス」として位置づけているからです。内容がよければ、十分保護に値する、と考えるのが常識かもしれません。ですが「表現」の「希少性」を重んじ「内容」を排除する「二分法」（L48）は、裁判にも登場し、著作権侵害に当たるかどうかを問われている作品が、「叙情詩型」なのか「理工系論文型」なのか、つまり「表現」の「希少性」が高いか低いか、という判断によって、著作権の「侵害」(L52)があるかどうか、が決まってしまう、ということが起きるのです。(12〜14)

## Ⅲ「著作物」の「利用」と「使用」(15〜18)

また「著作物」を私たちが用いると、常にまずいことが起きるのかというと、そういうわけでもありません。「著作物」を扱って「著作権」が関係してくる状態を「利用」(L54)といいます。その内容は**表3**にまとめられているように、多様です。これらは基本的には著作者の許可や金銭の支払いが生じる事態です。「著作権」と同じ意味の「コピーライト」という言葉の「コピー」はふつう〈複製〉という意味で考えられますが、「コピーライト」というときの「コピー」は、「著作権」のあるものを「操作」する、という意味で使われているといえるため、筆者はこの「コピー」という言葉は、「多義的(=さまざまな意味をもつ)」だといっています。(15)

これに対して**表3**以外の、「著作物」に対する「操作」を「使用」(L57)と呼びます。「利用」と同じような語ですが、法律用語だから、厳密に分けているのです。と思ったら、「利用」と「使用」を決める「基準は明らかでない」と筆者はいっています。

ではとりあえずどんなことが「使用」かというと、たとえば「本」を読むこと、とか、有名な建築家の建てた家に住むこと、とかです(「著作物へのアクセス」(L62)というのは「読書」のために本屋に行くこととかを考えればよいでしょう)。たしかに村上春樹の著作には「著作権」がありますが、私たちが村上春樹の本を読むときに、いちいち著作権に触れることを許してくださいという申請を書いたりする、などということはない。そんなことになれば面倒で、誰も本なんて読まなくなるでしょう。だから「著作権法」はそこまで「過剰」なことはしないのです。ただ先にも筆者がいっていたように、「利用」と「使用」とはなかなか「区別」ができないときもあるのです。そうなると、私たちが「使用」だと思ったことが「利用」に当たり、「著作権」の侵害だといわれることにもなりかねません。ちょっとコワイ話です。(16〜18)

*最後に**【資料】**について、少し説明しておきます。

・**【資料Ⅰ】**「著作物とは」という部分は、**【資料Ⅱ】**の第二条の一と、**【文章】**の**表1**・**表2**と対応しています。

・**【資料Ⅰ】**「著作物の例」という部分は、**【資料Ⅱ】**の第二条の一・三と**【文章】**の5・**表1**と対応しています。

・**【資料Ⅰ】**「著作権の例外規定」は**問6**で説明します。

## 設問LECTURE

**問1 漢字問題**

選択肢の漢字は以下の通り。

(ア)合致　①**致命**　②報知　③稚拙（＝子どもっぽく、下手なさま）　④緻密　⑤余地

(イ)適合　①匹敵　②**適度**　③水滴　④警笛　⑤摘発

(ウ)両端　①丹精（＝心をこめて作ったり育てたりすること）　②担架　③破綻　④落胆　⑤**端的**

(エ)閲覧（＝本などを調べ読むこと）　①欄干　②出藍（＝「出藍の誉れ」で、弟子が先生より優れていること）　③乱世　④**一覧**　⑤累卵（＝卵をいくつも積み重ねたような、危険な状態をいう。単語としては、ちょっとムズかしすぎです）

(オ)過剰　①**剰余**　②冗長（＝だらだらして長いさま）　③醸造　④施錠　⑤常備

**解答**　(ア)①　(イ)②　(ウ)⑤　(エ)④　ムズ (オ)①

**問2 【資料Ⅱ】を踏まえて傍線部に合致する例を選ぶ問題**

傍線部Aの文脈を確認しましょう。傍線部Aの主語は「そのエッセンス」です。なんの「エッセンス（＝本質）」かというと、「原作品（＝オリジナル）」の中にある「エッセンス」です。同時に「そのエッセンス」が「著作物」として「定義」されます。そして「そのエッセンス」は紙などの「記録メディア」から「剝がされた」「記号列（＝意味を発するもののつらなり）」です。すると**「エッセンス」＝「著作物」＝「記号列」**（a）ということになります。そしてふつうの入試問題ならばこのように、

**梅POINT　選択肢問題は、まず傍線部の内容や正解の要素、根拠を見いだし、それを含む選択肢を選ぶべし。**

という積極法でいくんですが、ここが「共通テスト」の違うところ。設問文を見てください。「**【資料Ⅱ】**を踏まえて考えられる例」を選ぶのです。

**梅POINT　設問文の指示を意識し、他の【文章】や【資料】と結びつけて考えるべし。**

そこで**【資料Ⅱ】**の著作権法を見ましょう。そこにaと関係するものを探すのです。aは「著作物」のことですから、第二条の一の「著作物」の定義が手がかりになるでしょう。「思想又は感情を創作的に表現したもの」で「文芸、学術、美術又は音楽の範囲に属するもの」というのが「著作物」の定義です。設問では当てはまる「例」を問うていますから、このとおりに書いてある選択肢はありませんが、どれがこの定義に一番近い

例ですか？　④が正解ですね。「音楽」のことだし、「表現した思想や感情」という部分は、著作権法第二条の一の定義と合致します。「記号列」は「エッセンス」であり「記録メディアから剝がされた」ものでした。つまり具体的な物ではない。とすれば著作権法の「思想又は感情」が「エッセンス」と対応すると考えられます。どちらも目には見えないものですから。付け加えれば「作曲家」は著作権法第二条の二「著作者」のことです。

**〈選択肢チェック〉**

①**【資料Ⅱ】**の第一条には合致するように書かれていますが、大事な「著作物」を説明している第二条の一に当てはまる内容がありません。「すべての文化的所産」とは何を指しているか曖昧で、「思想又は感情を創作的に表現したもの」という第二条の一の定義に対して、大まかすぎます。

②「小説家」の「原稿」は「著作物」となり得ますが、それが載っている「文芸雑誌」全体は、「著作物」といえるかどうか、**【資料Ⅱ】**からはわかりません。また「雑誌」は「メディア」であり、「メディアから剝がされた」ものを例として示さないといけないことに反します。

③**チョイマヨ**「消失したり散逸したりしていない美術品」というところをどう判断できるか、がポイントです。「消失」することがいいことだというわけではありませんが、3に書いてあるように、「著作物」という概念は、「著作物」という「物」が「消失し」たとしても存在するのです。傍線部**A**の「記録メディアから剝がされた」というのは、「物」としての部分がなくなった状態を指しています。これに対して③の「消失したり散逸したりしていない美術品」という表現は、「記録メディア」がきちんと残っている状態を示しています。すると、③は傍線部と合わない。だから×です。

⑤**チョイマヨ**著作権法第二条の三の「実演」の定義に、「著作物を」「舞い」、「歌」うことが「実演」だと書いてあります。だから「舞踏や歌唱」も「著作物」に関連し、「著作権法で」「コントロール」される対象になります。それも「オリジナル」なのですから、「著作物」の「創作」性をもっています。ですが、3の冒頭に「著作権法のコントロール対象は著作物である」とあるので、「著作権法ではコントロールできない」ものは「著作物」とはいえず、⑤は「著作物」の定義でもある傍線部と合致しないことになります。やはり×です。　ムズ　**解答**　④

> **梅POINT**　**傍線部「〜」はどういうこと（もの）か、という傍線部内容説明問題では、傍線部の内容はもちろん、傍線部の表現や問いかけとも合致している選択肢を選ぶべし。**

**問3** **【文章】のテーマを問う主旨判定問題**

問題文のテーマである「著作権」とはどういうものだと、問題文に書いてあるか、が問われています。これがp.14の**〈アプローチ〉**の7に書いた、**【文章】**の中心の内容を問う設問です。

> **梅POINT**
> **設問を最初にチラ見して、主旨を問う設問があるか確認し、あったら問われていることを意識して読むべし。**

「著作権」については、**「問題文LECTURE」**でまとめましたから、それをもう一度確認しましょう。

**Ⅰ 「著作物」とは、作品の中に含まれる〈意味〉などを表す「概念」である**

**Ⅱ** 客観的に事実（＝「内容」）を述べた「理工系論文型」よりも、**「表現」の希少性をもつ「叙情詩型」のほうが著作物性が高い・著作権が濃い**

**Ⅲ** 「著作物」については著作権が関わってくる「利用」と、著作権が関わらない「使用」とがある

この中でとくに「著作権」については**Ⅱ**にその内容がまとめられています。よって**正解は⑤**です。「著作権」では、「内容」よりも「表現」、そして「表現」の希少性を「価値」として考えられているということに対応しているからです。問題文では「『表現』と『内容』とを二重にもっている」、「著作権法は、このうち前者（＝「表現」）に注目し、この表現のもつ価値の程度によって……著作物であるのか否かを判断する」、「表現の抽出と内容の排除」（すべて13）と書かれています。

**〈選択肢チェック〉**

① 「利用」が「著作者の了解を得ることなく行うことができる」という内容が、上の**Ⅲ**と×。

② **チョイマヨ** 「理工系論文型」は「著作権法のコントロール領域の外へはじき出されてしまう」（L38）と書かれてあるので、正解のように見えます。ですが、同じ11には「DNA配列」に関する論文（＝「理工系論文型」）は「著作物性は低」いと書かれています。また、「著作物は……新聞記事、理工系論文に及ぶ」（5）とも書かれています。つまり著作権の対象が「叙情詩モデル」であることはたしかですが、「新聞記事や理工系論文」も「著作物」の中に入っているのです。ただ隅っこに追いやられているだけなのです。だから②のいうように「除外される」わけではないのです。また「無方式主義」という考えかたでは、「叙情詩モデルを尺度（＝基準）として使えば排除されてしまうようなものまで、著作物として認めてしまう」のですから、「理工系論文型」に著作権が認められない、とはいい切れません。

ただ「理工系論文」は著作物かどうかという、この文章のやや曖昧な部分に触れている、微妙な選択肢であることはたしかです。

ですが、この設問で自信をもって本文と最も合致する⑤を選べれば、②は×になり、設問を作った人は、理工系論文も著作物だと考えていることがわかります。今みんなが対決しているのは、設問作成者でもあります。そして設問が、みんなに作成者が文章をどう読んでいるか、を教えてくれます。設問はみんなを助けてくれる大事な味方です。設問を解くことで作成者の読みがわかる、ということも忘れないでください。

**梅 POINT　問題文のある箇所を根拠にすると○だが、他の部分を根拠にすると×という選択肢は他の選択肢と比較して考えよ。**

③ 12冒頭では「叙情詩と理工系論文とを両端とするスペクトルのうえにある」と述べているだけで、「多くのテキストは叙情詩型と理工系論文型に分類することが可能」とは説明されていません。つまり【文章】では、0〜1の間に位置づけられる、といっているのに、③は0と1に分けられる、といっている点がズレているのです。また「この『二分法』」で「訴訟において」「明確な判断を下すことができている」が問題文と逆の内容といえます。「著作権訴訟において」、「著作物の特性がより叙情詩型なのか、そうではなくてより理工系論文型なのか、この判断によって侵害のありなしを決めることになる」（L52）と書かれています。でもこうした区別で「明確な判断」が現実に行われている、とは書かれていません。逆に「より叙情詩型なのか、そうではなくてより理工系論文型なのか」というふうに、「より」という比較が行われているということは、明確な境界、線引きができていないことを示しているともいえます。また②で引用した「無方式主義」という考えかたは、「叙情詩モデル」からは排除されてしまうようなものまで、著作物として認めるのですから、「叙情詩型」と「理工系論文型」の分類で「明確な判断を下すことができている」とはいえません。

④「著作物性」という言葉については、「表現の希少性は高く、したがってその著作物性——著作権の濃さ——は高い」（L35）と書かれています。つまり「表現の希少性」と「著作物性」は比例します。ですが、④は「著作物性」という考えかたによって「希少性が低いもの」を「保護できる」と説明しています。これは右のL35の内容や「著作物性」が低いものは、「著作権法のコントロール領域の外」（L38）となる、また「希少性」が目立たないと「薄い著作権をもつと判断」（L51）されるという記述に反し、アウトです。

先に〈積極法〉が基本と書きましたが、主旨判定問題は〈本文に書いてあるか書いてないかで選ぶ〉消去法で行っていいです。

**解答** ⑤

## 問4 傍線部の内容説明問題

傍線部Bは「**表2**は……**表1**を再構成したもの」だといっています。「再構成」というのは、〈アレンジしながらもう一度似たものを作る〉ということですから、**表2**は**表1**と基本的には似ているはずです。それも「具体的な著作物——テキスト——について」**「再構成」したのですから、「著作物」に関する内容について、少し手を加えアレンジしてあるが、基本的には似ている**、ということになります。ではどういう点がアレンジされていて、どういう点が似ているのか、二つの表を比べてみましょう。

まず**表1**は、「著作物の定義」をしているものであることが、その題名からわかります。すると「キーワード」というのは、「著作物」だと見なすときの〈カギ〉を握る言葉でしょう。つまりこの言葉に該当するものがあれば「著作物」だと見なされるということです。そして**表1**の「排除されるもの」というのは、〈「著作物」という概念から排除されるもの〉ということです（ただしそれらを含む論文なども著作権が保護されることがあることは**問3**で述べたとおりです）。この二つの対比が、**表2**では「叙情詩型」と「理工系論文型」との「違い」にずらされています。この二つが傍線部の「具体的な著作物」を示しています。

そして**表1**の「キーワード」にあった「表現」という語が「叙情詩型」に入っており、「排除されるもの」にもあった「着想」という語が「理工系論文型」に含まれていることからも、「キーワード」と「叙情詩型」が、そして「排除されるもの」と「理工系論文型」が対応していることがわかります。よってこうした部分が「**表1**を再構成＝アレンジした」といえる部分です。そして**表2**は「何が特色」というように、両者の「特性」を比較しています。

また「叙情詩型のテキスト」は「著作物性」は「高」い⑩とあり、一方「DNA配列」を論じた「理工系論文」は「著作物性」が「低」い⑪と述べられています。ですので二つの型を対比する**表2**は「著作物性の濃淡」を説明しているといえます。すると今述べたことに最も近い内容をもつ**④が正解**です。先にも触れたように「表現」という語を「**表1**」でも「**表2**」でも使って、二つの表の似たところ＝つながりを示しているのも傍線部の「再構成」に合致します。傍線部との表現上の対応も正解として選ぶポイントでしたね。

ただし④には引っかかるところがあります。まず**表1**ではまだ「叙情詩モデル」といういいかたをしていないのに、「叙情詩モデルの特徴」を「整理している」と述べている点です。これは**表1**を説明した5の内容や「著作物の定義は叙情詩をモデルにしたもの」（L19）だという部分を、**表1**の「キーワード」群と重ね合わせ、**表2**や6で使われている「叙情詩モデル」という言葉を先取りし、設問作成者が**表1**と**表2**の似て（＝「再構成」して）いるところを説明しようとしたからでしょう。

さらに④の文末の「著作物性の濃淡を説明している」というのも、**表2**自体からは本当は読みとれません。これは先にも書いたように10・11まで視野に入れなくては理解できないことです。だから、**表1**・**表2**だけを見ていると、こうした箇所は「?」と思います。

**梅POINT 【資料】や図表についての設問でも、【資料】や図表に関連する【文章】の部分を視野に入れるべし。**

いろいろなところを見ておかないと、間違えてしまいます。気をつけないといけませんね。

**〈選択肢チェック〉**

① **表1**の「排除されるもの」という項目は**表2**ではなくなりました。だから「『排除されるもの』の定義をより明確にし」たとはいえません。また「理工系論文型」が「排除されるもの」だとしても、**表2**は、「叙情詩型」と「理工系論文型」のそれぞれについて、「何が特色」というように、両方の「特性」を説明しているので、「『排除されるもの』」だけの「定義をより明確にしている」ように読める説明は、妥当とはいえません。

② 「『キーワード』と『排除されるもの』の二つの特性を含むもの」が「著作物」だという説明がおかしいです。「排除されるもの」は「著作物」から「排除される」のです。また②だと**表1**と**表2**の似たところがよくわからないので、「再構成」したという説明になりません。

③ ②でいったように「排除されるもの」は「著作物」から「排除」されるのです。だから**表1**は「著作物……を網羅」してなどいません。それに**表1**は「多様な類型を網羅」したりしていません。あくまでそれは表の題名どおり、「著作物」の抽象的な「定義」です。また③も②のように**表1**と**表2**の共通性がわからない説明になっています。

⑤ 「類似性」が明らかに×。**表2**は「叙情詩型」と「理工系論文型」の違いを示しているのです。

この設問は表だけを見て、**【文章】**の関連箇所を見なかったために正答率が低いのだと思われます。だからムズにしましたが、今後はいろんな関連部分への目配りを忘れずに。それが共通テストで求められるものなのです。

ムズ　**解答** ④

## 問5 【文章】の表現に関する説明問題

選択肢問題は、〈積極法〉が基本ですが、

**【文章】の表現に関する設問では、一つひとつの選択肢を【文章】と照らし合わせ、消去法で解くべし。**

ということで、「適当でないもの」を選ぶのを意識して、各選択肢を見ていきます。

**〈選択肢チェック〉**

①「——」が用いられているのは、説明を加えているだけで、「強調」されているとはいえません。それにその部分に、とくに筆者の「主張」があるわけでもありません。ですから「主張に注釈を加える」という①は適当ではないので、**①が正解**になります。

②「もうひと言。」や「話がくどくなるが続ける。」という表現は、文字通り筆者が「話」をしているかのように書いているので、「親しみやすい口語（＝話し言葉）的な表現」だといえるでしょう。二箇所とも前の内容をもっと詳しく説明しようとしているので、「いっそうの理解を促」そうとしているともいえます。よってこれは適当な説明といえます。

③チョイマヨ「プラトニズム」や「ソシュール」のことをもち出されて、わかりづらくなった人もいるでしょう。でも筆者の立場からいえば、プラトンの「哲学」やソシュールの「言語学の概念」を「援用（＝他の学説などを引用して自分の説を補うこと）して自分の考え」を「展開」しているといえるので、これも妥当な説明です。

④チョイマヨ 5で「事例」が「対比的に取り上げられている」のはわかりやすいと思います。ですが、13の「表現」と「内容」、15の「著作権に関係するものと、そうではないもの」が「対比」されていることはわかりますが、それらの「事例」が挙げられているか、となると少し考えますね。でも「表現の希少性」ということで三好達治の詩が例示され、「内容」の例として、「DNA配列」が挙げられているとも考えられます。あまりストレートに「内容」の例がこれだ！という形で示されているわけではありませんが、「内容」に関する「事例」ぐらいの感じで受け取れば、これも妥当といえるでしょう。

さらに「著作権に関係するもの」＝「利用」ですから、**表3**がその「事例」です。**表3**の題名には「(例示)」とまで書かれているし、これも**【文章】**の一部ですから、④の説明が間違っているとはいえないですね。また「そうではないもの」＝「使用」に関しては、「書物の閲覧、建築への居住」(L60)などが示されています。すると、①よりはおかしなことをいっていない。比べると①がやはり一番おかしい、ということになります。

**梅POINT 表現の設問では、「こう言えなくもない」と思えるものは、「適当なもの」と考えよ。**

ただし試行調査で③と④を選んだ人は、それぞれ20%を超えていました。これは③と④がチョイマヨであることの証拠です。

⑤例として示された「はたらかない」、「関知しない」、「関係がない」は、「著作権法の及ばない領域」を示しています。また「明らかでない」は、著作権に関して用いられる「利用」「使用」の用語の「判断基準」が「明らかでない」ことを示しています。「基準」が「明らかで」なければ、著作権法の適用は当然「複雑」になります。よって⑤は正しいです。

**梅POINT 選択肢を選ぶ際には、よりマシなもの、よりダメなもの、というランキングの意識をもつべし。**

さて〈よりマシなものを選ぶ〉ためには、選択肢にランクをつけるという意識が必要です。たとえば**一番悪い（ワースト1）の選択肢は、問題文の内容や筆者の立場と矛盾するもの、対比が混乱しているもの**（「矛盾」とは、車が正面衝突するように、選択肢と問題文がガチンコ衝突することです。これは0点の選択肢！）。

**二番目に悪い（ワースト2）のは、問題文にナシ、つまり問題文に書かれていないことが書いてある**（上りと下りの電車みたいに、選択肢と問題文がすれ違うのです。これは20点）。**因果関係がおかしい**（問題文は**A**だから**B**、と書いてあるのに、選択肢は**B**だから**A**、と書いてある。またはそもそもそんな因果関係はない、など）こともよくない（40点ぐらいと考えてください）。

これらに比べれば、たとえば問題文に「かもしれない」と書いてあるのに、選択肢に「〜のだ」と書いてあるというような〈ニュアンスの違い〉は小さな傷（マイナス5点）です。そうしたものとワースト1・2を一緒にしないでください。40点とかの点数はあくまで便宜的なものでイメージですが、ランキングする、という意識をもってもらうために書いてあります。ランキングを忘れないでください。

**問5**は何と正答率が17.1％！　一応大ムズにしておきますが、できてほしい設問です。

大ムズ　解答　①

**問6　【資料】の空欄に語句を補充する問題**

**【資料Ⅰ】**の空欄には、空欄の上に書いてあるように、「著作権の例外規定（権利者の了解を得ずに著作物を利用できる）」ための「条件」を示す事柄が入ります。つまり〈「権利者」に許可を得たり、お金を払ったりせずにその人の作品を使える条件〉が書いてあるはずです。もっとざっくりいってしまえば、〈無断で使っても著作権を侵害したとかいわれない場合〉がある、ということです。**【資料Ⅰ】**はリード文にもあるように、「**【資料Ⅱ】**と**【文章】**を参考に作成」したのですから、**【資料Ⅱ】**か**【文章】**のどこかに、「権利者の了解を得ずに著作物を利用できる」「条件」＝〈「権利者」に許可を得たり、お金を払ったりせずにその人の作品を使える条件〉が書いてあるはずです。その「情報」をゲットしましょう。

すると**【資料Ⅱ】**の第三十八条に「**営利を目的とせず**（**a**）、かつ、**聴衆又は観衆から料金……を受けない場合**（**b**）には、公に上演し、演奏し、上映し、又は口述することができる」と書かれています。簡単にいうと、〈お金もうけに使わないなら、「公に」堂々と使っていいよ〉ということです。**a・b**は「**権利者の了解を得ずに著作物を利用できる**」「**条件**」になります。だからこの内容に該当する選択肢を選べばよいということになります。まずこの「条件」に合致し、「営利を目的としていない」と説明している**②がaと一致するので一つ目の正解**です。また「一切の料金を徴収しない」と説明している**④がbと合致するので二つ目の正解**。

そして**【資料Ⅱ】**の第三十八条の最後には「料金……を受けない場合には……演奏……することができる。ただし……実演家（＝演奏家）……に対し報酬が支払われる場合は、この限りでない」と書いてあります。これは演奏者などに「報酬」を払ったら、「権利者の了解を得ずに」使ってはダメ（著作権が発生するから著作者に連絡しなさい）、ということですね。でもこれは逆にいえば、**「報酬」を払わないなら、営利目的とは見なされず、堂々と使える**ということです。よって**三つ目の正解として、⑥の「楽団に報酬が支払われない」を選べばよい**のです。根拠が見つけられれば、明確にこの三つを選べる設問だと思います。①・③はどこにも書かれていないし、⑤は著作権法第一条には少し関係がありますが、①・③・⑤は第三十八条のお金のことにまったく触れていません。ですから、選ぶ根拠がありません。

また、

**梅 POINT**

**「三つ選べ」というような複数解答を求める設問では、100点三つ、0点三つ、ではなく、ランキングをしてみて、上から三つ下から三つという考えかたをするべし。**

この**問6**はあまりランキングをしなくても**【資料Ⅱ】**の第三十八条にたどり着けば、正解できると思うし、絶対三つとも正解してほしいのですが、平均点は9点中6.3点。全問正解は

44.3％（二つ正解の人31.6％、一つ正解の人14.9％）…少し残念ですが、根拠を見つける情報探しを忘れずに！

**解答** ・・

論理

# 電子書籍と紙の本

オリジナル

別冊（問題） p. 30

## 解答

| 問1 | | 問2 | 問3 | 問4 | 問5 | 問6 |
|---|---|---|---|---|---|---|
| (ア) ⑤ | (エ) ② | ③ | ① | ④ | ③ | ④ |
| (イ) ④ | (オ) ① | 9点 | 8点 | 8点 | 8点 | 7点 |
| (ウ) ② | 2点×5 | | | | | |

ムズ 問1 (オ)、問2

目標点 34／50点

## 学習ポイント

引用の多い文章ですが、引用文の内容と対比されながら示される筆者の主張をきちんと押さえることが大切です。その上で共通テストの特色である**資料などとの結びつけ**をしっかり行えているかどうか、をチェックしましょう。

## 問題文 LECTURE

### 語句ごくごっくん

【文章】

L7 **必要悪**…悪いことだが、やむを得ず必要とされる事柄

L8 **必然**…必ずそうなること⇔偶然

L10 **自明**…証明の必要のない、明白なこと。いうまでもないこと

L11 **旗揚げ**…事業などを新たに始めること

L35 **上梓**（じょうし）…書物を出版すること

L36 **俯瞰**（ふかん）…高い所から見おろすこと

L38 **生態系**…地域の生物と土などの無機的環境をひとまとめにとらえたもの

L41 **マスメディア**…新聞・テレビなどの大量伝達手段

L41 **記号**→ P.32 語句「記号」参照

L43 **混沌**（こんとん）…秩序が作られる前の未分化な状態。カオス

L55 **ノイズ**…雑音。ここでは、余計な情報が入り込んでいる状態

L55 **コンテキスト**…文脈。つながり

L58 **伝道師**…宗教、とくにキリスト教で、その教えを伝え広める人

## 読解のポイント

**【文章】**

**Ⅰ　紙の本に対する批判と書店の対応**

・本を買うために「書店にまで足を運ぶという手間」を省き、品切れもない電子書籍が今後主流になる
・それを阻んでいるのは書店などの流通システムだ

⇔

〈筆者〉
・流通業界も注文対応について改善をしている
・どこで本を買うかということの意味を示す空間としての書店の存在は重要だ

**Ⅱ　キュレーションの必要性**

・インターネットによる情報の細分化や情報の巨大化に対し、そうした情報を整理し分析し、整理する視点を人々に示す「キュレーション」の役割が重要になっている

⇔

〈筆者〉
・「キュレーション」や他者の視点に「チェックイン」する行為は、昔からされてきたことだ
・電子書籍が質より量を優先し、著者の「視座にチェックイン」しづらくなっている

**ひとこと要約**

電子書籍は質より量を追求し、深い読解や著者との真の出会いを希薄化させている。

**テーマ　IT化**

IT（インフォメーション・テクノロジー）化の拡大はすごい勢いで進んでいます。ですが、たとえば本がすべて電子化されれば、図書館という空間が要らなくなります。図書館に電子書籍がデータとして置かれ、それにみんながアクセスすればよいのですから、性能のよいコンピュータが一台あればよいのです。そのとき図書館という空間が要らなくなります。でも記述問題の大問一で見たように、若い人たちは図書館に別の価値を求めています。ITが立ち入るべきではない領域というのもある気がします。

## I　紙の本への批判とそれに対する書店の対応（1～8）

『電子書籍の衝撃』を書いた佐々木俊尚は、本を買うために「書店にまで足を運ぶという手間」がかかり、「オンライン書店」でも品切れが生じる状況では、今後電子書籍が主流になる、と述べたとされています。（1～3）

また「電子書籍コンソーシアム」の失敗も、「本の卸売を行っている取次（とりつぎ）」が「書店を中抜き（＝スルー）したら（取次の利益が損なわれるから）困る」（L14）という「出版社」、「取次」、「書店」で作られる「出版流通システム」のせいで、電子書籍の展開が邪魔されている、と佐々木俊尚はいうのです。（4・5）

これについては筆者も、このシステムが「『金太郎飴（あめ）書店』化（＝みんなどこも同じワンパターンの品ぞろえになっていること）」（L18）や、「客注（＝客の注文）」（L18）への対応などの問題を抱えていることを認めています。ただこれらは改善もされ、「客注対応」に関しては、「アマゾンのオンライン書店」並みの状況にはなっていると筆者は述べています。（6）

こうした書店に対する批判に対して、「書店」を「購書空間」（L23）と位置づける柴野京子の議論に筆者は共感を示します。

「購書空間」の「購書」とは、本という物体を手にし、それを購入することです。その本がどこで選ばれるか、どこだったら選んでもらえるか、ということが、本の生産を行う出版社や印刷所とは別の、「書店」という「流通」が活躍できる「購書空間」の意味なのです。店のレイアウトや雰囲気、そうしたものも含め、書店をどのような空間にし、本を買う読者と本をどう結びつけるか、「購書空間」としての「書店」は、「流通」の「最終段階」で、オルダースンのいう「意味（＝価値）のある集合」として、本と書店とをつなげ、「意味」をお客さんに「提示する」独自の空間です。そしてそれは、「生産（＝出版社）」から「自立」し、他の書籍空間からも「自立した装置」、「テクノロジー（＝技術）」（L29）でなければならない。それが、柴野京子のいおうとしていることだと考えられます。（7）

この柴野京子の議論に対して、書店人は「『読書』という経験」（L31）を販売しているのだ、という筆者は、書店での本選び、購入こそが「読書」の「第一ステップ」であり、人々にとって魅力的な「購書空間」にすることが、「流通システム」や「紙の本」の「存在意義」を保ち、存続させていくことになると考えます。⑧

## Ⅱ「キュレーション」の役割（⑨〜⑯）

①で引用された『電子書籍の衝撃』を書いた佐々木俊尚は、その後『キュレーションの時代』を書きました。その中では「ビオトープ」という語句が使われています。これは、もともと、水たまりにトンボなどが集まってきて作られる「小さな生態系」のことです。この言葉を佐々木俊尚は、インターネットによって「細分化」されながら、共通の情報を「共有」している集団に対して用いたのです。そしてそうした「ビオトープ」に存在する人々の特質をつかみ、情報の流れ（や情報を得る方法など）を見きわめることが、本や動画などを含めた「コンテンツ」（L40）を売る側にとって大切だと述べました。そしてそうした小さな単位に人々の欲するものが分かれている現状では、マスメディアである「新聞やテレビ」が、大勢の人々に同じ情報を流す、という時代は終わり、それとともに、マスメディアが意味あるものとして示したものに、多くの人々が興味を示したり、買ったりする「記号消費（＝意味を発するものを買ったり身につけたりすること）」の時代も去った、と彼はいいます。⑨・⑩

もちろんこれは、「コンテンツ」を売る側の話です。これに対して「コンテンツ」を受け取る側、たとえば読者はどうか。情報を得る側も、インターネットにあふれる巨大な情報量とその混沌（＝無秩序状態）に手を焼いています。

それゆえ本当に必要な情報に出会うための「助け」がほしくなります。ある「視座（＝視点、ものの見かた）」（L45）に立ち、膨大な情報を分析し、整理してくれて、〈ここに行くとこういう情報があるよ〉、〈こういう情報が必要なのでは？〉と言ってくれる人がいると助かります。そういう人が「キュレーター」であり、そうした行為が「キュレーション」なのです。

あとは、人々が、その「キュレーター」の「視座」に「チェックイン」すればよいだけです。

この「チェックイン」という言葉は、もとはインターネットの「位置通知サービス」で、「ある場所」に「チェックイン（＝入ること）」した人に、その場所に関する情報やサービスを提供する、というように使われていました。そのサービスを、情報全体に対するものとして拡げていくと、「キュレーター」の「視

座にチェックイン」(L47)ということになるのです。⑪・⑫

もともと「キュレーター」という言葉は、博物館などで仕事をする「学芸員」のことでした。彼らは芸術作品の情報を集め、それらを意味づけ、多くの人々に作品を知らしめるのが役割でした。その仕事は、多くの混沌とした情報を、ある「コンテキスト（＝つながり）」に沿って結びつけ、意味を与えることであり、インターネットの世界でも同様のことが必要になったため、「キュレーションの時代」(L35)がやってきたと、佐々木俊尚はいうのです。⑬

こうした説明は時代の現実に即したものだといえます。ただ筆者は「キュレーション」に当たる営みは、これまでもずっと行われてきたといいます。「影響力を持つ特定の人物に共感・共鳴し、その人物の視座から世界を眺めること」(L57)は行われてきたというのです。たしかにある評論家の本を読んで、そのものの見かたに共感し、その見かたを自分のものとしていく、ということはありえます。そしてそういう他人の見かたを自分のものとしていくことで、今までの自分が世界とはこういうものだ、と考えたり意味づけたりしてきたレベルを超えて、世界の意味づけや理解が変わる＝「『自己の世界の意味的な境界』を組み替え」(L57)る、ということも起こります。つまりものの見かた、価値観、大げさにいえば世界観が変わる、という体験です。⑭

だからこうした「キュレーション」や「キュレーター」の存在は、「社会のＩＴ化の進展によってはじめてそうなったわけでは、ない」(L59)ともいえるでしょう。たとえば「聖書」はイエス・キリストの言動を弟子がまとめたものです。だから「聖書」を読むということは、イエス・キリストの「弟子」の「視座にチェックイン」しているともいえるでしょう。

筆者はＩＴ企業が、企業としての基盤やサービスの場を確立するために、コンテンツの質を顧みず、量だけを競うため、一冊の本をじっくりと読み、「著者の『視座にチェックイン』するという作業」(L64)が希薄になってきた、と述べます。⑯

これらはＩＴ企業が（たとえばアマゾンについては、注1を参照）電子書籍の販売に乗り出し、それが質より量という方向に進んでいることによって、人々がインターネット同様、本の量に飲み込まれている事態を示しているのでしょう。電子書籍よりも、書店員として紙の本に期待を寄せる筆者から見れば、一冊の本を時間をかけて読み、真に著者と出会うという、かつて紙の本で行われたことが困難になっている、と述べているのだということを、最終段落から読みとってほしいと思います。

## 設問LECTURE

**問1　漢字問題**

(オ)「遺漏」は〈必要なことがもれ落ちること〉です。見慣れない語かもしれないので、ムズかしかったでしょう。(ウ)「果敢」の「果」も「果実」の「果」とつながりにくかったかもしれません。選択肢の漢字は以下のとおり。

(ア) 経由　①教諭　②癒着　③空輸　④油断　⑤由来
(イ) 検索　①添削　②倒錯　③作　④索引　⑤策士（＝はかりごとの巧みな人）
(ウ) 果敢　①加齢　②果実　③華美　④高価　⑤看過（＝見過ごすこと）
(エ) 命脈（＝命）　①明瞭　②命名　③迷彩（＝敵の目をくらますために、兵員の服装などにさまざまの色をぬりつけ、周囲の物と見分けがつかないようにすること）　④盟約　⑤襲名
(オ) 遺漏　①遺伝　②位階　③依存　④異同　⑤違反

**解答**　(ア)⑤　(イ)④　(ウ)②　(エ)②　ムズ (オ)①

**問2　【文章】に即した【資料】の読みとり問題**

【資料Ⅰ】のグラフだけを見ると、電子書籍を読んでいる人がそれほどふえているわけではないですが、二〇一九年には紙の本の市場を上回るだろうというのですから、電子書籍の普及は着実に進んでいるということでしょう。

ただその理由は【資料Ⅰ】からはわからない。でもなんらかの魅力が電子書籍にあるからみんなが利用しているはずです。なので「【文章】に即して」、電子書籍の長所を見てみましょう。

基本的に、筆者は「紙の本」派なので、問題文冒頭にあり、「これからは電子書籍の時代だ」と主張している佐々木俊尚の引用の中に、まず「電子書籍」の長所を探ってみましょう。そこに直接「電子書籍」の長所は書かれていないのですが、「ほしい本は書店に買いに行かなければ」ならない、「地方の書店だと自分のほしい本が置いてあるとは限」らない、「手間」がかかる、「オンライン書店」だと「日にち」が「かかる」し、「品切れになっていることも多い」、だから「電子書籍」がいい、という論理です。つまりこれを見ると、電子書籍の長所や魅力は、

**a　書店に行くなどの手間がかからない**
**b　地方にいてもほしい本が手に入る**
**c　すぐに手に入る**
**d　品切れなど気にする必要がない**

これらをもとに選択肢を見てみますが、あまり対応する選択

肢がありません。こんなときには〈問題文の表現を抽象化したり、いい換えているのではないか〉と考えてみるべきです。すると求められるのは、語彙力をもとに選択肢を読解する力です。

**梅POINT 正解の選択肢が、本文の表現を直接使わず、イイカエていることを見抜く読解力と語彙力を身につけるべし。**

するとaの「**手間がかからない**」というのは、簡単に手に入ることですから、〈楽〉で〈効率がよい〉ということです。

またbは自分のいる場所と関係ないということですから、〈居場所や状況と無関係だ〉ということになります。cの「**すぐに**」というのは、抽象的にいい換えれば〈即時性がある〉ということになります。dは〈確実に手に入る〉ということです。こうしていい換えていくと、③の「自分の状況に……対応し」がbと、「即時的に」がcと、「効率よく」がaと、「手に入れることができる」がdと対応するといえます。なので**正解は③**です。

**〈選択肢チェック〉**

①「試し読み」のことは**【資料I】**にも**【文章】**にも書いてありません。「無料」のことは**【資料I】**に書いてありましたが、それが電子書籍を読む動機になっているとは断定できません。また①は**【文章】**の内容に触れていないため、「**【文章】**に即して」という設問条件に合いません。

**梅POINT どんな設問でも、設問文の条件は絶対！と心得よ。**

とくに、複数の素材を結びつける共通テストでは、この設問のように「〜に即して」という設問が多いですから、なおさらこのことは意識しておきましょう。

②「圧倒的な量がある」ことは、最終段落に書かれていますからそこはよいでしょう。でも「自分の読みたい本」が電子化されていないこともあるはずだから、「自分の読みたい本を必ず提供してくれ」るとはいえません。また「細分化」という語は*L*36に出てきますが、そこには「情報（の共有圏域）」が「細分化」されていると書かれており、「嗜好（しこう）」が「細分化」されているとは書かれていません。「情報の共有」が「嗜好（＝好み）」によってなされているとも断定できません。

④ チョイマヨ 「さまざまな面倒が省け」るということは、aに対応します。ですが「必要な情報に出会うためには、強力な助けを必要とする」（*L*44）状況で、こうしたことをしてくれるのは「キュレーター（キュレーション）」です。ですから「自分にとって必要な情報や書物を選ぶことを積極的に援助してくれる」のは、「電子書籍」の性質ではありません。

⑤ チョイマヨ 「読みたいときにインターネットから素早く手に

入れることできる」というのは、**a**〜**d**に該当します。でも「紙の本に比べ安価である」というのは、**【資料Ⅱ】**に書かれていることで、**【資料Ⅰ】**や**【文章】**に書かれていることではありません。これも設問の条件に合いません。正解が見えづらく、少し迷う選択肢もあるので ムズ にしました。ムズ

**解答** ③

**問3** **【文章】のテーマを問う主旨判定問題**

**【文章】**において、筆者が「読書」をどうとらえているかをチェックし、それをまとめ、そのまとめたものと最も合致する選択肢を選べばよい、という方針をたて、問題文を見ていきましょう。まず「読書」(L31)という言葉があるので、

**a　読書とは、書店で本を選び購入するという作業から始まる**

ということはわかりますね。また「『論語』、『仏典』、『聖書』を読む人は、その都度、孔子やブッダ、イエスとその弟子たちの『視座にチェックイン』して、世界を読み解こうとした。書物はそのようにして読み継がれてきた」(L60)とあります。これは昔からの読みかただとされているので、筆者が考える読書のありかただと考えられます。同様のことは問題文末尾にも書かれています。これらは

**b　読書とは、著者やある人間の視座に入り込み、世界を読み解こうとする行為である**

とまとめることができます。また最後の段落では「一冊の本をじっくりと読み込」むことが「薄まってきた」ことに筆者が危機感を示しています。だとすると、

**c　読書とは、一冊の本をじっくり読み込むことである**

ともいえます。

これらが筆者の考える「読書」のポイントです。これらと最も近い内容をもつ選択肢はどれでしょう？　**①が正解**ですね。「どこで選び何を買うかを出発点として」という部分は、筆者が共感する柴野京子の引用文中の「どこで選ばれるのか」(L26)などの表現を用いて、**a**をいい換えたものです。「著者など他者のものの見方や立場に……肉迫し、ものごとを理解していく」という部分は、**b**と合致します。また「時間をかけて」は**c**の「じっくり」と合致します。

**〈選択肢チェック〉**

② 「マスメディアが流す情報とは異なる独自の視座を獲得する」という内容が問題文に書いていない＝ナシ＝ワースト2の選択肢です。また「マスメディア」を時代にマッチしないと述べたのは佐々木俊尚(L41)で、筆者ではありません。だから「マスメディア」とは異なる「視座」をもて、と筆者がいっているように説明している②は**【文章】**に反するともいえます。

**梅POINT 対比的な文章、たとえばAとBを対比した文章では、AとBを変に組み合わせたり、AをBの言葉で説明したりしている選択肢に注意すべし→これはワースト1の×の選択肢。**

③「自分が出会うべき本と出会い」という部分がおかしい。自分が選んで買った本が「自分が出会うべき本」だったのかは、**【文章】**から判断できません。これもナシの選択肢です。

④「自己や世界を探求していこうとする孤高の営み」という部分が**b**と食い違います。**b**を見ると、「読書」は他者との関係性の中にあります。「孤高（＝ひとり他の人と離れ、気高いこと）」というと、他とは関係をもたず自分の世界に閉じこもるかのようです。だから**b**と食い違うのです。

⑤「流通業界」が構成する「購書空間」を筆者は支持していますが、「流通業界が示す情報に従」えとは、**【文章】**に書かれていません。また読む対象が「思想や宗教」に関する本でなければいけないと説明しているように読める点も×です。『論語』などは一つの例です。

**解答** ①

**問4 傍線部の内容説明問題**

「どのような『時代』か」という設問ですから、「キュレーション」が必要な時代状況についてとらえていかなければなりません。それが11に書かれています。**「インターネットの情報の大海は、ますます巨大化し、ますます混沌としたものになってい」**（L43）**るのです**（**a**）。それゆえ**「本当に必要な情報に出会うためには、強力な助けを必要とするようになってきている」**（**b**）（L44）と書かれています。

これが「キュレーション」が必要な時代の状況です。

では「キュレーション」とはどのようなことか。**【文章】**では、傍線部**A**のあとは「ビオトープ」の話であり、「キュレーション」については、12以降に書かれています。

12〜14に書かれていることを読むと、情報などに関してすぐれた「観察」や「分析」を行い、「情報のノイズ（＝雑音。ここでは余計な情報が入り込んでいる状態）の海からあるコンテキスト（＝文脈。つながり）に沿って情報を拾い上げる作業」（L55）が「キュレーション」といわれる作業です。これは情報をある視点から区分けし、整理していくことですから、**〈c 情報を秩序立てること〉**だといえます。そしてこうした人たちの「視座に『チェックイン』する」ことで、人々は救われるのです。それを具体的にいえば、**「コンテキストに沿って情報を拾い上げる」ことを「キュレーター」の視座に即して行う**（**d**）と同時に、**「『自己の世界の意味的な境界』を組み替え」る**（**e**）（L57）ことをも行うことです。このようなことは「ずっと行われている」(L58)と筆者はいいますが、とりあえずそれを「キュレーション」と呼ぶ「時代」が現代なのです。

これらをまとめたものとして**最も適切なものは④**です。④の「膨大な情報領域」が**a**と合致します。また「秩序立てて意味づけ」るというのは、**c**や、「キュレーター」が「情報を収集し、それらを集め、一貫した意味を与え」る(L53)ということと合致しています。「一貫」させるということは「秩序(＝一定の関係。正しい筋道)」が成立しているということでもあります。そして「一般の人々がそうした秩序を形成する視点に即し」という部分が**d**と、「情報や自己の世界を再構成(＝自分で作り上げる)できるようにする」という部分が**e**と合致しています。「ある人物」とは「キュレーター」であり、**b**の「強力な助け」のことです。

**〈選択肢チェック〉**

①前半は「コンテンツの売り手」(L40)のすることです。また「どのようにして興味ある情報を収集すべきかを教えていく」ということが「キュレーション」の役割だとは、問題文に書かれていません。

②「不透明だった世界の本質を人々の前に提示し」や「記号消費に慣れた人々を啓蒙(けいもう)していく」という部分が問題文にナシです。

③前半はずいぶん否定的な表現ですが、まあよいとしても、「固有の視座を所有する方法を提示する」がおかしい。「キュレーション」はキュレーターが「視座」を提供することであり、自分の「固有の視座を所有する方法を提示する」ことではありません。これは**【文章】**の内容に反し、ワースト1の選択肢＝×。

⑤「マスメディアに代わ」ることが「キュレーション」の役割だとは問題文に書かれていません。また「巨大化しているインターネットの世界を細分化し」とありますが、選択肢を最初から読むと、「マスメディア」が今まで「細分化」してきたが、それを今度は「キュレーション」が行うように読めます。ですが「細分化」は「インターネットによって」(L35)行われたので、こうした⑤の内容は**【文章】**に合致しません。また「情報の流通の仕方を特定していくことが求められる」のは、10に書かれているように、「コンテンツの売り手」に必要なことであり、「キュレーション」や「キュレーター」に求められることではありません。主旨判定問題はとくにそうですが、他の設問でも、選択肢をランキングしていく意識をもちましょう。

**解答** ④

**問5 【文章】の表現に関する説明問題**

「**適当でないもの**」を選ぶということを忘れないで、選択肢を一つずつ消去法で見ていきましょう。

①たしかに[2]は、「冒頭で引用した文章を、すぐもう一度細かく引用し、それらと自分の言葉とをつなぎ合わせている表現」の形が見られます。これはあまり行われない形ですが、「だが、その議論は果たして自明なのか？」（[3]）という疑問に明らかなように、筆者に「引用文の内容に対する批判を行おうという「姿勢」があることは明白なので、①はOKです。

②「取次悪玉論」や「『金太郎飴書店』化」などの表現が、「書籍の流通システムの状況やそれに対する評価（＝「悪玉」）」を「簡潔」に示そうとしているといえます。また「金太郎飴」は**注**にあるように、「画一的」であることを喩（たと）えた「比喩的な表現」であるといえます。なので②も妥当です。

③たしかに[1]の引用の仕方と、[7]での「柴野京子」の文章の引用の仕方は異なります。ですが、それが「第1段落の引用文に対する評価とは対照的に、柴野の論に賛成する筆者の意思」によるものとは断定できません。引用の仕方によって、批判と肯定を使い分けているとは断定できないからです。そして決定的なのは、「『オルダースン』の定義をそのまま引用し」という部分です。「『オルダースン』の定義」は、柴野の文章の中に含まれるもので、筆者が引用したのではありません。なのでまるで筆者が引用したかのように説明している③はおかしいです。この文章では[1]でもそうですが、引用箇所が、カギ括弧（「」）ではなくて「〝 〟」で示されているので、注意してください。よってこれが「**適当でない**」ので、**③が正解**です。

④[10]末尾や[11]末尾の「主張」「力説」という言葉は、たしかに「強い表現」です。とくに「力説」は、その字の通り、「力」が入った表現だという筆者の感じかたが示されています。そしてこうした表現を使ったあとで、筆者は「他人の視座にチェックインする」という「説」については、そうしたことは今に始まったことではなく、「これまでもずっと行われている」（L58）と反論を加えています。ですから「力説」という表現を用いた筆者には、〈アナタは気合いを入れていってるけど、そんなことは今に始まったことではない〉という意識があり、あえて「力説」という表現を使ったと考えられます。よって「**適当でない**」とはいえないので解答にはならない。表現の設問では、「こう言えなくもない」と思えるものは、○でしたね（p.45 梅POINT）。

⑤[11]以降、「チェックイン」という語句に関しては、この語が、インターネットの「位置通知サービス」において使われたことが説明されています。つまり「そもそもどのような経緯で使われた語かを説明」しているといえます。また、「この語が示すのと同様の行為」が、『論語』などを読む人によって行われ、「読み継がれてきた」（L61）と書かれています。よって「古来から行われてきたこと」も「説明」されている。なので⑤

も○。

解答 ③

**問6 【文章】を踏まえて【資料Ⅱ】の空欄を補う問題**

電子書籍のデメリット＝短所、を【文章】を踏まえて考える設問です。電子書籍のデメリットは、【文章】では最終段落に書かれているといってよいでしょう。つまり、**「問題文LECTURE」**にも書いたように、**a IT企業が行う電子書籍の販売拡大が質より量を重視している→一冊の本をじっくりと読み込み、真に著者の「視座にチェックイン」することが希薄になっている**、というのが【文章】に書かれている、電子書籍の短所です。これに合致する選択肢を選べばよいのですが、**問2**と同様、**a**と表現上で合致する選択技はありません。そこで、やはり正解の選択肢は、**a**の内容をいい換えていると考えてみるべきです。

なので選択肢と**a**の内容を照らし合わせて、**a**のいい換えに当たるものがないか、考えてみましょう。

たとえば、①チョイマヨの「生への真剣な思索」に該当する内容は**a**からは出てきません。〈著者の視座にチェックインしない〉＝「生への真剣な思索」をしない、とは断定できません。また電子書籍のすべてが質が悪いとはいえないから、人生を語った電子書籍を読んで、そうした「思索」をすることはありうることです。②の「内容が薄く」は、「質」が「顧みられること」がないと合致しますが、「途中で飽きてしまう」と一致する内容は**a**にはありません。③「流通システムの点で紙の本に劣る」は、問題文の内容と食い違います。筆者は紙の本について、「『アマゾンのオンライン書店なら配達してもらえますが、日にちはかかるし品切れになっていることも多い』という状況に決して負けないという自負はある」（L21）と書いています。これはまだ流通システムでは「オンライン書店（＝紙の本の通信販売書店）」と同程度だということで、「電子書籍」にまさっているといっているわけではありません。だから「流通システムの点で紙の本に劣る」は、【文章】の内容と食い違い、×です。⑤「思想書や宗教書」つまり『論語』などは例にすぎず、電子書籍が「思想書や宗教書には向かない」とは【文章】でいわれていません。

これらに対して、④「中身を重視する姿勢に欠ける」の「中身」は、「質」を辞書で引くと意味として出てきます。すると④は〈質を大事にしていない〉という意味になり、**a**と合致します。なので**正解は④**です。①より問題文の内容とストレートに合致しています。**問2**のいい換えよりも優しいので、ムズにはしませんでした。できましたか？

解答 ④

論理

# 「アートマネジメント」とはどういうものか

オリジナル

別冊（問題） p. 42

## 解答

| 問1 | | 問2 | 問3 | 問4 | 問5 | 問6 |
|---|---|---|---|---|---|---|
| (ア) ③ | (エ) ③ | ④ | ① | ② | ③ | ⑤ |
| (イ) ③ | (オ) ⑤ | | | | | |
| (ウ) ① | | | | | | |
| 2点×5 | | 8点 | 8点 | 9点 | 8点 | 7点 |

ムズ 問1（イ）、問2、問3、問4

目標点 33／50点

## 学習ポイント

今回は【文章】の他に【資料】としてグラフもあります。他の科目でもグラフは出てくると思いますが、いつもしっかり正確に主観を入れずに読みとりましょう。

## 問題文LECTURE

### 語句ごくごっくん

【文章】

L2 **グローバル化**…経済や文化などの点で、地球が一つになろうとする傾向

L3 **ジレンマ**…相反する二つのことの板ばさみになってどちらとも決めかねる状態。「ディレンマ」とも書く

L20 **実験的**…既成の枠組みから離れて、新しいことを行うさま

L24 **収斂**（しゅうれん）…多くのものが一つに集まってくること

L25 **概念**→P.16 語句「概念」参照

L26 **理念**…物事がどうあるべきかということに関する考え

L27 **営利**…金銭的利益を目的として活動すること

L34 **草の根**…民衆（大衆）一人ひとり

## 読解のポイント

【文章】

**Ⅰ　アートマネジメントへの注目とその役割**

・〈注目の理由〉財政支出の効率化→文化団体への補助の効率性が問われるようになったため

・〈役割〉消費者のニーズを考え、新しい観客やアーティストを支援するという時代の動きに対応すること

**Ⅱ　文化政策とアートマネジメントとの関係**

・文化政策…国などによる芸術文化への公的支援の理念やありかたを示す概念

⇔

・アートマネジメント…利益を目的とするのではない芸術団体の経営に関わる概念

・芸術文化支援のあり方

↓

・納税者や地域のニーズを掘り起こすヨーロッパ型

⇔

・個人一人ひとりの寄付に依存するアメリカ型

↓

・納税者にも観客にも満足のいくマネジメントをしなければならない

↓

・そのためにも確かな文化政策が確立され、それと結びつかなければ、有効なアートマネジメントはできない

## ひとこと要約

アートマネジメントは確かな文化政策と連携することで意味をもつ。

## テーマ　文化政策

文化政策は、本来国民が文化的な楽しみを十分受け取ることができることを目指すべきものです。しかしながら、財政的な困難から、文化・芸術関係の予算はカットされる傾向にあり、例外は観光収入が見込める「〇〇遺産」にかけるお金です。ですが、もっと生活に密着した児童館などを充実させていくことが、本来の文化政策であることを忘れてはなりません。

## Ⅰ アートマネジメントの誕生（[1]～[3]）

注にもあるように、「アートマネジメント」とは、〈芸術活動を支援する際の方法〉や方法論をいいます。そのことへの関心が高まったのは、一九八〇年代以降です。それは、七〇年代後半から財政が厳しくなり、芸術や文化に関係する団体にどのような補助を行うのが「効率」(L2)的かという問題が生じたからです。それ以前一九六〇年代では、ボーモルとボーエンという学者が、舞台芸術団体が収入不足に落ち込んでいるが、その団体は社会的に有益だから、政府が「公的支援」を行うべきだといいました。これに基づいて「全米芸術基金（ＮＥＡ）」が一九六五年に発足し、芸術文化への支援＝芸術団体への補助、という形が本格化していきます。[1]

ところが一九八〇年代以降では、先にも書いたように財政が厳しい中、「芸術団体への補助」という支援の形が、本当に「芸術文化の振興」に役立っているのかが問われるようになります。芸術団体の赤字を補うというやりかたは、アーティストには「インセンティブ（＝刺激）」を与えるが、「消費者」が何を欲しているか、が無視されるという意見も出てきます。有名な経済学者であるケインズが「原則」(L11)を述べて以来、芸術団体への補助金の配分は専門家に任せるべきだということが「通説」となってきました。ですが、住民の選択によって文化関係の支出を決めていくことも可能だということも、「フライら」によって示されました。イギリスの「芸術評議会」という専門家集団が偏った予算配分をしていることが指摘され、これらの批判は芸術活動を楽しむ「消費者に光を当てた文化支援の必要性」(L16)を示しました。これも注目すべきことでした。[2]

また舞台芸術の観客層が「高学歴・高所得・専門職」という構造もあり、芸術団体への補助も、結局こうした階層の満足を得るだけに終わっているという指摘もありました。今まで芸術に接することの少なかった「消費者」を芸術へと向かわせ、チャレンジ精神旺盛な「実験的な芸術」(L20)を育てることこそ、公的支援のするべきことであると考えられるようになりました。こうした背景があって、芸術活動を支援するとはどのようなことを目指し、どのような形で効率的にするべきなのかを考える「アートマネジメント」が登場したのです。[3]

## Ⅱ 文化政策とアートマネジメントとの関係（[4]～[8]）

日本では「芸術文化分野への公的支援」が一九九〇年以降というように、世界的に見れば少し出遅れたので、世界的にすでに注目されていた「アートマネジメント」が主で、「文化政策」はそれに含まれるような考え方が見られます。でも「文化政策」と「アートマネジメント」は違うものだと筆者は述べています。文化政策は、国などによる芸術文化への公的支援の理念やありかたを示す概念です。一方「アートマネジメント」は、利益を目的とするのではない芸術団体の、経営に関連する概念なのです。つまり「アートマネジメント」は、「経営」の側面から芸術を支援する。それもお金を出してあげるのではありません。「非営利組織」は利益を第一と考えてはいないですから、公的補助金や「企業や個人からの寄付」、「入場料」などによって運営されています。そうした「寄付」や入場者などをどう集めるか、を考えるのが「アートマネジメント」です。（4・5）

ヨーロッパは、芸術団体に対する政府補助が多く、アメリカでは寄付が多い、という違いがありました。これはヨーロッパでは、貴族がアーティストを金銭的に援助する「パトロネージ」の伝統が政府へと受け継がれたからでした。一方アメリカは、「草の根（＝大衆や市民一人ひとり）」の自治という歴史があって民間の「非営利組織（ＮＰＯ）」も強いため、政府から直接補助金をもらうよりも、税制度上の優遇というような公的ではあるけれど、間接的な支援を受けることが多いと筆者は述べています。芸術団体は寄付を集めると、それと同じ額の補助を「全米芸術基金（ＮＥＡ）」から受けられて、寄付した個人は税金を安くしてもらえる、という仕組みもあります。「アートマネジメント」でも、ヨーロッパでは補助金のもととなる税金を払う「納税者」という立場や「地域」という公的な立場を重視するのに対し、アメリカでは個人を対象とした「パーティー」（L39）で資金を集めるところにも、公的なものを重視するか、個人一人ひとりを重視するかという伝統が結びついているのです。でも世界的に財政状況が厳しい今日では、こうしたヨーロッパとアメリカの違いもなくなってきました。公的補助が少なくなれば、ヨーロッパ型は衰退するでしょう。（6）

日本では八〇年代以降文化施設（＝「ハコ」）が建設されたけれど、施設を運営するノウハウがないことや、団体やアーティストへの公的支援が少ないという状況の中で、どう資金を集めるかという「アートマネジメント」が重視されるようになりました。そして各地で「アートマネジメント講座」が行われています。寄付や補助金で支えられている「非営利組織」の「マネジメント（＝「経営」）」ということであれば、寄付をもらったり券を買ってもらったりする「観客」はもちろんですが、補助金（＝税金）を払っている「納税者」の立場も考えていかなければならない、と筆者は述べています。「納税者」の中にはあまり芸術文化になじみのないかもしれない人々（芸術初心者）もいるでしょう。そうした人々を集めながら、同時になじみの「観客」に喜んでもらえるように「創造」性を高め芸術の水準を上げるという、「相反する課題」(L46)に取り組むことでもあるのです。これを「地域（＝地方）」に当てはめれば、「その地域の人々」がどんな文化的なものを欲しているかを探り当てると同時に、「地域文化の創造」(L47)に貢献することでもあるのです。⑦

そして「アートマネジメント」と「文化政策」は違うと述べていた筆者ですが、問題文の最後では、「しっかりした理念に基づく文化政策や公的支援の確立」と結びついてこそ、効率的で、一般の納税者への責任も果たせる「アートマネジメント」ができると述べ、確かな「文化政策」を求めています。⑧

## 設問 LECTURE

### 問1 漢字問題

(ウ)「固有」は、「固」を「個」と書く間違いが多いので注意。

(オ)は次の行に「人々」の「ジュヨウを掘り起こす」とあるのだから、「需要（＝必要とすること）」が適切。「受容」は文脈に合いません。「需用」という語もありますが、「電気やガス」などの必要について使われる言葉なので、これも文脈とズレます。

選択肢の漢字は以下のとおり。

---

(ア) 便益（＝便利がよく利益があること） ①不易流行（「不易」＝変わらないものと、「流行」＝変わるもの） ②防疫（「貿易」は文の内容と合いません） **③無益** ④液晶 ⑤駅路（＝宿駅の設備のある道路。街道）

(イ) 弊害（＝他に害や悪影響を及ぼす悪いこと） ①横柄（＝偉そうに振る舞い無礼なこと） ②併発 **③旧弊**（＝古い考えにとらわれること。その害悪） ④閉口（＝困ること） ⑤造幣

(ウ) 固有（＝もとからもっているさま） **①固辞** ②別個 ③懐古 ④枯淡（＝あっさりした趣（おもむき）があるさま） ⑤点呼

(エ) 起因 ①悲喜 ②企図（＝ある目的の実現をはかること。企て） **③決起**（＝決心して行動を起こすこと） ④心機一転 ⑤数奇（＝不運。波乱が多いこと）

(オ) 需要 ①容色（＝見た目。顔かたち） ②称揚（賞揚）（＝ほめたたえること） ③陽動（＝わざと目立つ行動をとって敵の注意をそらすこと） ④溶接 **⑤肝要**

**解答** (ア)③ ムズ (イ)③ (ウ)① (エ)③ (オ)⑤

## 問2 図表の読みとり問題

**【資料Ⅱ】**はその題名通り、「芸術文化経費の推移」を表したものです。ですが設問文にもあるように、この設問は「**【文章】**を踏まえて」考えなければなりません。**【資料Ⅱ】**で扱われているのは、「市町村」、「都道府県」という「公的」機関における財政支出です。ですから**【文章】**の中で、「公」の「支援」や現状について書かれている箇所に注目すべきです。

たとえば**【文章】**④の冒頭に「日本においては、芸術文化分野への公的支援が本格的に行われるようになったのは、一九九〇年の芸術文化振興基金の発足以降である」と書かれています。**【資料Ⅱ】**の一番左端は「H4＝平成4年＝一九九二年」の数値です。その翌年の「H5（＝一九九三年）」には市町村で、「H8」には都道府県で、「文化施設建設費」が最も多く支出されています。すると「H5」年と「H8」年の「文化施設建設費」の多さは、この**「基金」の発足と関係している**（**a**）と考えられます。

また、「施設建設費」や「施設経費」が、建設されたあと、少なくなるのは理解できますが、その施設を使用して行われる「芸術文化事業」の費用についても、施設が建設された当初は市町村では少しふえていますが、「都道府県」ではまったく横ばいです。⑦にも**「芸術団体や芸術家への公的支援が少ない」**（**b**）（L42）と書かれています。

さらに⑧末尾には「しっかりした理念に基づく文化政策や公的支援の確立と結びついてはじめて……有効なマネジメントも確立するのではないだろうか」と書かれています。これは**自治体が、積極的に「理念」を形成し「公的支援」を行う、という行動をしてこなかったこと**（**c**）を示唆しているといってよいでしょう。「芸術文化事業費」がふえていないことも、理念の構築→それの具体化→消費者の掘り起こし→事業の活性化、というような、よい循環が生まれていない自治体の文化事業のありかたが、その背景にあることを示唆していると考えることもできます。

すると「**【文章】**を踏まえ」た「**【資料Ⅱ】**」の読解として適切なのは④であり、**④が正解**といえます。④の「振興基金の発足と対応し多くの建設費を使った」という部分が**a**と、「あるべき芸術文化の姿を模索しているとは必ずしもいえず」という部分が**c**と、「文化事業の発展に投資されていない」が**【資料Ⅱ】**や**b**と対応しています。

前にも書いたように、図表や資料の読解は**【文章】**も視野に入れて行わなければなりませんが、この設問のように設問文にそうした指示があるときは、なおさら**【資料】**に関連する**【文章】**の対応箇所を意識して読み解いていかなければなりません。

そして

**梅POINT　【資料】の読みとり問題では、【文章】には出てこない表現で選択肢が作られることが多くなるので注意すべし。**

ということなので、語彙力・解釈力を身につけてください。

**〈選択肢チェック〉**

① チョイマヨ 常識的には①のようにいってもおかしくない気もしますが、文化事業は地域に密着した形で行われることも多いので、「都道府県」が「本来文化政策を主導すべき」であるとは必ずしもいえませんし、**【文章】**にもそうしたことは書かれていません。たしかに**【資料Ⅱ】**を見ると、都道府県はお金を出していませんが、今述べたことからしても、それが「財政規模の小さな市町村に依存」していることを示しているのだと断定する根拠はないのです。

② 「都道府県が二〇年間も芸術文化事業費を変更していない」ことの原因が、「アートマネジメント」が「機能していない」からだという原因と結果の関係＝因果関係、は**【資料Ⅱ】**・**【文章】**の両方から読みとれないことです。

**梅POINT　選択肢の因果関係が正しいかどうかを意識するべし。**

③ 「市町村」・「都道府県」の「芸術文化事業費」は横ばいであり、「全体的に文化事業関連の経費が減少傾向にある」とはいえません。またその「原因」が「長引く不況」にあると考える根拠はありません。7冒頭に「厳しい財政状況を反映した文化予算削減」とありますが、これが「不況」のことだとは断定できません。また自治体の「芸術文化事業費」がふえていないことが、「公的補助に頼らなくても非営利団体の活動が維持されていることを示唆している」という説明は、「公的支援が少ない中で、創造のための資金をいかに集めるかという切実な課題」（L42）という記述と食い違います。

⑤ 「都道府県よりも市町村のほうが、芸術文化事業費などに積極的に出資している」ことが、「アートマネジメントが市町村を中心にした小規模な単位において効果的であることを示している」といえる根拠は、**【資料】**にも**【文章】**にもありません。7末尾の「地域の文化施設であれば……地域文化の創造に貢献することが求められる」というのは、「求められる」という課題や役割を述べているのであり、「貢献」が実際におこなわれて、「アートマネジメント」が「効果」を発揮していることを述べているのではありません。

**問題を解くときの基本は、まず正解の要素や根拠を見いだし、それらを含む選択肢を選ぶ**、ということでした。

ただそうはいっても、なかには根拠が見つからないこともあります。そういうときは即、消去法に切り替えましょう。ただ〈消去法〉とは、たんに〈【文章】（資料など）に書いてあるかないか〉というだけではなく、傍線部の表現や設問文の問いかけに対応しているかいないか、ということも、もう一つの基準にして考えてください。問題文に書いてあって当たり前であり、

**梅POINT 消去法でも、傍線部の内容や表現、設問文の問いかけ、条件と対応しているものを選ぶべし。**

ということを忘れないでください。

解答 ④

## 問3 【文章】のテーマを問う主旨判定問題

この【文章】における「文化支援」には、自治体など公的な機関が行う「支援」と専門家らが行う「アートマネジメント」、民間の寄付などがあります。最初のものは行政の一部ですから「文化政策」と呼ぶことができます。民間の寄付についてはあまり問題文で触れられていないので、「文化政策」と「アートマネジメント」を中心に「文化支援」を考えていきましょう。この「文化政策」と「アートマネジメント」は「それぞれ異なる概念」（L25）です。なのに「混同」（L24）されてきました。筆者は主として「アートマネジメント」について説明していますが、[8]では「アートマネジメントだけで芸術文化の振興が完結するわけではない。しっかりした理念に基づく文化政策や公的支援の確立と結びついてはじめて、効率的な財政支出や納税者へのアカウンタビリティ（＝説明責任）に有効なマネジメントも確立する」と述べています。つまり**「文化支援」は「アートマネジメント」と「理念に基づく文化政策」とが結びついてこそ、確かなものになるのです**（a）。

よってこのaの内容を最も適切に説明している**①が正解**です。①の前半の「曖昧」は「文化政策」と「アートマネジメント」の「混同」のことを指していると考えられます。

**〈選択肢チェック〉**

②現在の「文化支援」が「公的な支援」と「メセナ」が「中心だ」と説明していますが、「メセナ」自体の説明は【文章】にはないし、大事な「アートマネジメント」が抜けています。また「今後は利用者自身がどう芸術文化を支援していくかを考える必要がある」という内容も【文章】には書かれていません。

③ チョイマヨ 「アメリカのような芸術団体自身による資金調達も根づいていない」とありますが、[5]には「企業や個人からの寄付」が芸術団体を支えている面があることが示されています。よって必ずしも「芸術団体自身による資金調達も根づいていない」とはいえません。また「『文化支援』は公的な支援に頼らざるを得ないのが現状である」というと、「アートマネジメン

トが重視されるようになった」(L44)という「アートマネジメント」の「支援」を無視することになります。

④ チョイマヨ たしかに7の末尾に「地域の文化施設であれば、その地域の人々の文化的需要を喚起しつつ、地域文化の創造に貢献することが求められる」とありますが、「地域の文化施設であれば」という条件節を見るとわかるように、とくに「地域」だけを問題にしているのではありません。ですから「文化支援」が「地方」や「地域」社会でとくに「求められている」、と筆者がいっているわけではありません。また、「文化支援」を「地域の経済の活性化を喚起するもの」として考えるという内容は、問題文にありません。よって問題文と合致しません。

⑤「営利を目的としないこと」が「自らの純粋な芸術性を保とうとする」ためであるかは、**【文章】**からは判断できません。また「文化支援」がそうした「芸術性を尊重するものでなければならない」とも**【文章】**には書かれていません。逆に、芸術とはあまり縁がなかった「消費者」を重視すべきだという考えかたに反することにもなります。

ムズ　解答 ①

### 問4 【資料】を【文章】と結びつけて読みとる問題

「メセナ」とは、設問文にもあるように、基本的には「企業が文化事業を支援する」ことですが、現実には多様な形があります。**【資料Ⅲ】**を見ても、企業自体が「自主」的に「企画」し「運営」するものもあれば、芸術団体などを支援するものもあります。またその支援の内容も「資金支援」が80%以上ですが、開催時に社員を派遣するなど「マンパワーの提供」もあるし、広告・宣伝・運営などに関する「ノウハウ」を「提供」するという「援助」の仕方もあります。

そしてこの設問は、そうした「メセナ」と**【文章】**に書いてある「『アートマネジメント』の観点」とを結びつけて、**【資料Ⅲ】**を分析しなければならないのです。

では「アートマネジメント」とはどのようなものでしょうか。まず傍線部**A**にあるように、「アートマネジメント」は「非営利組織である芸術団体の経営に関わる概念」(L27)です。つまり資金管理や運営に関する「経営」という仕事が「アートマネジメント」の中心なのです。「非営利組織」であるとはいえ、その組織に従事する人間の生活を保証し、組織を存続させていかなければならない。そうした「アートマネジメント」の立場からすれば、公的支援があまり期待できない現状で、**私企業による資金援助を含む「メセナ」は、基本的には歓迎すべきこと**(a)でしょう。さらに、「アートマネジメント」が「資金管理」だけではなく、「運営」をも考えていく活動であるとすると、そうした側面にも企業の力を貸してほしいと考えるのは当然です。すると**「マンパワーの提供」や「技術・ノウハウの提供」がもっとふえてほしい**（b）と考えるはずです。この「ノウハウ」には「運営」に関する「ノウハウ」も含まれるはずですから。事実、「ハコを運営するノウハウがないという公立文化施設の状況」の中で、「アートマネジメント講座が各地で行われている」（L43）のですから、自治体や芸術団体は「運営」の「ノウハウ」を求めているのです。そうした要望に対して、現状の「メセナ」のありかたは一致しているとはいえません。**【資料Ⅲ】**だと「技術・ノウハウの提供」が一番少ないのですから。

なので**正解は②**です。右の**a**・**b**の内容と最も合致しています。②の前半が**a**と、後半が**b**と対応しています。「世界的に見ても財政状況が厳しい」というのは、6でヨーロッパとアメリカの「支援」の形態の違いを述べたあと、7の冒頭で、「しかし、今日では、厳しい財政状況を反映した文化予算削減の下で、こうした違いは小さくなりつつある」と書かれていることと合致しています。ヨーロッパとアメリカの差異が「厳しい財政状況」（L40）によって小さくなった、というのですから、「厳しい財政状況」は「世界的」なものです。

**〈選択肢チェック〉**

① 見かたによっては「メセナ」の「自主企画」が、「宣伝活動だという誤解」を招くと考えられるかもしれませんが、「メセナ」が「文化政策に便乗した宣伝活動だという誤解を招」く可能性がある、ということは、**【資料Ⅲ】**や**【文章】**からは読みとれません。だからそうした「誤解」を避けるために、「企業は公的支援を担う納税者に『メセナ』を理解してもらう努力をすべきである」という因果関係は成り立ちません。また①の後半のようなことも**【文章】**には書かれていません。

③「企業」が行う「メセナ」が、「芸術団体をより一層窮地に追いやる」ということは、**【資料Ⅲ】**や**【文章】**からは読みとれません。

④ チョイマヨ たしかに「場所の提供」は約10%と少ないですが、「場所の提供」を芸術団体が一番求めているとはどこにも書かれていません。なので「公演の機会が少ない団体への場所の提供を第一に考えたほうがよい」といえる根拠が、**【資料Ⅲ】**や**【文章】**にはありません。

⑤「メセナ」は「『パトロネージ』の伝統を継承」し、それを見「倣」うといえる根拠がありません。「パトロネージ」は公的支援に受け継がれていくのですから、私企業が行う「メセナ」と結びつけるのはおかしいです。また「需要を掘り起こ」す（L46）、「需要を喚起」（L47）する、とありますが、これらは「アートマネジメント」活動の目指すべきことであり、「市民のニーズを掘り起こす活動」が企業に求められているとはいえません。

「メセナ」を「アートマネジメント」の観点から見るという、【文章】にはない観点から考える問題なので、ムズかしかったかもしれません。  **解答** ②

## 問5 【文章】の表現に関する説明問題

こうした「表現」に関する設問は、消去法で解くのでしたね。では一つずつ選択肢を見ていきましょう。

**〈選択肢チェック〉**

① 「NEA」と日本の「NPO」という「表記」は似ています。ですから「日本の文化支援の遅れを強調しようとするため」、意識的に「対比」されているとは判断できないので、正解とはいえません。

② チョイマヨ 「インセンティブ」や「エクセレンス」という「カタカナ語」は、「芸術」や「創造」の性質を説明するものです。たしかにこれらの言葉には「高貴」というニュアンスはあるかもしれませんが、「非日常的」であることを「印象づけようとする意図が示唆されている」とはいえません。また**【問題文LECTURE】**でも説明したように、筆者は、芸術の「創造」性を大事にしつつ、かつ「芸術」を「消費者」の視点から見ていくことを重要だと考えています。「芸術」が「高貴」であることだけを「強調」することは、そうした筆者の立場と食い違います。

③ たしかに「七八%」という「具体的な数字」は現実性（＝リアリティ）を感じさせます。また筆者は「ピーコック」の問題提起などに対して「注目に値する」（L17）と述べているので、「現実性を示し、その意見を支持する意思」はあるといえます。

よって**③が正解**です。

④ 「ハコ」という表現が一種の揶揄（やゆ）（＝からかい）を含んでいると解釈することはできるかもしれません。ですが「その対比から『ハコ』の中身の貧困さを想像させ」ているとまでは判断できません。それに「ハコ」の「中身」とは、そこで行われる「文化事業」であり、具体的には芸術活動ですが、それが「貧困」である、ということは**【文章】**に書かれていません。「貧困」だとしたら、それは「政策」や「運営」のほうです。

⑤ 「わけではない」と「ではないだろうか」との対応は、**【文章】**末尾の筆者の主張を強調する役割を果たしています。とくに「ではないだろうか」は「懐疑的」なのではなく、強い主張を示す文型です。筆者はここで「文化政策」と「アートマネジメント」との協働を強く主張しているのです。筆者の「失望と批判」が「強調」されているわけではありません。 **解答** ③

**問6 傍線部の内容説明問題**

傍線部の「効果的な投資」とは**〈a　どういうところにどういう形で資金を出せばよいかということ〉**です。また「イノベーション」は〈革新〉という意味です。だから**〈b　何か新しいことが起きるように「投資」すること〉**が必要です。

こうした**a・b**の内容に当てはまる**【文章】**の箇所としては、「評価の定まった芸術だけではなく、実験的な芸術を支援し創造の芽を育てることこそ、政府が芸術を支援する最大の根拠であり」（L20）という部分があります。するとこうした内容に合致する**⑤が正解**だとわかります。「多数の人々の欲求を満たしつつも」というのは、多くの人が認める「評価の定まった芸術」への「投資」を考えればよいでしょう。L20に「評価の定まった芸術だけではなく」とあるので、こちらも一方では行わなければなりません。「前衛的」とは〈既成のものにとらわれないさま。革新的〉なことですから、「実験的な芸術」のいい換えです。だから「**【文章】**に即した説明」になっています。

**〈選択肢チェック〉**

①「芸術創造に対する社会的評価を高めていくこと」がどのようなことを指しているのか、明確ではないため、これが「イノベーション」につながるとはいえません。

② チョイマヨ「芸術」の「イノベーション」が、「芸術」が「大衆的で娯楽性のあるものに変革」されることだとは、**【文章】**にも**【資料Ⅰ】**も書かれていません。たしかに「消費者」に支持される芸術文化が求められるのですが、一方で「イノベーション」につながる新しいものの「創造」（L46）との両立を目指さないといけないのです。②のようにいうと、「大衆的で娯楽性」だけあればよいとも読めます。すると「創造」性との両立を無視することになり、「**【文章】**に即した説明」になりません。⑤が両立をかかげていることと比べると②が⑤より劣ることがわかるでしょう。

**梅POINT　選択肢は常に比べるという意識をもち、一番マシなものを選ぶべし。**

③公的な「投資」のあり方だけが説明されていて、芸術の「イノベーション」に関する説明がありません。また「芸術団体も利潤が得られるように」というのが「イノベーション」に当たると解釈しても、「非営利組織」の「アートマネジメント」を論じている**【文章】**と食い違います。

④具体的な「投資」の仕方が説明されていませんし、「文化」を「商品」と見なし、その「価値を高めること」が「イノベーション」だという内容は、**【文章】**にも**【資料Ⅰ】**にも書かれていません。

**解答**　⑤

4

論理

# ヘルメス的なありかたとは？

オリジナル

別冊（問題） p. 54

## 解答

| 問1 | | 問2 | 問3 | 問4 | 問5 | 問6 |
|---|---|---|---|---|---|---|
| (ア) ① | (エ) ⑤ | ④ | ⑤ | ② | ④ | ④ |
| (イ) ④ | (オ) ④ | 9点 | 7点 | 8点 | 8点 | 8点 |
| (ウ) ① | 2点×5 | | | | | |

ムズ 問1 (オ)、問2、問3、問6

目標点 30／50点

## 学習ポイント

今までよりも抽象度の高い文章です。つまりきちんとした読解が必要だということです。その上で共通テストの特色である資料などとの結びつけをしっかり行えているかどうかを、自分でチェックしましょう。

## 問題文 LECTURE

### 語句ごくごっくん

【資料】

L5 固執…こだわること

L5 一所不住…住む場所を一定のところに定めないこと

【文章】

L7 歌枕…古い歌に詠まれた有名な場所

L3 象徴…抽象的なものを具体的なものに置き換える、あるいは具体的なもので暗示すること。またその具体的なもの

L9 求心的…物事の内部へ向かう性質をもつさま

L16 二次的…本来のものや主要なものの次に位置するさま ⇔ 副次的。二義的

L48 アイデンティティ→ P.32 語句「アイデンティティ」参照

## 読解のポイント

**【文章】**

**Ⅰ・Ⅱ　ヘスティア的なものとヘルメス的なものとの対比**

Ⅰ　●ヘスティア的なもの
・定住的・滞在的な住み方と関連する
・同じ場所で積み重ねられた経験と知識を、どこでも通用するものだと考える

⇔

Ⅱ　○ヘルメス的なもの
・移動し、変化するありかたが特徴である
・経験と知識はその場その場と結びついている

**Ⅲ　ヘスティアとヘルメスとの関係**

・両者は相反するものではなく、互いに補い合う性格をもっている

↓

・だが、人間が動物であるかぎり、ヘルメスのように、移動することのほうが基本であり、ヘスティア的なありかたは、ヘルメス的なありかたの特殊な場合に過ぎない

## ひとこと要約

ヘルメス的なもののほうが、ヘスティア的なものよりも人間の基本的なありかただ。

## テーマ　定住と放浪

今では、どこか一定のところに住むことが当たり前であり、住むところが決まっていない人は、不安定な生活をしている人と考えられてしまいます。ですが、人間の歴史をたどれば、一箇所に住むということのほうがレアであり、人間は獲物を追ってさまよっていました。その中で墓を作り、集団を作り、血と地につながるようになるにつれて、定住が当たり前になっていきます。定住はいつも同じ仲間と一緒にいることです。そうしたことは息が詰まるし退屈だ、そういう考えもあるでしょう。安定を捨てて旅に出る、そんな「放浪」に現代人もどこかで憧れています。ものの見かたにしても、一定の見かたではなく、立場を変えて多様な見かたを想定することが大切な時代です。

## Ⅰ ヘスティア的なもの（1〜4・8・10）

ヘスティアはギリシャ神話に登場する「かまどの女神」です。なんか「どすこい」かあちゃん、を想像してしまいますが、家族を養うという大事な役割を担っています。家族というまとまりは、社会の基盤とも考えられるので、古代ギリシャでも、多くの家にはヘスティアを祀る祭壇が備えられていたと書かれています。それは家だけではなく、町の市庁舎の正面にもあったそうです。これはやはり家族が社会の基盤だという考えがあるからだと思います。

そしてかまどは家などの真ん中にあり、「ヘスティアは家庭と国家の統一の象徴」でした。大日本帝国憲法下の日本でも、国民は〈天皇の赤子〉である、というふうに、国家が一つの家庭であるかのようにいわれました。これはやはり家族が中央集権的な国家のイメージと結びつき、家庭が安定していることが、国家の安定につながると考えられていたことを示しています。

それゆえヘスティアは「佇む（＝動かない）」、「留まる」、「宿る」、「滞在」、「共に居つづける」という安定と、「内側へと閉じていく」、「求心的」「自己閉鎖的」な、中央（＝中心・内部）へ向かう性質をもちます。「円的」（L9）といわれているのは、同じところを回り続けるイメージであり、やはりその場を離れないのです。「中心から周辺へと向かう運動であり、内部の秩序を外部へと拡張する運動」（L10）というのは、外部へ向かうようで、混乱したかもしれません。でもこれは、中央集権的な国家が安定すると、外部へと領土を広げようとする、下手をすると植民地を作ろうとする、というイメージを考えればよいでしょう。安定は、そこに安住することだけではなく、やがて自分たちのありかた（＝「内部の秩序」）を、外にも広げて、〈人類皆兄弟〉みたいな形で、外部をも自分たちのものにしようとするのです。だからケイシーがいうように、ヘスティア的な「居住するという住み方」は「二次的（＝主としたものではない）とは言えない」のです。つまり人間のメインの暮らしかたでもありうる、ということです。そしてそれは「運動を停止するのではなく、世界の中に比較的安定した場所を見つける」（L16）という形で、どこかからやって来て住んだり、あるいは違うよりよい場所へ行ったりする可能性をもっているのです。

でもやはり、ヘスティアの基本は定住です。原則としては横へと移動しない。だからかまどの火が空へと昇っていくように、ヘスティア的な住み方は、「上方へと向か」（L12）う方向性をもちます。しっかりと地に足をつけながらも、「垂直的」な方向性をもちます。「階層性」（L13）というのも、一つの場所で、どんどん上へ積み重ねていくイメージです。積み重なっていくものは「経験」など「精神的」なものもあるでしょう。

天空を、天国などのある観念的な精神世界としてイメージするなら、ヘスティアは地面に「身体」をしっかりと結びつけながら、上方の精神世界を目指すともいえます。それゆえ筆者は、ヘスティアには「精神性と身体性の二極化が示される」（L12）というのです。

でも、同じ所に住むことを基本とするヘスティアにとって、「同じ場所での経験の積み重ね」（L43）は、他の場所を知らないわけですから、いつしかその経験や知識はどこの空間でも通用すると考えられ、自分がいた空間が特殊でローカルな場所であることを忘れてしまうかもしれません。筆者が「経験や知識から（自分のいた）空間を切り離」すといっているのは、こういうことです。他の所に住んだことのない人が、たまたま遠い場所に旅に行っても、自分の習慣が通用すると思ってしまうのと似ています。

そして空間を離れた「経験と知識は時間と歴史に結びつ」（L43）くのです。つまり自分の「経験や知識」は「時間」が作り上げた「歴史」的なものであると考えるのです。そうした「歴史」的な自分たちの「経験や知識」は、その人間の「精神」を形作っていきます。「時間と歴史が精神と同一視される」（L44）とはそういうことです。そしてそこには、いつも同じありかた＝「同一性」（L38）が形成されます。

ハイデガーというドイツの哲学者は『存在と時間』という本を書いていますが、この「存在」をヘスティア的な人間と考えれば、その人と「時間」を結びつけることには根拠があるともいえると筆者はいいたくて、『存在と時間』という本の題名を紹介しているのだと思います。

そしてアーレントが行った人間の営みの三分類、「労働」・「仕事」・「活動」という分けかたに従えば、ヘスティア的住みかたは「仕事（＝建築物や都市、文化などの人工物を作り出すこと）」に結びつくと筆者はいいます。これはヘスティア的住みかたがかまどを中心とした家に〈定住〉することだと考えれば、理解できます。また「文化と呼ばれるものは、ヘスティア的な場所に蓄積され」（L63）とあることとも一致します。ヘスティアは同じ場所に住み、習慣や記憶を継承していく、という点で、「文化」を積み重ねていく、ということです。

### Ⅱ ヘルメス的なもの（5〜7・9・10）

こうしたヘスティア的なありかたに対し、ヘルメスは正反対といえるでしょう。足の速い「韋駄天（いだてん）」であるヘルメスは、ギリシャの神々の言葉などを伝えに行く「メッセンジャー」です。移動する者であるがゆえに、「道路、旅行者、横断の神」（L21）であり、「旅行者」の「庇護者（ひごしゃ）」です。それはけっして正義の味方というイメージではなく、「盗賊」も守ります。かつて旅は商いと結びついていました。ですからヘルメスは「交換と商業の神」（L24）でもあります。

「境界の外へと移動する」ヘルメスは「放浪」します。ケイシーの言葉でいえば、ヘルメスは「遠く離れた＝斬新なものの見方」（L28）を表す存在です。これは、移動することによって多様なものの見かたが得られることをいっているのです。それはヘスティアのような「家庭を作り世話をする」ものを置いてけぼりにする「せっかちな素早さ」（L31）をもっています。同じ所をぐるぐる回る「同心円的」で、一緒に手を結び合おうとする「共＝中心的な」、つまりヘスティア的なものではなく、「離心的（＝中心から離れようとする）」「常軌を外れたもの」（L32）です。

一箇所に留まらないヘルメスのありかたは、「変身」（L36）する神であることをも示します。ヘスティアの「内向的な一貫性」や「安定と同一性（＝たしかで、いつも同じさま）」とは正反対に、ヘルメスは「移動」し変化します。それゆえ「ヘルメス的な住み方」において身についた「経験や知識」は、彼がいたその場と密接に結びつき、その時々の彼のありかたに密着しています。つまり「特定の場所に結びつい」た「経験や知識」であり、それは他の場所で役に立つかはわからない「局所的（＝限定された）」（L47）なものです。

「アイデンティティ」という確かな自分が、同じ場所に住み続け、その場所で得られるものだとしたら、「アイデンティティ」はヘルメスには縁がありません。ヘスティアが身につけたとされる、成長や「変遷」を積み重ねて得られる歴史や文化も重んじる必要はありません。そうしたものは、場所が変われば役に立たないことが多いし、もち運べないからです。ヘルメスにとって大事なものは、「転調（＝変化）可能」で「交換可能」（L50）なものです。「精神」もヘスティアのように普遍的な性格をもつものではなく、「移動できる」つまり変化しうる軽やかなものでなければならない。それはものの見かたを変えていくことにもつながります。ヘスティアが大事にする重厚なものは、精神ではなく、逆に「物質」や「死物」（L52）の特徴だと、ヘルメスには思えます。

こうしたヘルメスに、先のアーレントの三つの営みの分類を当てはめれば、ヘルメスは「活動」の人です。「活動」は「物の媒介なしに人と人の間で行われる」「コミュニケーション」などのことです。ヘルメスがいろいろな土地へ行き、「交換」する神であることとつながります。

## Ⅲ ヘスティアとヘルメスの関係（11〜14）

このように正反対に見える両者ですが、ケイシーによればけっして他を排除しあう「排他的」な関係にあるのではない、ということになります。

逆に互いを補う「相補的」な関係にあるというのです。たしかにヘルメスのような「遊牧民」は、商売の相手として、ヘスティア的な「定住農民」を必要とします。

それにヘスティアとヘルメスのありかたは、人間の「二つの身体行動のあり方」(L61)に対応していると筆者は述べています。それは

> **●ヘスティア…不変的行動・家庭生活に必要な習慣的行動・身体と環境との結びつきから生まれる文化的記憶**
>
> ⇔
>
> **○ヘルメス…変化する即興的偶発的行動・外部へと移動する行動**

というふうに二分できます。これらは人間誰しもが行う行動パターンです。だからヘスティアとヘルメスは「矛盾」(L67)しない。私たちは動物です。自分で運動できるものだけが、休むことも選ぶことができる。私たちはある場所に定着して「習慣」を「学習」します。でも習慣は固定的ではなく、柔軟に環境に適応する「調整的な能力」が含まれています。そうでなければ、私たちは「機械」と変わらなくなります。こうして私たちは「習慣」と「変化」の間を行き来します。

でも「動く者のみが居住できる」(L72)のだとすれば、「居住」というヘスティア的な住みかたよりも、「動く」ヘルメス的な住みかたのほうが人間にとって「基本的な住み方」なのではないか、と筆者は述べます。たしかに私たちは自分たちが「動物」であることを忘れがちですが、人間が動物であるとすれば、ヘルメス的な住みかたが基本であり、ヘスティア的な定住は、動きまわるヘルメス的な住みかたの中に訪れる「特殊な形態」だともいえるでしょう。地球のような「安定した土地」が、惑星の中の「特殊な一面」に過ぎないように。こうして筆者は、当たり前のように考えられている人間の定住を見直すきっかけとして、ヘルメスのありかたを提示しているのだともいえるでしょう。

## 設問LECTURE

### 問1 漢字問題

(ア)「ヨウタイ」は〈容態・様体〉といろいろな字が浮かびそうですが、〈容態・様体〉はふつう〈ヨウダイ〉と読みます。〈ヨウタイ〉と読む場合もありますが、〈外から見た様子。身なり。ありさま。病気や怪我(けが)の様子〉という意味です。(ア)は「人間の住み方」に「二つのヨウタイがある」という文脈なので、〈物

5

の存在や行動のさま。状態。様相〉という意味の「様態」がよい。それに選択肢に「容」はありません。

(ウ)はよく出題されるパターンですが、文脈を見極めて、〈対称・対象〉と書かないように。(オ)は正解の選択肢の字がむずかしいので、ムズにしました。選択肢の漢字は以下のとおりです。

(ア) 様態 ①**唐様**（＝中国の様式） ②洋行（＝西洋に行くこと） ③効用 ④牧羊 ⑤長幼（＝年齢の上下）

(イ) 指摘 ①止血 ②市井（＝町中） ③史跡 ④**指弾**（＝批判すること） ⑤私心（＝自分一人の判断。自分の利益を求める心。「指針」は「誠実に生きる」につながりません。）

(ウ) 対照的（＝正反対） ①**照準** ②性分（＝生まれつきの性格） ③称号 ④消息 ⑤象形

(エ) 交易 ①液剤 ②現役 ③疫病 ④駅伝 ⑤**易者**

(オ) 専業 ①浅薄（＝あさはか） ②歴戦 ③千金 ④**専横**（＝わがままで横暴なこと） ⑤選別

**解答** (ア)① (イ)④ (ウ)① (エ)⑤ ムズ(オ)④

## 問2 【文章】の「図」の読みとり問題

**【文章】**には二つの図があります。**図1**には「ヘスティア的建築」、**図2**には「ヘルメス的都市」という題名がつけられています。ですから、この二つの図はそれぞれ「ヘスティア」と「ヘルメス」のもつ性格や性質を反映しているはずです。

そこで**「問題文LECTURE」**でも確認した、両者の性格について、とくに住みかたや住居についてもう一度詳しく確認します。

**●ヘスティア的なもの**
- **a 定住的・滞在的な住みかた**
- **b 建築物は求心的・自己閉鎖的**
- **c 住みかたは上へと向かい、垂直的**

⇔

**○ヘルメス的なもの**
- **d 境界の外へ開かれ、移動する**
- **e 住居は直線的、水平的**
- **f 住みかたは変化と放浪**

このようなポイントを1〜6に見いだし、それと**図**、そして選択肢を照らし合わせていきましょう。

**〈選択肢チェック〉**

① チョイマヨ 「上方へと至る」のは右の表の**c**に該当し、この図の建築物が「上方へと至る構造」をもっているようには見えますが、この**図1**からは、この建物が「堅牢（けんろう）な素材によって」

作られているかどうかはわかりません。

**梅POINT　文章内の図表からわかることを答える場合、【文章】は参考にはするが、図から読みとれることを優先すべし。**

② 「直線的で低い」という説明は**e**に合致しますが、この**図2**の「建築物」が、実際に「低い」建物なのかはわかりません。だから①同様×です。

③ 「自閉的」は**b**に合致します。ですが**図1**の屋根に付いている像が「守護神の像」かはわかりません。またこの像が「外部からの侵入に対応しようとしている」のかもわかりません。これも正解だと断定する根拠がないので、×です。

④ **図2**の「右上の空間の下の境界」はたしかに「開いて」います。「外に開放されている」という点は**d**と合致します。④は図とも**【文章】**とも一致するので、**④が正解**です。

⑤ チョイマヨ 「円的」、「求心的」という説明は、**b**や*L***9**と一致します。ですが、**図1**の右の間取り図の真ん中の空間が、「食事をする」空間であると断定する根拠はありません（**【文章】**の②の内容からすると、「かまど」や「祭壇」の可能性が高いです）。また**図1**の間取り図の「上下左右」の空間が、「家族各々の」「個室」であるとも断定できません。　ムズ

**解答** ④

---

**問3　【文章】のテーマを問う主旨判定問題**

**【文章】**において、「ヘスティア」がどのような性格をもつのかを、**問2**で見たことの他に**【文章】**に探ると、

**O　家庭と国家の統一の象徴である**（2）

**P　精神性と身体性の二極化を示す**（4）

**Q　歴史的に積み重ねられた、自らの経験と知識をどこでも通用すると考える**（8）

**R　「仕事」＝生命維持を超えた建築物や都市などの人工物を作り出す**（10）

という内容が浮かび上がります。この問題は主旨判定問題ですから、これらをもとに選択肢を消去法で見ていきましょう。

**〈選択肢チェック〉**

① チョイマヨ 「ヘスティア」は「精神性と身体性の二極化」（*L***12**）という性質をもちます。これは「精神」と「身体」の両方の性質をもつ、ということです。それに対して「健康な身体こそが健全な精神の基盤であるという思想」というと、「身体」のほうが重んじられているかのような説明になり、「二極化」と食い違います。またそうした「思想を内包している」とは、問題文から断定できません。

5

② チョイマヨ 「家族の同居が原則」だというのは、「共に居つづける」（L8）とあるのでよいですが、「家を出て違う家族を作るという自由は制限される」という部分は、「ヘスティア」が「内部の秩序を外部へと拡張する運動である」（L10）と書かれていることと食い違います。**「問題文LECTURE」**にも書きましたが、「ヘスティア」的な住みかたは、自分たちの「秩序（＝暮らしかたなど）」を外部へと広げていく運動をします。それは自分たちのありかたや文化を他の空間にも広げることです。ですから、家族として同じ文化の中で暮らし、その人が外部の人間と結ばれ、その家のありかたが広がっていくことは否定しないはずです。するとたとえば結婚して生まれ育った場所とは違うところで、他の人と家族を作り、その家族が「ヘスティア」的なものを受け継ぐということは、当然あるはずです。ですから「家を出て違う家族を作るという自由」が「制限される」とは断定できない、といえます。

③ 「ヘスティア」の「経験はその空間にのみ対応するものであり……できるものではないと考える」が先の**Q**と食い違います。

④ チョイマヨ 「自らの領域を固定化しようとする」という説明がダメです。「ヘスティア」的なものは、「中心から周辺へと向かう運動」、「内部の秩序を外部へと拡張する運動」（L10）であり、ケイシーの言葉によれば、「運動を停止するのではな」いわけですから、「領域を固定化しようとする」とのみ説明するのは、広がっていくという側面をもっていることと食い違います。

⑤ 先の**「問題文LECTURE」**にも書きましたが、「ヘスティア」が「求心的」であることは、家族に即していえば「共に居つづける」（L8）ことです。そして国家レベルでいえば、中央集権的な、密接な絆（きずな）を作ることとつながります。それは古代でいえば、人々が、血や住んでいる土地によってつながっていく「共同体」を形成することでもあります。もちろん「共同体」は国家の初めの形であり、古代国家において「求心的」であることは、人間関係の密なつながり＝〈共同性〉を意味します。よって「ヘスティア」の「求心的」な性格は当時の「国家」の「共同体的な性格」と「関連がある」といえます。事実「ヘスティア」が「国家の統一の象徴」（L6）であり得たのも、「共に居つづける」（L8）という「共同体」的なつながりを、国家が重視したからだと考えられます。よって**⑤が正解**です。

少し問題文の表現から離れている説明の仕方なので、むずかしかったかもしれません。こうしたイイカエは、共通テストの特徴の一つでもありました。しっかり問題文を読み込んで、語彙力・選択肢を本文と照らし合わせて解釈する力を駆使して、正解にたどり着いてください。

ムズ **解答** ⑤

**問4 傍線部の内容説明問題**

「ヘスティア＝仕事」、「ヘルメス＝活動」といえる理由が問われています。この「仕事」と「活動」とは、アーレントによる、人間の営みについての分類でした。

・**「仕事」…単なる生命維持を超えた人工物（＝建築物・都市・文化など）の作成**
・**「活動」…物を仲立ちしないで人間同士で行われること（＝政治・コミュニケーションなど）**

こうしたありかたのうち、「仕事」が「ヘスティア」と結びつきやすいのは、「ヘスティア」に「仕事」と関連する性格があるからです。よって「仕事」とヘスティアとの類似性を説明できれば、まず傍線部Aの前半に関して解答にいたることができます。

まずヘスティアは、定住型のタイプでしたから、「建築物」が必要です。また「文化と呼ばれるものは、ヘスティア的な場所に蓄積され、継承された集団的な記憶と慣習に他ならない」(L63)とも書かれており、**ヘスティアは「文化」ともつながっています**（a）。

これに対して「活動」がヘルメスに縁があることを示してやれば、傍線部の後半のようにいえる理由が説明できます。

ヘルメスは「境界の外へと移動する」(L25)存在でした。そして「交換と商業の神」(L24)でした。つまり**異質なものと出会い、交わるというのは、「コミュニケーション」ですから、ヘルメスと「活動」は結びつくのです**（b）。

こうしたa・bのポイントを押さえて、選択肢を見ていきましょう。すると「持続的な居住のために建築物を造らねばならず、またその場所で経験を蓄積し、文化として後世に伝える」という前半がaに一致し、「さまざまな場所へ赴き、多様な人々と関係をもつ」という後半部がbと合致する**②が正解**です。

**〈選択肢チェック〉**

①「健康の維持」は、仕事より「労働」に近いです。また「文化の異なる土地を旅する」というだけでは、「活動」の中身の「人間同士」の関係が説明されていません。

③「集団」(L64)を「家族」と考えることもできるので、③の前半はよいとしても、ヘルメスの人間関係を「同じ仕事をする人間との付き合い」と説明している点が×。「遊牧民が交易相手として定住農民を必要としており」(L58)とあるように、「遊牧民」的なヘルメスが相手にするのは、けっして「同じ仕事をする人間」だけではありません。

④ヘルメスの体験や知識は「特定の場所に結びついており」

（L46）と書かれていることと、「普遍的（＝どこでも誰にでも通用するさま）知識」が食い違います。また「政治」は「活動」の一つですが、「政治」とヘルメスの関わりは問題文では述べられていません。

⑤「身体性よりも、神のいる世界を志向する垂直的な精神性を重んじる」という部分が×。**問3**の①のところでも触れましたが、ヘスティアは「精神性と身体性の二極」をもつのです。「よりも」と説明すると、「身体性」が軽く、「精神性」が重たいことになり、「二極」ではなくなります。「二極化」とは二つが同じ重さをもっていることを意味します。  ②

**問5【文章】の表現に関する説明問題**

「**適当でないもの**」を選ぶということを忘れずに、選択肢を一つずつ消去法で見ていきましょう。

**〈選択肢チェック〉**

①たしかに「佇む」、「留まる」、「宿る」という表現には、だんだんとそこにいる時間が長くなっていくイメージと意味が示されています。よって「時間とともに少しずつ変化する人間の状態を説明しよう」としているといえます。だから○。

②第４段落末尾の「ケイシー」の引用文には、ヘスティア的なありかたについて「運動を停止するのではなく」と書かれています。「運動」はヘルメスのイメージですから、「第11段落」で「ケイシー」がヘスティア的な住みかたとヘルメス的な住みかたとが「排他的（＝他を排除する）ではなく」と述べていることにつながります。このように「第４段落末尾」と「第11段落」のケイシーの言葉はつながっており、こうした箇所を引用しているのは、**【文章】**の中で、ケイシーや**【文章】**の「論理」を一貫させようとしているといえるでしょう。よって②も○。

③この**【文章】**は、基本的に「ケイシー」の議論に即して書かれています。ただし8の冒頭で「ケイシーは指摘していないが」といい、「時間性と空間性」について、ヘスティアとヘルメスを論じています。またアーレントの「活動」の三分類を、ヘスティアとヘルメスに当てはめてもいます。つまり「『ケイシー』が論じていない観点からも、『ヘスティア』や『ヘルメス』に関する事柄を論じている」といえます。よって③も○。

④「ハイデガー」や「ハンナ・アーレント」が、ヘスティアやヘルメスについて何かを語ったかは、**【文章】**からはわかりません。ですから「筆者の論じようとしている主題」つまりヘスティア的なありかたやヘルメス的なありかたを、二人が「すでに論じた」とは断定できません。それゆえ「同じ論点をより深めようとする」という内容も成り立ちません。よってこれが「適当でないもの」なので、**④が正解**です。

**梅POINT 表現の問題では「――」などの記号、比喩、引用についてよく取り上げられるから注意すべし。**

⑤「ケイシー」は第11段落で、ヘスティアとヘルメスが「相補的」だと述べました。そしてそれを「第11段落末尾の文」で「この点において、ケイシーは正しい」としながらも、筆者は「最終段落」で「ヘルメスこそがより基本的な住み方ではないだろうか」と、「ケイシー」の論と異なることを述べています。つまり「この点において、ケイシーは正しい」といういいかたは、「この点（＝ヘスティアとヘルメスが「相補的」であること）」についてのは認めるという、限定したいいかたであり、あとで違うことをいう可能性を暗示しているとも取れます。それを裏付けるように、「最終段落」で「ケイシー」とは異なることを述べるのですから、「この点において、ケイシーは正しい」という表現が「最終段落への伏線（＝あとの記述に結びつく情報をあらかじめそれとなくほのめかしておくもの）となっている」と説明することは妥当です。 **解答** ④

**問6 【資料】の空欄に入れる語句を【文章】を踏まえて解答する問題**

【資料】では、神話学者のケレーニイが、【文章】と同じように、ヘルメスを日常から離れ、別世界へといく旅人と見なしたことが説明されています。そのヘルメスと対比されるのが、旅先も日常の自分の家にしてしまうゼウスです。ゼウスは定住型で、【文章】に出てくるヘスティアと似ています。

そして旅に生きた松尾芭蕉（まつおばしょう）は一応「ヘルメス型」といえる、でも「旅を『日々』の常態」（L5）、つまり日常になってしまったとしたら、ゼウスと一緒になるよね、たとえば「芭蕉がその衣鉢を継いだ前代の旅人（＝芭蕉がその行跡（ぎょうせき）（＝態度・行いなど）を受け継ごうとした歌人の西行など）」も、ただ有名な歌にうたわれた場所（＝「歌枕」）に対して抱いていた、以前からのイメージを確かめるために旅に出ただけだとしたら、ほんとに別世界に行ったとはいえないしね、と厳しいことをいっているのがこの【資料】です。ですが、【資料】の空欄は、空欄直後に「ヘルメス型だ」とあるので、空欄にはヘルメスの性格を表すものが入ることがわかります。ヘルメスの性格については**問2**でもその性質を確認しました。それは

**d 境界の外へ開かれ、移動する**
**e 住居は直線的、水平的**
**f 住みかたは変化と放浪**

というようにまとめられるものでした。

ただしもう一つ、この問題には考えておかなければならない

ことがあります。何が「ヘルメス型だ」といわれているか、ということです。それは松尾芭蕉の「日々旅にして旅を栖(すみか)とす」という言葉です。〈毎日旅をして、旅が私の住む家だ〉ということですが、この言葉とも結びつく内容を空欄に入れないと、文脈が成り立たなくなることを意識してください。

**梅 POINT　空欄補充問題では、まずは前後の語句とのつながりを重んじるべし。**

つまり**〈g　旅ばかりしていて、住む家も一定ではない〉**というありかたにもつながるものを選ばなければならないということを頭に入れておいてください。

そしてこの**g**は、**f**の「放浪」とも通じますが、定住しないということは、**安定した日常生活が営まれないということ（g）**でもあります。

こうしたポイントを意識しながら、選択肢を見ていくと、④の「日常性への固執（＝こだわり）を排し」という部分が**g**と合致します。「一所不住（＝住む場所を一定のところに定めないこと）の志を示した」というのも、芭蕉の言葉（**g**）と対応します。またヘルメスの**d・f**のありかたとも合致します。

よって**正解は④**です。

**〈選択肢チェック〉**

① **チョイマヨ** 「渾然(こんぜん)一体」というのは、〈異なるものが一つに溶け合っているさま〉をいいます。これが「ヘルメス的住み方では、時間と空間は切り離されない」（L46）という記述と一致するとしても①は**g**と合わない。つまり①を入れても、「時間」のことに触れていない芭蕉の言葉とはつながらないので、×です。

② **チョイマヨ** 芭蕉にとって「芸術」は〈俳諧〉です。たしかに彼はその道をきわめようとした人でした。ですが、空欄の前の言葉はそうした「芸術の道を極める」という「宣言」にはなっていません。また致命的なのは、**【文章】**では、「芸術」の製作はアーレントの分類の中の「仕事」であり、これはヘスティアの分野です。ヘルメスではないので、**【文章】**と合致しません。

③ **【文章】**に登場するヘルメスの軽やかさを「軽薄」さと解釈し、ヘルメスがヘスティア的な「重厚長大」を否定したとはいえなくはないでしょう。ですが旅に生きることを「軽薄」なものとして「是(ぜ)（＝肯定）」としたとは、芭蕉の言葉からは読みとれません。つまり**g**と食い違います。

⑤ 「変化」は**f**や芭蕉の言葉と結びつくといえます。ですが、芭蕉の言葉の中に「確かな自分が生じる」という内容は読みとれません。また「確かな自分」とは「アイデンティティ」です。

9 では「アイデンティティ……は、移動する者（＝ヘルメス）

には重んじられない」と書かれているので、⑤は【文章】の内容にも反します。

**解答** ④

〈論理的文章〉の最後の問題です。文章がむずかしかったと思いますが、できましたか？　文章がむずかしくなっても**いろいろなところから類似した情報を探し出し結びつける情報収集の力、いい換えについていく力、そしてもちろん論理的に読む力が大切**なのは変わりません。そしてこれらの力は、次の〈文学的文章〉でも必要となる力です。しっかり意識して身につけていってください。

# 文学的文章

# 〈文学的文章〉へのアプローチ

## 解法の注意点

1 「文学的文章」というジャンルとして出題されるのは、小説・詩・短歌・それらについての評論、エッセイなどです。それらが「論理的文章」と同様、複数組み合わされて出題されます。その組み合わせは、小説と小説、短歌と評論、詩とエッセイなど、多様です。

2 小説といえば、登場人物の〈心理〉が問われることが多かったのですが、共通テストでは、〈心理〉ばかりではなく、傍線部のことがらの内容説明、複数の文章同士の関係、そして語句の知識問題や表現に関する設問などが出題されます。

3 設問の中で注目すべきは、「論理的文章」と同じく、作品同士の関係を問う設問です。一方の作品の内容と、もう一方の作品の関連する部分とを結びつけて解く設問です。すると問われる力は、「論理的文章」と同じく、傍線部の根拠となるもの、関連のあることがらを、もう一方の作品を見て探し、それらの情報を結びつける**〈情報収集〉**の力です！
そのためにも、どの文章も一度最後まで読み、テーマを短い言葉でメモしたり、頭の中でまとめましょう。

4 作品の中に使われている表現を、そのまま使って正解が作られるのではなく、設問作成者が作品の中で使われている表現を少しいい換えたり、自分で考えたりして正解が作られることが多くなります。→〈◎◎と書かれているが、これは○○をいい換えているのだな〉という解釈力＝自分でいい換えていく力が問われます。

## 具体的な取り組みかた

1 最初は、まず語句問題の解答を絞る。基本的には辞書に載っている一般的な意味が正解なので、文脈に惑わされないように、問われている語句の意味を知っていたら、答えを仮決めしたほうがよい。

2 設問文に、どの作品と結びつけて答えるか、指示があることが多いので、それをきちんと意識しよう。

3 「論理的文章」と同じように、作品（文章）の表現の特徴が問われることが多い。→表現の方法（＝修辞法）や特徴を表現する語句に関する知識（ex：〈象徴的〉の意味など）も必要。

4 表現の問題など、根拠が明確でない設問は、消去法（問題文に書いてある、書いてないというだけではなく、傍線部との対応を重視する方法）で解こう。

5 p.11に書いてある「二段階のチャレンジ」と「復習しよう」を行うこと。がんばってください！

解答

| 問1 | 問2 | 問3 | 問X |
|---|---|---|---|
| (ア) ④ (イ) ⑤ (ウ) ② | ④ | ③ | ⑤ |

ムズ 問1 (イ)、問X

語句ごくごっくん

【小説Ⅰ】

L16 壮健…元気で丈夫なこと

【小説Ⅱ】

L17 物憂（ものう）げ…どことなく心が晴れないさま

読解のポイント

【小説Ⅰ】

・干潟のそばで暮らしているお治婆（はるばあ）さんのところに立ち退（の）きを促す市の職員がやってくる

↓

・お治婆さんは市の職員をユーモアを交えて「撃退」する

【小説Ⅱ】

・干潟の前に佇（たたず）むお治婆さんと死の影

ひとことテーマ

ユーモラスに見えるお治婆さんに忍び寄る死の影。

この小説は、【小説Ⅱ】の部分が、【小説Ⅰ】のユーモラスな雰囲気とはうってかわって暗いイメージであることを理解してください。つまり**対比**的な仕組みをもっています。ではそれぞれの【小説】について見ていきましょう。

## 【小説Ⅰ】〝コーガイさん〟を待ち受けるお治婆さん

リード文にあるように、夫に先立たれたお治婆さんは、「娘夫婦」との「同居」を断り、一人で干潟の近くで駄菓子屋を営んでいます。

そこは、市の「公害課」の職員が定期的に水質調査をしにやってくるような汚れた海です。とはいえ職員がやってくるのは調査のためだけではなく、お治婆さんの様子をうかがい、家を手放すつもりがないか「偵察」するためでもあるのです。あとの部分に出てくるように、市はお治婆さんの家のあたりにゴミ処理場を建設しようとしていて、お治婆さんに立ち退いてほしいわけです。

ですがそんな市の職員＝〝コーガイさん〟がくるのをお治婆さんは「楽しみにして」います。それは訪ねてきた職員をからかって帰らせるのを楽しんでいるからです（けっこう意地が悪い…）。

今回は梶さんという初めての職員がやってきました。まだ「働き盛り」（L16）に見える梶さんを見て、お治婆さんは「教育」のしがいがあると思います。つまりお治婆さんは「よし、私が教えてやろう」と思ったのです。その理由は、梶さんがお治婆さんのところに初めてきたのに「びくとも」せず、「壮健」そうで、〈相手に不足はない〉と思って闘志を抱いたからです。そして梶さんに伝えるのは「私は立ち退かないよ」ということです。勝つ気満々です。

まずお治婆さんがしたことは、梶さんに「浅蜊の佃煮」を出すことでした。梶さんは自分がお客として〈お・も・て・な・し〉されたと思い、「恐縮」（L21）します。ですが、出された佃煮はちゃんとしたお店で作ったモノではなく、目の前の海から採った浅蜊で作ったものだとお治婆さんはいいます。いわれた梶さんは動揺して浅蜊を落としてしまいます。この海が汚染されていることをよく知っている梶さんは、とんでもないものを食べさせられたと思ったのでしょう。でもこれもお治婆さんの、〈からかい作戦第1弾＝「教育」〉なのです。必死にこの海の汚染状態をしゃべりはじめた梶さんに対しても、お治婆さんは余裕で受け答えします。そして汚染されているなら、「工場からドクが出ています」（L51）という立札を立てないと、などと、あわてたそぶりで話します。

梶さんは顔色を変えて、その必要のないことを訴えかけます。

このあたりのやりとりも、お治婆さんが仕組んだ〈作戦第2弾〉でしょう。そんな立札を立てたら、どんな騒ぎが起きるかわかりません。それにお治婆さんには、市の職員が「水質調査」にやってくるというのは建前で、ほんとの目的は、立ち退いてくれるようにお治婆さんを説得することだとわかっているのです（「水質調査」がほんとの目的でないことは「名目（＝表向きの理由）」（L3）だと書かれていることからもわかります）。立ち退いてもらい、ごみ処理場を作るためにも騒ぎは起きないほうがいい。それでわざと「立札」などとお治婆さんはいうのです。だから梶さんから「基準値を超えることはめったにない」（L55）ということばを引き出したとき、お治婆さんの勝利が決定的になります。危険性がほとんどないなら、今の家にいることにはなんの問題もないことになるので、立ち退く必要がなくなります。

　からかわれた梶さんは、とうとう「本年中にぜひここを引き払っていただきたい」（L66）と、本音をいってしまいます。すると今度は〈からかい作戦第3弾〉。お治婆さんは急に声色を変えて、「ゼンゼン聞コエナクナリマシタ」（L74）と、「金属的な音声」で話しはじめます。のどを手でたたいて出す宇宙人のマネをしたような声でしょう。もちろん立ち退き話をシャットアウトするための作戦です。今回が初めてのお治婆さんとの対戦だけに、梶さんはなすすべもなく敗れました。「落胆しきって」（L78）、帰ろうとします。そこに最後のお治パンチ！　惨めな敗者である梶さんに「（アイス）キャンデー」をあげるのです。上から目線で、勝者が負けたものに憐れみをかける……梶さんにとっては屈辱でしょう。【小説Ⅰ】の最後には「キャンデー」を舐めながら、とぼとぼ帰っていく梶さんの姿が描かれています。

　娘との同居を断ってもこの海辺にいたいお治婆さんにとって、立ち退きということはありえないことなのでしょう。それにしてもお治婆さんの作戦は見事！という他ありません。でもそこには対立や険悪な雰囲気はなく、ユーモアが漂っていることを読みとってください。

## 【小説Ⅱ】海辺に佇むお治婆さん

　夕方、お治婆さんは、猫のルルと海を見ています。お治婆さんはそこでさまざまなものを思い出したり、聴いたり見たりします。「喉に針を刺したまま」「夕暮れを眺めているだろう」アオサギ、「おいで」という「だれかの声」、「焼場で拾いあげたお骨と同じように」軽い「甲羅」、死んだ夫の「源さん」、みな暗い死のイメージが漂います。「太陽の死んだ空」（L15）も広がっています。

　そのとき猫のルルが「物憂げな声」で鳴きました。ルルはお治婆さんのほうを見ているのですが、不思議なことに何度も何度も跳ぶのです。まるで「空にのぼって、星座になりたがっている猫」のように。そして「横たわ」る。近づいてみると、猫は死んだわけではないのですが、飼主であるお治婆さんを見ずに、「暗く単調な海」を向いています。そのうちお治婆さんの「視野がしだいに狭くな」っていくのでした。

波線が引いてある部分は、何かを暗示している「象徴」的な表現です。「象徴」とは〈目に見えない抽象的なことがらを、目に見える具体的なものに置き換えて暗示すること。またはその具体物〉です。だからこれらは、お治婆さんの何かを置き換えたものとして、あることを暗示していると考えられます。それはなんでしょう？　そうです。どの表現にも暗い死の影のようなものがまといついていますね。【小説Ⅰ】のユーモラスな梶さんとのやりとりとは正反対といってよいほど、暗い。現実とも非現実とも読めるような場面の中で、こうした描写は、**お治婆さんの老いや死に近づいていく様子**をイメージさせるものとして読むべきでしょう。そしてこうした様子で、お治婆さんは日々を送っているのであり、【小説Ⅰ】のような明るさの裏側に、こうした暗さを隠していることを読みとってほしいと思います。

## ■■■■■ 設問 LECTURE ■■■■■

### 問1 語句問題

**(ア)**「つくづくと」は、〈①じっくり念を入れて考える（見る）様子　②あることが身にしみて深く感じられる様子〉を表現することば。**④がこの意味と最も近いので正解。**①の「ぶしつけに」は〈不作法に〉、⑤の「いぶかしげに」は〈疑わしそうに〉、という意味ですが、②・③を含め、他の選択肢には、「つくづくと」のもともとの意味が示されてません。

**(イ)**「躍起になって」は〈むきになって〉という意味で、焦りや苛立ちと結びつくイメージのことばです。問題文でも梶さんが焦ってちょっと苛立っている文脈で使われています。だから**正解は⑤**。①「平静を装って」は〈落ちついているように見せる様子〉で、焦りとかのイメージと直接は結びつきません。②「さとす」は〈いい聞かせて納得させること〉で「躍起になって」とは全然違う意味です。③ チョイマヨ「威圧するように」は、文脈に引きずられた人は選んだかもしれませんが、「躍起になっ」た状態が他人に対してもたらす結果の一例にすぎず、「躍起になって」の本来の意味とはズレます。④「あきれた」は、もしかしたら「躍起にな」る理由だったかもしれないですが、これも「躍起にな」ること自体の意味ではありません。

**(ウ)**「頓狂」は〈あわてて間が抜けていること。だしぬけで調子はずれなこと〉という意味です。

この二つの意味を合体させた②**が正解**。他の選択肢は「頓狂」の意味とだいぶズレています。

**解答** (ア)④ ムズ (イ)⑤ (ウ)②

## 問2 傍線部の内容説明問題

傍線部**A**の、ロボットがいっているような発言を、そのまま受け取れば、傍線部の直前に「耳ガ、遠イトコロニ行ッテシマウ」とあるので、**〈表面的にはあなたの楽しい話をもっと聞きたいが、耳が不自由なので聞けず、残念だ〉ということ**（**a**）になります。でも今まで聞こえていた耳が突然聞こえなくなるのもおかしいし、なによりもそれと一緒に、声まで変わるのがヘンです。これはいったいどうしたのでしょう？　**小説では、傍線部だけではなく、全体の内容やテーマを傍線部に重ねて解答するの**がルールです。お治婆さんは〝コーガイさん〟との話を楽しみにしていましたが、それは「教育」＝〈自分が立ち退きなんかしないことを教えてやること〉が楽しいからです。そのことと傍線部をつなぎ合わせてみてください。するとこのお治婆さんの〈ロボット化〉は楽しい「教育」の一つであり、**〈お前の話は聞かないぞ〉という意志の表明**（**b**）、だといえるでしょう。それも**相手をからかうような調子**（**c**）で〈せっかく「楽シイオ話」なのにね〉などと心にもないことをいっています。

また梶さんにとっては、〈耳が聞こえなくなった〉というのが嘘だとわかっても、老人だからアリかもしれないし、体のことをいい出されると、それ以上ツッコメなくなりますね。これはお治婆さんの勝ち！　お治婆さんはなかなか**かしこい**（**d**）のです。よって**正解は④**です。「皮肉」は**c**と対応していますよ。

①は「梶氏を責める気持ち」が問題文にナシ。「対等に渡り合おう」も会話を拒絶していることと×。②は「梶氏を教育する気力が失せている」が×。この〈ロボット化〉こそ、お治婆さん流の「教育」なのです。③は「切ない心情」、「孤独な思いを解消しようと願っている」が問題文にナシ。とくに娘からの同居の誘いを断っているのですから、「孤独な思いを解消しようと願っている」とはいえません。⑤は「会話を交わしたくなかった」という部分が、梶氏を「教育のしがいもある」（L16）といっていることや「楽しみ」にしていたことと×。

**解答** ④

## 問3 表現の特徴についての説明問題

こうした**表現の問題**は、問題文に明確な根拠があまりないので、**消去法で解きましょう**。

①「ヒーロー」が×。梶さんはお治婆さんに敗北してトボトボ帰りました。

②「〝市役所〟」という表現は、梶さんのことをあだ名をつけるように呼んでいるだけです。「擬人法」は人でないものを人に見立てる比喩です。もしこれが「擬人法」なら梶さんは人間ではないことになります。

③「おばあちゃん」という呼びかたが、「元木治さん」に変わるのは、L62です。そこは干潟の水質汚染の話が終わって、「さて」と話題を転換し、ゴミ処理場の建設のために立ち退いてほしいと「市側の意向を伝達する」ところです。すると「自らの公的な立場（＝市役所の人間であること）を明確にし」、「市側の意向」を伝えようとしているといえるので、これが**正解**。

④「梶氏が責めを負わせられる側」、「お治婆さんが責める側」というふうに、二人をはっきり分けている点がおかしいです。梶さんは市役所の側の人間として、お治婆さんを「責める」側でもあります。またお治婆さんは梶さんに「キャンデー」をあげたりしてるので、「責める側」と断定することはできません。

⑤問題文最後の「光」は「抽象的」ではなく「具体的」なイメージを湧き起こします。また「耽美(たんび)的（＝美的なものにはまり、それにふけるさま）」というのは、視野が狭くなるという状態になり、老いや死が暗示されているという場面を説明することばとして、かなりミスマッチです。だから⑤も説明として成り立ちません。

**解答** ③

## 問X 共通テストの特徴的問題

そして最も共通テストらしい、新しいタイプの設問がこの**問X**です。つまり**【小説Ⅰ】と【小説Ⅱ】の関係を問う設問**です。また表現の仕方や表現に暗示されたもの（＝象徴）を読み解く設問でもあります。

問題になっているのは、**【小説Ⅱ】**の部分です。「太陽の死んだ空から鉛色が注がれ」(L15)のもと、「工場の煙突」も「錆釘色(さびくぎいろ)になって凍りつい」ています。そしてお治婆さんの視界の「細い光のリボン」の中に「猫」だけがすわっている。波線部は色や光を表現していて、「視覚的イメージ」といえます。

そして「おいで」(L7)とどこからか聞こえる声。また「食い荒らされ」風に飛ぶ「骨」(L14)、「視野が次第に狭くな」るお治婆さんの目。現実とも非現実とも読めるような場面の中で、こうした描写は、お治婆さんの老いや死に近づいていく姿をイメージさせるものとして読むべきでしょう。だから**正解は⑤**。「身に起こるかもしれない不吉な事態」とは〈老いや死〉です。

**【小説Ⅱ】**の**【問題文LECTURE】**にも書いたように、これらの描写は、何かを暗示している「象徴」的な表現です。「象徴」とは〈暗示〉だといってもよい。こうした表現を自分勝手な意味づけではなく、どれだけ客観的に読めるか、つまり他人にも納得してもらえる読みかたができるか、が問われます。これは設問を解いていく中で鍛えていくしかありません。むずかしいけど、がんばってください。

①は「他人との必要以上の付き合いを避けて」が、駄菓子屋をしていたり、〝コーガイさん〟と話をするのを楽しみにしていたりする様子と×。「干潟に生息する生き物を救おうとして生きてきた」が問題文にナシ。

②は「ルル」を「市役所の担当者にお治婆さんが懸命に抗っている姿」と重ね合わせている点がおかしい。お治婆さんは梶さんに「キャンデー」をあげるぐらい余裕があるので、「懸命に抗っている」とはいえません。「今後の生き方」が「描かれている」というのも、老いや死のイメージとズレています。

③は「人間の営みとはかかわりなく生き物たちが淘汰（＝生存競争の中で死んだり、生き延びたりすること）されていく」が×。工場の廃水という「人間の営み」が「自然」を壊しているのです。また説明のメインになるはずのお治婆さんのことが書かれていないのが致命傷。

④は「安堵をもたらした」という説明が、死のイメージが暗示されていることと×。どの選択肢で迷うというより、正解が出しづらい設問です。できた人はナイス！ ムズ

**解答** ⑤

でもこれは小説と小説との組み合わせなので、まだ表現の問題としては易しいほうです。詩とエッセイの組み合わせとかになると、それぞれ別個に表現について問われたりします。とくに詩などは表現の仕方が違うので、かなりむずかしくなります。

このように表現の設問にかぎらず、複数の素材を結びつけ、その関係を探る、それが共通テストの特徴です。**問X** でも、**【文章Ⅰ】**と**【文章Ⅱ】**との関係を問うています。**【文章Ⅰ】**では梶さんをからかってみたり、ロボットめいた声を出したり、と明るい面をもつお治婆さんを描写しているのに対し、**【文章Ⅱ】**では、うってかわって、暗さがただよっています。**二つは対比的＝対照的（＝正反対）だといえる**でしょう。そうしたことを理解するのが、複数の素材を探れ、という設問を解く第一ステップです。次はそのことをふまえている選択肢を選ぶ。**問X** なら、**【文章Ⅰ】**が「明るく」、**【文章Ⅱ】**が「不吉」だと**対比的・対照的**に説明している⑤を選ぶのです。

こうした複数の素材を結びつける設問では、〈論理的文章〉と同じく、**視野を広くもち共通する内容や違う内容など**

**をつかむこと、そして一方では細かく、同義、あるいは対比など、関わりのある内容や語句を結びつけてまとめること**、が求められます。**それが共通テストの求めている力**です。複数の素材を出すのは、授業でも、教科書にある文章だけではなく、資料などをもちよって、先生だけじゃなく、みんなで広がりのある授業にしようね、というメッセージだと考えられます。授業を変えるためにテストを変えるというのは強引だと思いますし、複数の素材を見ていくのは、最初はとまどうでしょう。でも慣れていけばそうむずかしくなります。途中でめげないで、くらいついてください。では実戦的な7講目に入っていってください。ガンバ！

文学

# 触覚の歌・聴覚の歌

2017年度モデル問題例

別冊（問題） p. 78

## 解答

| 問1 | 問2 | 問3 | 問4 | 問5 |
|---|---|---|---|---|
| (ア) ③ (イ) ④ (ウ) ① | ②・⑤ | ⑤ | ② | (i) ③ (ii) ⑤ (iii) ③ |
| 3点×3 | （順不同）5点×2 | 8点 | 8点 | 5点×3 |

ムズ 問2、問3、問5(iii)

大ムズ 問5(i)

目標点 27／50点

＊配点は推定

## 学習ポイント

共通テストのモデル問題例として発表されたものです。短歌について論じた二つの【文章】が並べられていますが、その二つの【文章】のそれぞれの論点をきちんと理解し、その**二つの論点から短歌を鑑賞していくと**、短歌がどのように見えてくるか、を考えることが求められています。

## 問題文 LECTURE

### 語句ごくごっくん

【文章Ⅰ】

L1 **五感**…視覚・聴覚・嗅覚・味覚・触覚という五つの感覚。感覚全体をまとめていう際にも用いられる

L5 **象徴的**→P.72 語句「象徴」参照

L5 **観念的**…頭の中だけで考えていて、現実離れしているさま

L12 **肉感的**…生々しい肉体を感じさせるさま

【文章Ⅱ】

L8 **飛礫**（つぶて）…投げられた小石

L8 **受苦**…苦しみを受けること。宗教では、信仰のために〈苦しみをあえて受け取ること〉をも意味する

L41 **索漠**…もの（＝何か）寂しいさま。気がめいるさま

**【文章Ⅰ】触覚を歌った歌**

**読解のポイント**

・何かに触れることは、世界の中で生きている自分を確認することだ

↓

・他者を含め、多様なものに触れながら生きている自分を確かめ直す歌が面白い

**ひとことテーマ**

触覚により自分のありかたを再確認するような歌に興味を覚える。

### Ⅰ－1「触れる」ことで自己を確認する（冒頭〜L20）

「五感」の一つに「触覚」があります。彫刻家であり詩人でもあった高村光太郎は、「触覚」が「五感」の中で最も「根源的」であるといいましたが、あまりにも日常でいろんなものに「触れる」せいか、私たちの生が、「触覚」という「根源的」な感覚に基づいていることを忘れがちです。

短歌でも、「触覚が本当に生きている歌」はそんなに多くない、と筆者はいいます。が、「触れる」という言葉自体は「やさしさに触れる」など、〈感じる〉という代わりに使います。それは〈感じる〉を「触れる」に置き換えているので「象徴的」です。またそのときの「触れる」は実際に触れたわけではないので、現実とは違うという意味で「観念的」だともいえます。

そんな中で、河野裕子の短歌を、筆者は「触覚の生きた歌」として引用します。その短歌に用いられた「『ぞくりぞくり』」という言葉や、「ひやひやと」「足うらに唇あるごとく落椿踏む」という表現は、「なまなまし」く、「肉感的」で「リアル」です。人間の「皮膚」は、私たちの周りの「世界」との「境目」です。自分の肉体を通して「世界」に触れることを「全力で味わうかのような」（L14）歌だと筆者はいいます。

これ以外にも「湯呑茶碗」や、自分の「洟」水の「温かさ」を感じるという短歌が引用され、「何かに触れることに、生きている自分自身を確かめ直すことなのだなと思う」（L19）と筆者は述べています。

### Ⅰ－2 他者に「触れる」ことで自己を確認する（L21〜ラスト）

ものや自分に触れることで、自分の「輪郭（＝ありかた）」を確かめ直すということを人間はします。そして他人に「触れる」ことでも同じことが生じます。「介護、出産、子育てなど家族

との時間のなかで」（L23）は、他人の身体に触れることが多いでしょう。あるいは、恋人の髪に触れるときにも。

そうした情景を詠んだ松平盟子の短歌では、「君の髪」に十本の指を差し入れて、「君」を「引きよせる」ときの「柔く冷たい感触」が、「時雨の音の束」と喩えられています。「触覚」と「音」とを結びつけるという「アクロバティック（＝ここでは、大胆な試み、というほどの意味）」（L29）な表現によって、「触覚」がより強調され、それとともに「『君』の儚さが切なく立ち上がってくる」（L28）と筆者はいいます。筆者はこの歌を、なんらかの〈別れ〉のイメージと結びつけているのかもしれませんね。

また千種創一の「いちじくの冷たさへ指めりこんで」は、人間ではありませんが、「いちじく」という生命に触れた瞬間をとらえた短歌です。「指」が「めりこんで」という状態は、「いちじく」の生命を奪う瞬間でもあります。筆者も「めりこんで」という「動詞」が効果的だと述べていますが、たしかにそこには生命を奪う「怖れや気味の悪さ」が表現されているといえるでしょう。それゆえそこには「日常の破れ目が見えるような怖さ」（L37）、つまり平穏な日常が壊れて不気味なものに出会う怖さが漂います。いちじくに対して、「ごめん」と謝っている言葉は、同時にいちじくの「命」を、気味の悪さゆえに「拒絶」する言葉でもあるのです。

---

このように、日常の何気ない場面が「触覚」を経ることで、「ひりひりと」（L39）焼けつくようにリアルに「印象づけられ」ます。触覚は、写真や録音などで保存できる「視覚」や「聴覚」の体験と違い、「一回」きりの「『記録』できない」体験です。そんな「触覚」を再現しようという歌、また多様なものに触れながら生きている自分のありかたを「新鮮に確かめ直すような歌が面白い」（L42）と筆者は最後に述べています。

付け加えておきますが、この最後の一文の文末は「ではないだろうか」となっています。

**梅 POINT　打ち消しを伴う「〜ではない（だろう）か」「〜ではあるまいか」などは日本語の強調構文、筆者の主張や強い思いが示されていると心得よ。**

ですからこういうところは、傍線を引くなどして、しっかりチェックしましょう。

**【文章Ⅱ】聴覚にうったえる歌**

**読解のポイント**

・斎藤茂吉の短歌は、「音」に集中して異次元へと誘われる歌だ

↓

・北原白秋や若山牧水の短歌は、歌全体が響きそのものになって拡がっていく

↓

・「写生」を提唱する短歌は、視覚が中心になりやすい

**ひとことテーマ**

感嘆すべき聴覚の歌と、視覚が中心となる「写生」の歌。

### Ⅱ-1 茂吉の歌（冒頭〜L9）

筆者が感動せずにはいられなかった歌として、まず挙げているのが斎藤茂吉の歌です。それは真っ暗な部屋の中を飛ぶ蠅が、「障子にあたる音」を描写した歌です。筆者は、「音」には「質量（＝重さ）」があり、その蠅が障子に当たるという「受苦」の「音」が感じられるといいます。

7

### Ⅱ-2 白秋と牧水の歌（L11〜L29）

北原白秋は、「降誕祭（＝クリスマス）前夜」に「揺りかへり鳴る」「ニコライ堂」の鐘の音を、「大きあり小さきあり大きあり」と詠いました。

また若山牧水は、太陽が輝くまっ青な空に、「浸み」ていくように響く海鳴りの音を詠いました。牧水も白秋同様、「青々と海鳴るあはれ青き海鳴る」という繰り返しの表現を用いながら、「海から空へとひろがる青の空間」（L23）を創造しました。

そして二人の歌は、繰り返しだけが似ているのではありません。「揺れる鐘」も「空の日」も、視覚的に創造されていますし、牧水の歌には「青の空間」が生まれました。ですが、彼らの「言葉の組み立て」つまり言葉のつらなり（＝歌全体）は、空間として知覚される「三次元的」なものではないと筆者は述べています。「歌全体が聴覚と化し」（L27）ているというのです。つまり歌自体が響きを聴こうとしているかのようであり、言葉によって表現された響きそのものが人間を包み、人間はもはや歌を鑑賞する主体（＝意志や意識をもった存在）ではなく、人間も空間も、響き自体に包まれて同化し、響きが中心となっている、ということでしょう。「読者」が視覚を刺激されることはあっても、それを禁じるように、歌は「響きそのものとなって拡がっていく」（L27）のです。そこには聴覚だけがあり、視覚によって

作られる三次元的空間はない。ここでは、「（三次元）空間」があると、視覚的なイメージを呼び起こすと筆者が考えていることを意識してください。そうした空間が消えることで、視覚的要素はなくなり、聴覚だけになるのです。

これに対して、先の茂吉の歌は違うと筆者はいいます。茂吉の歌も「音」を描いています。ですが、茂吉の歌では、蠅の「音」にすべてが「集中」していきます。読者をも包み込んで拡がっていく白秋たちの響きに対して、一点に「集中」していく「音」です。そして茂吉の「耳」も読者の「耳」も、その「音」の行方を追います。つまりそこでは「音」を聴く主体としての人間が存在します。「耳は『音』に集中して」（L29）と書かれた「耳」とは、歌の世界の音に聴き入る人間の「耳」です。白秋たちの歌では人間が消えましたが、茂吉の歌では「音」に集中する人間がいるのです。そこが違います。そして「音」に集中するために、蠅が飛んでいる三次元の「空間」が意識されてはいけない。だから、茂吉は「暗い部屋」を「真っ黒に塗りつぶし」（L29）ました。そして、「音」だけに集中する、非現実の「異次元」が誕生したのです。

つまり、白秋と牧水の歌は、歌自体が「聴覚」となったような、人間が音と同化した拡がりのある世界ですが、茂吉の歌には、「音」に集中する人間が存在する。人間がいるかどうか、拡がりと集中、そこが違う。でも白秋らの歌には「三次元空間」を意識して「視覚」を働かせる余地はない。同様に茂吉の歌でも「音」を描くために、蠅が飛ぶ「三次元空間」をできるだけ意識から消すために、暗黒に塗りつぶされた。だから視覚的イメージを導く空間はなく、どちらも「聴覚」の歌。これは三つの歌に共通します。

**☆白秋・牧水の歌と茂吉の歌の相違点**

**白秋・牧水の歌＝歌そのものが聴覚として拡がり、人間もそこには存在しない**

⇔

**茂吉の歌＝「音」に集中し、聴覚を働かせる人間がいる**

**★白秋・牧水の歌と茂吉の歌の共通点…聴覚のみ・三次元空間なし→視覚的要素なし**

## Ⅱ-3 「写生」の歌（L31〜ラスト）

茂吉の歌だって、白秋・牧水の歌だって〈どれも聴覚にうったえるものを描いているということでいいじゃないか〉と思いますが、ここはちょっと文学っぽい話なのです。筆者がなぜ「空間」にこだわっているか、というと、それは「写生」という、短歌の方法に関係するのです。「写生」は明治の短歌俳句革新運動のリーダーだった正岡子規が唱えたことです。その字の通り〈ありのままを写す〉という、いわゆる写実（＝リアリズム）の方法です。私たちの生きている空間は三次元空間ですから、ありのままを描くということになれば、三次元空間を表現しなければなりません。空間を感じ取る際に最も働くのは視覚です。ですから「写生」の歌は、「視覚中心」（L35）の歌になります。そしてこれが近代短歌の主流です。

実は斎藤茂吉も島木赤彦も、「写生」を支持する歌人です。だから茂吉も蝿のいる「空間」を設定しましたが、それを黒く塗りつぶして、「音」に集中する世界を作りました。これは「写生」のありかたから見れば、ちょっと、はみだしっ子、異端児です。この異端児の歌を感動したとほめている筆者は、基本的には、「写生」にとらわれて「視覚中心」になることを、あまりよいとは考えていない反主流派でしょう。だから「空間」や「視覚」よりも、「聴覚」を中心にした歌を作った白秋や牧水を評価したのです。

それに対して、「三次元空間の現出を『写生』という語によって探求した」（L35）赤彦たちに対する評価は手厳しい。「聴覚をもって一首を統合し、三次元空間を見せた」（L33）と一応評価されている「みづうみの」の歌もあります。でも「三次元空間を見せた」ということは視覚的だということです。最後では、「音に関してはまったく索漠たるものだ。大きな風音になったとただ説明しているだけである」（L41）と批判しています。最終段落末尾の「赤彦にして、こうだったのである」という言葉は、最初に引用した赤彦の歌を評価していたように、一応赤彦を認めてはいますが、〈赤彦でもこうだから、他の「写生」派はもっとダメだ〉ということをいいたいのでしょう。

筆者は近代短歌の「視覚」中心から外れている「聴覚」的な歌を高く評価しているのですが、**【文章Ⅱ】**は、文学史的な知識がないと、少しむずかしい文章です。とりあえず、前半の「聴覚」中心の歌と、後半の「視覚」中心の「写生」との対比が理解できればOKです。

## 設問LECTURE

### 問1 語句問題

まず「〈文学的文章〉へのアプローチ」に書いてあるように、問題文を読む前に、この語句問題を解いてください。

(ア)「琴線に触れる」は、〈心の奥に秘めた心情を刺激し、感動や共感などを生じさせること〉。なので**正解は③**。①「安堵（あんど）」、②「失望」・「落胆」、④「動揺」・「困惑」、⑤「怒り」

は、「共感」と食い違う感情なので×。

**(イ)**の「時雨」は〈晩秋から初冬にかけて、降ったりやんだりする雨〉のこと。だから**正解は④**です。

**(ウ)**「感嘆おくあたわざる」は少し古めかしいいいかたですが、漢字で書くと「措(お)く（＝やめる）能(あた)わざる」で、〈やめることができない〉となります。つまり全体では〈感嘆（＝感動）をやめるわけにはいかない〉＝〈感嘆せざるを得ない〉となります。ということで**正解は①**。②・③だと「感嘆」しなくなるので逆。④・⑤も「感嘆」したりしなかったりということになり、〈感嘆せざるを得ない〉という意味と異なります。

**語句の問題は、基本的には知識問題で、辞書に載っている意味が正解になります。文脈に合わせて考えると間違うことがあります。**意味がわからないときは仕方ないから、文脈で考えますが、次のヒントの順位は忘れないでください。

> **梅POINT　語句問題でのヒントの優先順位→1知識〈辞書的な意味〉2文脈。〈文脈〉を優先しすぎないようにすべし。**

**解答**　(ア)③　(イ)④　(ウ)①

### 問2　空欄補充問題

**空欄1**の前は、L26の松平盟子の歌に関する説明なので、空欄とは関係がありません。**空欄1・2**の歌については、千種創一の歌と合わせて、千種さんの歌のあとに、コメントがまとめられています。このことは「それぞれ」(L37)という表現があることからもわかります。つまり「生きている／生きていた命に触ることは……怖さがある」(a・L37)という二文がまとめであり、歌が例だと考えて、この設問を解くべきです。

> **梅POINT　具体例や引用とまとめ（抽象）はイコールと心得よ。**

また**【文章Ⅰ】**が「触覚」を歌った短歌を取り上げていること(b)も忘れないように。こうした観点から選択肢の歌を一つずつ見ていきましょう。

**〈選択肢チェック〉**

①「触覚」に関する表現がないし、aに結びつくものもありません。

②ちょっとブキミですが、「ぬめっとる（＝ヌメヌメしている）」や「ゆびが魚をつきやぶるまで」が「触覚」を表現(b)していますし、命に触れる怖さを感じさせ、aとも一致します。また魚をさばいて料理をしているのだとすれば、「日常」(L37)を描いているともいえます。よってこれが**一つ目の正解**。

③ チョイマヨ 「触れること」を文字通り歌っています。ただaは描かれていません。〈蛾で遊ぶなんて、気持ち悪い！〉と思っ

た人もいるかもしれませんが、作者は「遊ぶ」といっているので、で、**a**の「怖れや気味の悪さ」と合致しません。

④**a・b**両方に関連がありません。

⑤は「挽き肉に指入るる」という表現が②と似ていますね。②と同じく「触れる」ことと関連しています。また「今も目つむる」という表現は、「生きていた命（＝「挽き肉」）に触る」ときの「怖れや気味の悪さ（**a**）」から生じる動作を表していると解釈できます。それに、これは「料理」をしているのでしょうから、「日常」です。**⑤が二つ目の正解**です。②と⑤を並べると、同じような内容なので、バランスもいいです。

⑥はやはり空欄のあとの**a**の内容や「触れる」ことと関連がありません。

②・⑤

**問3 【文章Ⅰ】のテーマを問う主旨判定問題**

この種の設問は**〈論理的文章〉**にもありました。〈論理的文章〉と〈文学的文章〉というジャンルを分けていますが、設問の種類は似ているということも多いのです。ですから一つの設問の解きかたをきちんと身につければ、両方の設問に正解できるということです。だからこうした設問に対する方法を、きちんと身につけましょう。

それは、**消去法で行う**こと、でした。それから、問題文の表現をそのまま使わないことも多いので、**語彙力や解釈力をつけないといけない！** 地道なことですが、がんばってください。

**【問題文LECTURE】**で、**【文章Ⅰ】**のテーマである「触覚」についてまとめたときに書いたことは次の二つです。

**a　何かに触れることは、世界の中で生きている自分を確認することだ**

**b　他者を含め、多様なものに触れながら生きている自分を確かめ直す歌が面白い**

**a**は*L***19**に、**b**は*L***42**に書いてあります。これらを念頭に置いて、選択肢を見ていきましょう。

**〈選択肢チェック〉**

① チョイマヨ 「恐怖感や不気味さを克服」、「真の姿を知る」という部分が、**【文章Ⅰ】**にナシ。「日常の破れ目が見える」（*L*37）という記述がありましたが、それは何かを「克服」したあとに見えるものではないし、「破れ目が見える」だけであり、「真の姿」が見えるとは問題文に書かれていません。**a・b**もないです。

② チョイマヨ 「たった一度の経験」や「記憶」という表現が「一回性」「記録」（*L*41）と似ていますが、「『記録』できない」（*L*41）のが「触覚」なので、「記録する媒体に頼ることなく」は×。こ

の説明だと触覚は「記録」できるかのようです。「記憶し続けること」が「触覚」だ、も本文にナシ。

③「自他が一体化した感覚を強く意識する」という内容が、**【文章Ⅰ】**にナシ。**a・b**もないです。

④「対象の本質に深くせまろうとする」という内容が、**【文章Ⅰ】**にナシ。**a・b**もないです。

⑤「直接触れる実体験を通して」が、「触覚」は「実際の体験と切り離せない」(L41)と合致します。また「何気ない生活場面」を「捉え直す」は「日常の破れ目が見える」(L37)の内容をいい換えたものだといえます。さらに「自らの存在を鮮明に捉え直す」は、**b**が書かれているL42の「(さまざまなものに触れながら)生きている自分の輪郭を新鮮に確かめ直す」と合致するし、**a**の内容も含んでいます。よって**⑤が正解**。少しいい換えがキツイのでむずかしかったと思います。

ムズ

**解答** ⑤

## 問4 傍線部の内容説明問題

「**問題文LECTURE**」**Ⅱ-2**でも触れましたが、白秋と牧水の共通点は

**a 繰り返しの手法を用いていること**

**b 三次元的ではなく、歌全体が聴覚と化し、響きそのものになって拡がっていくこと**

でした。このことは傍線部(エ)の前とあとの部分から確認できることです。するとこうした内容と最も対応している**②が正解**です。「知覚した音の響きそのものが言語化され」、「音の拡がりが表現されている」というのは、白秋と牧水の知覚した音の「響きそのもの」が歌の言葉となり(=「言語化」)、「歌全体」が「響きそのものになって拡がっていく」という、**b**の内容が書かれているL27と一致します。**問3**もそうでしたが、〈共通テスト〉では、問題文の表現を少し変えて正解の選択肢が作られることが多いです。すると、

**梅POINT**
**問題文の表現と選択肢の表現のズレについて、問題文の表現をいい換えたもの(=○)か、本当に問題文にない(=ナシ)か、を判断することが重要と心得よ。**

ですので、しつこいけれど○かナシかを見分けるための語彙力と解釈力を身につけ、たくさんの言葉を覚えるためにも、たくさん問題をこなしましょう。

話を戻すと、白秋について書かれた「言葉そのものが鐘の響きとなっている」(L15)は**b**へとまとめられる箇所ですから、この部分を補助的な根拠としてもよいでしょう。また「リフレイ

ン」とは〈繰り返し〉のことで、「効果的に使う」は、牧水の歌について述べた「繰り返しが絶妙だ」（L23）などと対応します。

**〈選択肢チェック〉**

①「視覚に変換され」が×。**【問題文LECTURE】Ⅱ－2**でも書いたように、彼らの歌は「聴覚」そのものであり、「視覚」は排除されています。

③「比喩表現を効果的に用い」という部分がナシ。また、「異次元」は茂吉の歌の説明に使われている語句です。対比が混乱しています。それに「空間」は「視覚」に結びつくから、「聴覚」的な白秋たちの歌には無関係です。

**梅POINT　対比のある文章で、対比をごちゃまぜにしている選択肢は大×と心得よ。**

④彼らの歌が「対句を効果的に用い」ている、という内容は**【文章Ⅱ】**に書かれていません。「立体感ある情景」も「視覚」的な空間の説明となり、①同様×。

⑤は「視覚に変換され」という説明が①と同じ理由で×。「対句を効果的に用い」が④と同じく×です。「対句」と「繰り返し」は違います。

**解答**　②

7

## 問5　短歌の鑑賞問題

まず**【生徒たちの会話】**を簡単にまとめておきましょう。

茂吉の「死に近き……」という歌について話し合い、「**生徒A**」が、茂吉の歌と、**【文章Ⅰ】**で述べられた「触覚」や**【文章Ⅱ】**で述べられた「聴覚」との関わりについて話します。これに関して「**生徒B**」が「触覚」と関わる語として、歌の中の「添寝」という語を挙げます。

「**生徒C**」は「かはづ（＝蛙）」の声を取り上げ、**【文章Ⅱ】**の「聴覚」と茂吉の歌との関わりについて述べます。

そのあと、「**生徒A**」が「母と『かはづ』が同時に詠まれている意味」について疑問を発します。「**生徒B**」がそれを受けて、「しんしんと」という言葉が、二つの意味をもつことを示します。そして「**生徒C**」に茂吉の短歌が静けさに満ちた情景を詠っていると述べ、「**生徒B**」は「しんしんと」というのは、「作者の痛切な思いが身にしみ入っていく様子を表現」するものだと述べる。

最後に「**生徒A**」が茂吉の歌を「生と死を象徴的に表した歌」だとまとめる、というお話。では各設問に入りましょう。

(i)　「しんしんと」には

**【意味1】**あたりが静まりかえる様子

**【意味2】**　寒さなどが身にしみ通るように感じられる様子

という二つの意味があります。ただし「**生徒B**」の発言の中に、「『しんしんと』の**【意味2】**を踏まえると……母の死を覚悟した作者の痛切な思いが身にしみ入っていく様子を表現している」とあるように、**【意味2】**は「寒さ」だけではなく、〈心情などが身にしみる〉という意味をも含めて解釈すべきでしょう。そういう点で、**【意味2】**は**【文章Ⅰ】**の「触覚」と対応するともいえます。

これに対して「**生徒C**」は、自分が選んだ短歌のあとで「『しんしんと』の言葉の**【意味1】**や、これらの作品と比較してみると、『死に近き』の短歌は、看病をしている部屋の中や屋外が静まりかえって夜が更けていく中で」と述べています。また**【文章Ⅱ】**の内容は、「聴覚」の重視ということでした。歌全体が「響きそのものになって拡がっていく」（L27）というように、「音」そのものが響いてくるような聴覚的な歌を評価していました。「しんしんと」の二つの意味のうち、「聴覚」に関係するのは**【意味1】**です。つまりこの設問では、「しんしんと」を「あたりが静まりかえる」という**【意味1】**として考えるべきだということになります。また「静まりかえる」というのは、音がしないことですが、**〈静けさ〉や〈無音〉という世界の響きが聴こえてくる、あるいはそれを聴いているというような内容の歌（a）**であれば、**【意味1】**にも**【文章Ⅱ】**の内容にも合うといえます。

こうした観点から選択肢の短歌を見ていくと、**正解は③**です。大きな岩に穴を開ける（＝「穿（うが）つ」）ほどの豊かな水流が、〈音も立てずに、静かに「しんしんと」〉「滝壺（たきつぼ）」に入っていく、その無音の水音の響きを聴いていると解釈できるからです。

**〈選択肢チェック〉**

① **チョイマヨ** ①の「しんしんと」は、〈静かな〉という**【意味1】**にもとれるし、〈寒さが身にしみる〉という**【意味2】**にも取れます。ですが「あな（＝ああ）冷たよ」という言葉へのつながりからいえば、**【意味2】**に取るほうが妥当だと考えられます。それに〈静かに降る雪の音を聴いている〉という情景が明確ではなく、〈滝壺に入る水音を聴いている〉様子が明確な③と比べ、aと合致しません。

② **チョイマヨ** ②の短歌は幻想的な歌なので、「しんしんと」の解釈もむずかしいです。ですが〈夢が「うつつ（＝現実）」を越えていく〉ということは、夢の世界に深く入り込む、ということですから、〈静かに深い眠りに入っていく〉と解釈し、**【意味1】**で考えるのが妥当でしょう。夢や眠りが身にしみるというのは不自然な表現ですから、**【意味2】**で解釈するのは妥当とはいえません。そしてその夢の中で「静かな叫び」を伴って、

「銀河」が夢の中に現れた、というのがこの短歌の後半の意味でしょう。作者の「叫び」なのか、「銀河」自体の「叫び」なのかはわかりませんが、「静かな叫び」という「音」がここにはあります。

ですが設問は、「しんしんと」という表現が**【文章Ⅱ】**の内容と結びついているものを選べ、というものです。正解である③の「しんしんと」という表現は、水音を発しているはずの「水」の様子を直接説明し、「水」の静かな「音」の響きを聴く様子を描いています。それに対して、②の「しんしんと」は、「ゆめがうつつを越」えるという「ゆめ」の深まりを表していますが、「ゆめ」が〈静かな〉「音」を立てるのを〈聴いている〉という内容は明確ではありません。

また②の短歌に表現された音である「静かな叫び」は、「銀河」の状態と結びついている音です。「しんしんと」が直接かかっている（修飾している）のは、「ゆめ」の深まりです。「静かな叫び」という音とは直接関係がありません。だから②の「しんしんと」は「ゆめ」の静かな深まりを表すことはできますが、**【文章Ⅱ】**で述べられていた「聴覚」＝〈音を聴く〉という内容が③より不明確です。③より**a**と一致していません。でもこれはむずかしい選択肢です。これをとりあえず③より劣ると考えられた人はナイスです。

④ チョイマヨ ④の「しんしんと」は「静かに」とも解釈できますが、雪と「小鳥」を含めたすべてのものの死が結びついているので、この「しんしんと」は、すべてのものを死へと向かわせる雪のしみ入るような〈寒さ〉を表現していると考えるほうが妥当です。また「静かに」という**【意味1】**として解釈したとしても、①・②同様〈雪の音を聴く〉という情景が明確ではないので、③より**a**に合致しません。

⑤ チョイマヨ ⑤の「しんしんと」は**【意味1】**にとることができます。〈静かに（おごそかに）一つの思想を差し出したい〉という解釈です。ですが「ひとつの思想」という抽象的なものを差し出すときに、その〈静けさ〉を聴いているというのは、かなりフシギ。だから「思想」が差し出される〈しずかな〉「音」を聴いている、という内容はこの歌からは読みとりにくい。それに**【文章Ⅱ】**で扱われていた「蠅」や「鐘」、「海」は実際に存在し、現実に音を発します。それらを聴くという**【文章Ⅱ】**に登場する「聴覚」と、目に見えない「思想」の音を聴くというのでは次元が異なります。③は現実の「水」の音をテーマとしていると考えられるので、③のほうが、**【文章Ⅱ】**の「聴覚」に近いといえます。このことは②についてもいえます。

とはいえ、この設問はかなりまぎらわしい設問だと思います。

(ii) **空欄ア**の直前直後から、**空欄ア**に入るものは、**「しんしんと」の【意味2】と関連すること**(a)、また**「母の死を覚悟した作者の痛切な思いが身にしみ入っていく様子を表現している」こと**(b)と関連した内容であることがわかります。

このように考えて選択肢を見てみると、**⑤が正解**だと考えられます。⑤は**【文章Ⅰ】**の*L*21に書かれていますが、「命の輪郭をなぞり直す」の「命」や「他者の命」を「母」の命と考えれば、母に「添寝」し、その死を自分の身に感じながら、母の生死を見極めようとする茂吉の姿を説明していると考えられ、**a**と**b**にも最も合致するからです。

**〈選択肢チェック〉**

①「触覚」の歌の量を論じており、**a・b**と合致しません。

②**a・b**に対応する内容がありません。

③これは河野裕子の歌に用いられた「ぞくりぞくり」という表現についてのコメントです。これが茂吉の「身にしみ入っていく」「痛切な思い」や彼が用いた「しんしんと」に当てはまる説明だとは断定できません。だから**a・b**と関連するとも断定できません。

④「触覚」が「記録」できないことと、**a・b**は関係がありません。

なおかつ⑤以外のものを空欄に入れても、空欄の前後の内容とうまくつながりません。p.84にも書きましたが、

**梅POINT 空欄補充問題は、まず空欄の前後の語句とのつながりを優先すべし。**

ということを忘れないでください。

(iii) 生徒たちの話の出発点は、最初の「**生徒A**」の発言からわかるように、茂吉の歌を、**「触覚」と「聴覚」との両方に関連する歌である、と理解すること**(a)でした。また**「触覚」は「添寝」という表現に、「聴覚」は「かはづ」の鳴き声に関連すること**(b)が、「**生徒B**」、「**生徒C**」の一度目の発言から理解できます。そして「しんしんと」という言葉の二つの意味を探っていくうちに、**「死に近い母」に「添寝」する作者の「身にしみ入っていく」「触覚」に結びつく思い**(「**生徒B**」の一回目と二回目の発言)**が、「聴覚」に訴える「『かはづ』の生にあふれた声」**(「**生徒C**」の最初の発言)**と対**(つい)**になっていることが理解できた**(c)、というのが、この「会話」の内容です。「**生徒A**」が二回目の発言で、なぜ「母と『かはづ』が同時に詠まれている」のかと問うていましたが、それに対する答えが「**生徒A**」自身が最後に述べているように、「生と死を象徴的(母や「かはづ」に置き換えて暗示的に)に表した歌」だからです。そしてこれ

は、cの内容とイコールでもあります。空欄もこのことにつながっていくものなので、**生と死（かはづと母の命）とに関連するもの**（d）だと考えられます。これらは次のようにまとめることができます。

> **【文章Ⅰ】**の**「触覚」**＝「しんしんと」の**【意味2】「身にしみ通る」**＝添寝する**母の死**を覚悟する茂吉の身にしみ入っていく思い
>
> ＋
>
> **【文章Ⅱ】**の**「聴覚」**＝「しんしんと」の**【意味1】「静まりかえる」**＝その中で聞こえる**「かはづ」の生**にあふれた声
>
> ↓
>
> **〈生と死を象徴的に表した歌〉**

このように、母とかはづが同時に詠まれているのは、生と死がともに存在する世界を描こうとしたからです。そして右の表のように、二つの**【文章】**の内容と生徒の話し合い、そして茂吉の歌がすべてつながっていることも確認してください。空欄**イ**は、こうした内容をまとめた結論を「**生徒A**」が述べる部分です。よってこれらと最も合致する選択肢が正解ということになります。それは③です。「添寝」と「かはづの声」について説明している点が**a・b・d**と、「母の命」と「かはづの声とを対比させる」という部分が**c**と合致します。

**〈選択肢チェック〉**

①「添寝」＝「空間的」という説明は、正しくは「触覚的」となるべきで、**a**と**b**に合致しません。**c**もないです。

② チョイマヨ **c**だけを説明していて、**b**についての説明がありません。また「重ね合わせる」という表現は、「母の命」と「かはづ」を同じもののように解釈しているとも見なせます。「母」はあくまで「死」の側に、「かはず」は「生」の側にいるのです。そうでなければ、「生と死を象徴」する歌にならず、**c**に反します。③の「対比」という表現のほうが適切です。

④「自己の視点を」「遠田に転換させる」という内容が、二つの**【文章】**や「会話」からは読みとれません。**a・c**もありません。

⑤「部屋の中や屋外が静まりかえって」とあるように、「静けさ」は「部屋」に限定できません。また「静けさ」を「強調させる」と説明すると、「聴覚」が中心となり、「触覚」の話が薄まり、**a**と食い違うことになります。**c**もありません。

選択肢が似通っていて、識別しにくかったと思うので、ムズにしました。

**解答** 大ムズ (i) ③　(ii) ⑤　ムズ (iii) ③

文学

# 人のいのちと芸術のいのち

2018年度試行調査

別冊（問題） p. 90

## 解答

| 問1 | 問2 | 問3 | 問4 | 問5 | 問6 |
|---|---|---|---|---|---|
| (ア) ⑤ 39.8% (イ) ④ 39.4% (ウ) ③ 39.1% | ② 59.5% | ④ 64.7% | ② 46.8% | ④ 55.1% | (i) ② 22.1% (ii) ① 33.7% |
| 3点×3 | 8点 | 6点 | 7点 | 8点 | 6点×2 |

ムズ 問1 (ア)〜(ウ)、問4、大ムズ 問6 (i)

目標点 28／50点

＊参考：実施時発表の平均点は23.2点

## 学習ポイント

複数の文章や資料をつなぐことが大切だとP.89の**〈アプローチ〉**に書きましたが、この問題では、詩とエッセイをつなぐ設問は**問2**だけです。まずこの設問をクリアしましょう。それと選択肢が「エッセイ」の表現をいい換えた形で出てきます。その**いい換えを理解できるか**、がカギを握っています。語彙力、選択肢を正しく解釈するを身につけましょう。

## 問題文LECTURE

### 語句ごくごっくん

**【詩】**

不遜…思い上がっているさま

**【エッセイ】**

L2 **颯爽**（さっそう）**と**…態度・行動がきりっとしていて活気に満ちているさま

L7 **生理**…生物が生きていくことに伴うさまざまな現象

## Ⅰ　詩「紙」

**読解のポイント**

○「紙」＝人間よりも長く世界に残るもの
⇔
●〈人間〉＝「こころ」も「いのち」も、「紙」よりも早くほろびる
↓
・それでも何かを思い、表現しようとする、有限ないのちをもつ人間の営みを讃えよう

「愛ののこした紙片」とはたとえば、ラブレターかもしれません。その「紙」は、それを書いた恋人の「肉体」を離れて送られた相手の手元に残っています。第3連（詩の一つずつのブロックを〈連〉と数えます）に「こころより長もちすることの不思議」と書かれているので、それを書いた恋人にも（あるいは作者自身にも）、相手に対する恋愛感情は、もはやないのでしょう。

第4連冒頭に「いのち　といふ不遜」と書かれています。「紙よりほろびやすい」「いのち」なのに、人間（作者）は表現を行う（詩を書く）。まるで「いのち」の有限さを表現によってこえていこうとするかのように「紙」に書き記す。だから「不遜」なのです。

ですが、生きているからこそ、「いのち」があるからこそ、人間は何かを思い、それを「紙」に書き記すのです。たとえその思いが消え、愛が失われたとしても。たとえ思いを書いた「紙」よりも早く、自分がこの世から消えたとしても。

たしかに「紙」のように「死」物として、感情ももたずに生きれば、「何も失はないですむ」かもしれません。それでも、やはり人間は死ぬまで何かを思い、表現するでしょう。それゆえ作者は「いのち」が「紙」のように「黄ば」んで死ぬ（＝「いのちでないものに近づく」）まで、人間の「愛」や表現の証である「紙片」を讃え、それに対して「乾杯！」というのです。

## Ⅱ　エッセイ「永遠の百合」

**読解のポイント**

1　自然を超えて枯れない花＝永遠の作品を造ることが創作ということだ
⇔
2　いのちあるものは死ぬという真理からすれば、作品の「いのち」も作家のいのちと同様、有限でよい

＊作品の永遠性（1）と有限性（2）の間で揺れ動く、筆者の思い

**ひとことテーマ**

有限な人間と作品の永遠性。

## Ⅱ-1　友人の作った「百合」（①〜③）

何か意味のあるものを生み出す（＝「生産的」）というほどのものではないですが、「優雅な手すさび（＝退屈をまぎらわすためにすること）」は、抑圧されてきた女性に対する見返り（＝代わりの報酬）のように、女性の特権として与えられてきたともいえます。筆者はその一つとして、「アート・フラワー」を挙げています。筆者は「アート・フラワー」の「百合」を「去年の夏」に友だちからもらいました。それはいわゆる「造花」で、生花ではないので、「匂わない」。「百合」は春から夏にかけて咲く花です。だから生花ならば、たしかに「秋」にはもう見なくなるでしょう。だから友だちは「秋になったら捨てて」といったのです。（①・②）

でもそれは〈造花〉です。だったら捨てる必要はありません。筆者は友だちが、まるで「造花」を生花であるかのように考えている気がして、「びっくり」したのです。

そして友だちが「捨てて」といったのは、自分の作った花が自然の「百合」に似ても似つかないものであることを「恥じて」いるための「謙虚」さの表れなのか、それとも「造花」を自然の生花「そっくり」に作ったという「傲慢」さゆえなのか、ただカッコつけていった「キザ」な言葉なのか、と思いをめぐらします。

人間が「自然（＝「花」）を真似る」とき、「自然を超える自信」をもてないとしたら、この「百合」は結局は「にせもの（＝似せもの＝偽物）」です。それでも「心こめてにせものを造る人たち」には、結局「ほんものにかなわない」という「いじらしい気持ちと、どうせつくるなら自然の「生理（＝この場合でいえば、百合は秋までもたない、ということ）」まで「似せ」ようとする「思い上がり」＝「傲慢」とが一緒にあるのかもしれません。「百合」をくれた友だちにもその両方があると、筆者は思ったとも考えられます。（③）

## Ⅱ-2　「つくる」ということ（④〜⑧）

「枯れない」花はにせものです。でも「それを知りつつ」、にせものの「枯れない花」を造るのが「つくるということ」だと筆者はいいます。つまり自分の造るものは、自然そのものでは

ないと自覚しながら、傍線部B直後にあるように、「花より美しい花」＝自然を超える人工の美、を造り出すこと、これが「つくるということ」だと筆者はいうのです。「造花」は枯れることができない。でも逆にいえば「枯れない」という点で、「自然を超える」ことができるのです。④

「どこかで花を超えるもの」とは〈自然を超えるもの〉です。造花は枯れない、だからそれは有限ないのちをもつ人間が目指す「永遠」でもあります。「永遠」を「めざす時」だけ、自然を「真似る」＝にせものを造るという「不遜な行為は許される」のです。そこには永遠を夢見る人間の切実な思いがあるからでしょう。そして筆者が「昂奮して」きたのは、自分の仕事である創作の本質＝〈「永遠」をめざすこと〉と、「造花」について考えてきたことがだんだん重なってきたからでしょう。⑤

「絵画」も「ことば」も「一瞬を永遠のなかに定着する作業（＝一瞬の美や感動を長く存在するものにする営み）」だと筆者はいいます。もちろん人間が見たり嗅いだりしたものは、「表現」の頼りなさに比べ、たしかに現実に「在るという重み（＝存在感）」をもちます。その「重み」をもつ実在するものを、どこかで「超える何かに変える」、あるいはそのものの本来の本質的な姿に「もどす」営みが、「描く」こと、表現することなのです。それを「夢」見て、筆者も表現を試みているのです。

「ことばによって私の一瞬を枯れない花にすることができたら」という思いは、「永遠」を求める筆者の切実な願いなのです（付け加えれば「手」を「ノリだらけにしている」というのは、自分の表現活動を、アート・フラワーを作っている様子に喩えているのだと考えられます）。⑥

ですが筆者はここで、ふと友だちの想いが少し理解できた気になります。自分の造った「百合」を「秋になったら捨てて」といった友だちは、自分の造ったものを「いのち」あるもの、有限なものと見なして、あのようにいったのではないか、たしかに「死なないものはいのちではない」。永遠に残る作品を願うのは、作品から「いのち」を奪うことになるのではないか、そんな想いが筆者を襲ったのだと思います。そして「『私の』永遠（＝私自身と私の作品の永遠性）」は、「私のような古風な感性」が「絶滅する」「三十年」ほどでよい、と思い直すのです。

ここには前半の「枯れない花を造るのが、つくるということ」（傍線部B）だという筆者の考えとは、異なる考えが示されています。つまり、作品は筆者の「いのち」とともに「枯れて」いく有限なものでよい、という考えです。だから問題文前半では不可解だった友だちの言葉が、〈造られたもののいのちは有限だ〉という意味を含んでいるように思えて理解できる気がしたのです。

ですが、そう考えた筆者でしたが、結局友だちのくれた「百合」を捨てませんでした。「死なないものはいのちではない」と思い、作品の永遠性を放棄したはずだったのに、やはり作品というものは長く存在してほしいと思ったのかもしれません。そして、そう考えた自分が「うしろめたく」思えるのでしょう。エッセイの表現では「百合」が「造ったものの分（＝友人、広くいえば人間）までうしろめたく蒼ざめ」ていると書かれています。ですが、友人の作った意図や「捨てて」といった言葉に反しているから、「うしろめたく蒼ざめ」ていると考えれば、この「うしろめた」さは、捨てない自分の「うしろめた」さでしょう。そして「百合」を「造ったもの」である友だちの意に反したことをしているので、友だちのことを思うと一層「うしろめたく」なるのです。そして「百合」は「死ねない」まま、つまり「枯れない」ままあり続けます。

ここには、永遠に残る作品を造りたいという思いと、有限の「いのち」の存在である人間が造るものは有限でよいという思いの間で揺れる、筆者のありようを見て取ることができると思います。（7・8）

エッセイは読解がむずかしいです。評論のように論理をたどっていけば何かが見える、という文章もありますが、今回の文章のように、相反するようなことが書かれていても、それを筆者の立場に立ち、どのように考えれば理解できるか、を考えていかなければなりません。ただエッセイは、基本は一つのテーマについて論じているものです。それに対する見かたがいろいろ書かれているのです。このことを忘れずに、たくさんのエッセイに触れて読解力を鍛えてほしいと思います。

**梅 POINT　エッセイは全体のテーマを読みとり、それについての筆者の思いや見かたの揺れを柔軟に受け止め、イメージや連想の展開をたどっていくことを意識するべし。**

## 設問 LECTURE

### 問1　語句問題

まず、問題文を読む前に、この語句問題を解くのでしたね。そしてこうした**語句問題はあくまで辞書的な意味が優先**です。意味がわからないときは文脈で考えるしかないですが、文脈に合わせすぎると間違えてしまうことがあるので要注意。

**(ア)**「いぶかる」（＝訝る）は、〈疑わしく思う。不信に思う〉。なので**正解は⑤**。①「うるさく」、②「誇らしく」、③「冷静に」、④「気の毒に」が、全部「いぶかる」の意味と食い違います。

**(イ)**「手すさび」は〈退屈をまぎらわそうとして何かをするこ

と〉。「手遊び」とも書くところからもわかるように、〈大して意味のない遊び・手慰み〉のこともいいます。なので**正解は④**。「必要に迫られたものではない」という部分が〈退屈しのぎ〉や〈大して意味のない〉という内容と合致します。①「癖」、②「創作」③「訓練」⑤「見返り（＝報酬）」は、すべて「手すさび」の意味と食い違います。

(ウ)「いじらしさ」は〈弱い者や幼い者が、精一杯努力しているさまをけなげだ、いたわしいと感じること〉。「いたわしい」というのは「同情を誘う」とほぼイコールです。なので**正解は③**。①は「自足（＝満ち足りていること）」、②は「自ら蔑み萎縮」、④は「配慮を忘れない周到な（＝細かいところまで行き届いているさま）」が、「いじらしさ」の意味と食い違います。⑤は チョイマヨ ですが、「いじらしさ」を感じる対象は〈精一杯努力している者〉であり、「見るに堪えない」「悲痛」な様子をいつも示しているわけではないので、正解にはなりません。あまり見たことのない言葉だったせいか、まぎらわしい選択肢はあまりないのに、非常に正答率が低いです。

**解答** ムズ (ア)⑤　ムズ (イ)④　ムズ (ウ)③

**問2 傍線部の理由説明問題**

「エッセイの内容を踏まえて」「不遜」である理由が問われています。まず詩のほうを見ると、「不遜」な理由は傍線部Aの前、**有限の「いのち」をもった、「一枚の紙よりほろびやすいもの（＝人間）が」、長もちする「何百枚の紙」を使って表現を行うから**（a）、です。また「紙が／こころより長もちすることの　不思議」（第3連）と書かれていることから、「こころ」が長もちしないことがわかり、**限りあるいのちをもった人間が「紙」に書くのは、「紙」よりも長もちしない「こころ」のことなどです**（b）。こうした長もちする「紙」と、有限な人間の「いのち」や有限な「こころ」など、という対比が、**〈すぐ消えてしまう人間が表現すること自体、思い上がり（＝「不遜」）だ〉**という思いを筆者に抱かせたのだと考えられます。

また「エッセイ」のほうで「不遜」だといわれているのは、「つくる」こと、「真似る」ことです[5]。「つくる」（傍線部B）ことは、本当の「花（＝自然）」ではないと知りつつ、「枯れない花」＝人工的な長く残る表現、を作ることです。それを「不遜」だといっています。これに、「生理まで似せるつもりの思い上がり」[3]を含めてもよいでしょう。これらをまとめると、「つくる」ことは、**「自然」を真似ながら、それを超えた長続きするものを作ろうとすることだから**（c）、「不遜」なのだということになります。これを先の詩の内容と結びつけると、**〈d　長もちする紙に、長もちしない「こころ」に関する表現を作って**

8

**書き、長もちさせようとするから「不遜」〉**とまとめることもできます。

こうした観点で選択肢を見ると、エッセイや詩に即して書かれている選択肢は見当たりません。ですが②の「はかなく移ろい終わりを迎えるほかないもの」が**b**の「こころ」などのことであり、「いつまでも残そう」とすることは、「こころ」などを長もちする「紙」に「表現」すること（**a・d**）や「自然」を超えた長く残るものを作ろう（**c・d**）、とすることだと考えると、②が最も**a〜d**に近い内容であり、妥当だと考えられます。「たくらむ」という表現は、傍線部の「不遜」というマイナスイメージと結びつけようとしたからでしょう。

**梅POINT　理由説明問題では、解答末尾に、傍線部（の述語）と類似した意味をもつ語句があると、傍線部とスムーズにつながるよい選択肢だと意識せよ。**

理由説明問題では、このように傍線部と解答末尾がつながりをもつと、理由と傍線部との間に論理的つながりができて、よい説明になります。理由とは、ある現象が起きるための条件であり、なおかつそれはみんなが認めるものでなければなりません。「すべった」（**α**）、なんで?「のどが乾いてたから」（**β**）は「?」ですね。それは**α**と**β**がつながらない、つまり論理関係が成り立たないからです。「すべった」（**α**）、なんで?と聞かれて、「雨が降ってたから」（**γ**）、と答えるのは、「すべった」という現象を説明する〈理由〉としてみんな納得するでしょう。だから**γ**は〈理由〉になります。つまり

**梅POINT　理由説明問題では、選択肢末尾の「〜から。」→傍線部（の述語）、というふうに、傍線部とスムーズなつながりをもつ選択肢を選ぶべし。**

これは〈論理的文章〉でも同じです。

それと繰り返しになりますが、共通テストでは、問題文の手がかりの箇所を、もう一度設問作成者が表現を練り直して正解を作る、ということをすると考えておいたほうがよいでしょう。これはなかなか手ごわいテストです。共通テストが「思考力」「表現力」「判断力」を試すといっているのは、こういうことでもあるのです。これに対応するには、問題文を自分の言葉で読み進んでいく、つまり「学習する上でのこころがまえと手順」の「復習しよう」に書いた「自分の言葉でかみ砕いてもう一度読もう」という練習を続けて、○○は問題文の△△をいい換えたのだ！とわかる解釈力を身につけることです。

**梅POINT　正解を選ぶには、問題文の表現を自分で正しく解釈していく力が求められると心得よ。**

**〈選択肢チェック〉**

① 「不可能なこと」が何を指しているのかわからないし、「偽る」という内容も問題文に根拠がありません。

③ 「心の中にわだかまることから」「解放されると思い込む」という内容が、やはり問題文にありませんし、「不遜」ということにつながっていかない内容です。

④ たとえば「こころ」が「空想でしかあり得ないはずのもの」だといえる根拠は問題文にはないです。「実体」は傍線部**C**と対応しますが、「見せかける」という内容は詩にもエッセイにも書かれていません。

⑤ 「滅びるものの美しさに目を向けず」は「ほろびやすい愛のために／乾杯」という詩の表現と食い違います。「あくまで永遠の存在に価値を置く」というのも、「『私の』永遠は……三十年で……でよい」[7]と一致しません。「エッセイ」をも視野に入れるという点を忘れずに解きましょう。

**解答** ②

## 問3　傍線部の内容説明問題

傍線部**B**直前の**「それ（＝枯れないものは花ではない）を知りつつ枯れない花を造る」（a）＝「つくるということ」**という文脈です。**a**の部分をいい換えると**〈自然ではないものを造ることを自覚しつつ、人工的で長く残るものを造る〉**ということです。また傍線部の直後には「花そっくりの花も、花より美しい花もあってよい」と書いてあります。これは**人工的な作品が「自然」そのものを真似ていたり、「自然」を超える美をもつこと（b）**を意味します。

すると**④がa・bの内容と対応している**とわかります。この選択肢も「対象」とか問題文にない表現を使っていますが、これはたとえば自然の「百合」のことだとわかりますね。この設問が一番正答率が高いですから、このくらいはへっちゃらにならないといけないですよ。

**〈選択肢チェック〉**

① 「対象をあるがままに引き写し」という部分が「花より美しい花もあってよい」（傍線部直後）と×。「対象と同一化できるものを生み出そうとする」という部分も問題文にナシ。

② 「対象を真似てはならないと意識をし」という部分が「真似るという、不遜な行為は許される」[5]と×。またあえて「にせものを生み出そうとする」というような積極的な態度は問題文からは読みとれません。

③ 「あえて類似するものを生み出そうとする」という部分

が、「花より美しい花もあってよい」と×。

⑤「対象の捉え方に個性を発揮し」という部分が問題文にナシ。「新奇な特性を追求したものを生み出そうとする」という部分が、「花そっくりの花も」「あってよい」（傍線部直後）と×。

**解答** ④

## 問4 傍線部の内容説明問題

「在るという重み（＝存在感）」は、主語である「それ」が指している「一瞬」「個人」が見たり、「嗅いだもの」、つまり感覚的な経験の対象である「生きた花」に備わっています。「生きた花」は本当に生きている生々しいものだからこそ、そうした存在感をもっているのです。そうした、たしかに「在る」と感じさせる存在を、〈実在〉とか〈実体〉といいます。ではそれがもっている「重み」とは何でしょうか。それはいかにすばらしい絵でも、作りものの絵には本来ないものです。なぜなら「絵」は本当の生物としての生命をもってはいないからです。逆にいえば、「重み」は本当に生きている生命にこそある。そしてそうした生命をもつ存在が重たいのは、死ねばなくなる、他のものとは取り替えられないからです。

また、傍線部**C**のあとの「それ」は、傍線部自体を受けています。「それを花を超える何かに変える」ことを筆者は自分の「夢」だといっています。この「夢」は「私の一瞬を枯れない花にすることができたら！」いうふうにいいかえられています。この「私の一瞬」と「それ」は何かに変えて表現したいものとして一致します。「私の一瞬」は他のどの一瞬ともちがう〈かけがえのないもの〉でしょう。だとしたら「それ」も〈かけがえのないもの〉です。ですから傍線部を、**〈かけがえのなさ〉〈この世にひとつのもの〉**といい換えることができるでしょう。

**実は、〈　〉のついたこれらの言葉は、問題文に書いてある言葉ではありません。**もともとこの問題は、問題文で説明されていない傍線部の表現を説明せよ、という問題です。**問2**で書いたように、「これは○○のことだ！」というみんなの解釈力が問われているのです。そして解釈するためには、自分の中から言葉が湧いてこないといけません。つまり語彙力がないとダメなのです。語彙力をつけることも忘れずにいてください。評論用語集を使うのもいいですが、まず問題文に出てきた言葉を一つずつ覚えて、自分でも使えるようにしてください。

**梅 POINT 解釈には、語彙力が必要と心得よ。**

そうした語彙力があれば、**正解は②**だとわかりますね。「実物」が「生きた花」のこと、つまり「実物」が〈実在〉・〈実体〉と同じ意味で使われていると考えられます。また「重み」「私の一瞬」を、②は「かけがえのなさ」といい換えている、と〈解釈〉できたらナイスです。そしてこうした傍線部の説明を求める設問は、傍線部を直訳するような設問ですから、

**梅POINT 傍線部内容説明問題では、傍線部と最も対応する内容や表現がある選択肢を選ぶべし。**

という原則も覚えておいてください。これは〈論理的文章〉と同じですね。

**〈選択肢チェック〉**

①「喪失感」が「重み」とまったく食い違います。「時間的な経過」も傍線部と関連がありません。

③傍線部の「重み」を「個性の独特さ」と説明していますが、こうした説明が正しいといえる根拠が問題文にはありません。

④まず「主観」がおかしいです。「在る」というのは、誰が見ても「在る」ということです。それが〈実在〉ということでもあります。ある人だけの見かた（＝「主観」）で「形成」されるのでは、本当に「在る」とはいえません。また「重み」が「印象の強さ」だといえる根拠も問題文にはありません。

⑤傍線部の表現が「表現行為を動機づける衝撃」と関わるとは問題文には書かれていません。 ムズ

解答 ②

---

## 問5 傍線部の理由説明問題

筆者の心情の変化を問う設問でもあります。筆者は傍線部Dの前までは、自分の言葉で「永遠」をつかみたい、と願っていました。ですが、ここではその願いの熱が「さめ」たのです。その理由は傍線部のあとに書かれています。その部分を整理しましょう。筆者は7の最後で「死なないものはいのちではない」、「不変の真理」と書いています。そして「『私』の永遠」は「三十年」でよい、ともいっています。これは私や私の作品の「いのち」は「三十年」でよい、といっているのです。だから〈（三十年したら死ぬ）私や私の作品は、死ぬからこそ生きている〉ということになります。つまりこの内容を含めて傍線部のあとの部分をまとめると、**〈a「死なないものはいのちではない」・「不変の真理（7）」→作品は生きており「いのち」をもつ→永遠でなくてよい（三十年でよい）〉**ということになります。永遠性を願っていたのに、このような考えが筆者の頭に浮かんだから、「さめ」てしまったのです。

すると**正解は④**です。④は、こうした内容を抽象的に「作品が時代を超えて残ることに違和感を抱き」と説明しています。「作品が時代を超えて残る」とは「永遠」ということです。だから④の前半は、aの「永遠でなくてよい」と思ったことと同じです。④の後半の「自分の感性も永遠ではないと感じた」

という部分は、傍線部直後の「私のような古風な感性の絶滅するまで」という部分と結びつきます。厳密にいうと、いつ④の後半のことを「感じた」のかはわからないので、少し引っかかる選択肢ですが、他よりマシということです。では他の選択肢を見てみましょう。みんな④よりダメだという判断ができなければいけませんよ。

**〈選択肢チェック〉**

①「現実世界」で「造花も本物の花も同等の存在感をもつ」という説明がおかしいですね。傍線部**C**の「在るという重み」＝「存在感」は、「生きた花」だけがもつものでした。「造花」にはありません。×です。

②「日常の営み」とは何を指すのか、わかりません。作者が残したいものを「日常の営み」に限定する根拠もありません。「永久に」も**a**と食い違います。

③「花そっくりの花も……あってよい」（4）と書かれていました。でもこれを否定した、「花をありのままに表現しようとしても、完全を期することはできないと気付いた」ということはどこにも書いてありません。つまり「花そっくりの花も……あってよい」ということは否定されていません。だからこれは問題文に書かれていないことを述べている選択肢です。

⑤傍線部のあとに、友人の「発想を、はじめて少し理解する」とは書かれていますね。ですが、これと「身勝手な思いを巡らせていることを自覚した」ということがつながっているとは、問題文から読みとれません。つまり〈少し理解した〉ということから、〈自分は身勝手だった〉という反省が生まれたとは限りません。「身勝手な思い」＝「うしろめた」さ（8）と考えても、8の部分は傍線部**D**と直接結びついてはいません。

それにみな先に書いた**a**の内容と食い違います。つまり傍線部の文脈を無視しているということで×。

〈論理的文章〉のところでもいいましたが、〈よりマシなものを選ぶ〉ためには〈ランキング〉の意識が必要です。

この設問でいえば、**①が問題文の内容や筆者の立場と矛盾するのでワースト1**。他のものは**問題文にナシ、つまり問題文に書かれていないことが書いてあるものでワースト2**。④の「感じた」も問題文に書いてあるか怪しいのでワースト2に近いですが、「自分の感性も永遠ではない」は傍線部直後に書かれていることで、他のワースト2に比べたら、キズは小さい。

そうした比較＝〈ランキング〉は〈文学的文章〉の設問でもしていきましょう。

解答 ④

## 問6 表現の特徴についての説明問題

**表現に関する設問は、消去法で解く**のでした。

そして、一番キズの少ないものを選んでいきます。では(i)から見ていきますが、その前に選択肢にある、表現技法や用語について、簡単に説明します。太字の語句は重要な言葉ですから、覚えましょう。とくに「演繹（えんえき）」と「帰納」は反対のイメージをもつ語句なので一緒に覚えましょう。

①**a**擬態語…事物の状態を表した語（ex：にこにこ）。擬音語・擬声語は、実際の音を真似た語（ex：ワンワン）。

**①b演繹的…一つの前提や仮説によって個々の事実に説明を加えること。**

②**a**倒置法…強調したり、リズムを整えたりするために、語順を入れ替えること。

**②b反語的…表向きの表現の裏にそれとは反対のことや心情を含ませるいいかた。**

③**a**反復法…同じ表現を繰り返すこと。

**③b帰納的…個々の具体的事実や経験から結論を導き出すこと。**

④**a**擬人法…人ではないものを、人のように表現する比喩。

④**b**構造的…明確な構造（＝仕組み、システム）をもつさま。

では詩「紙」の表現について**a**の選択肢を見ていきましょう。

---

はじめにいっておきますが、設問文の空欄**a**の直前の「対比的な表現」というのは、長く残る「紙」と「長もち」しない「こころ」という「対比」のことを指していると考えられます。

では①。「擬態語」は使われていないので、①**a**は×。

それに対して第一連と第二連は、倒置されているともいえます。「いまはないのに」（第二連）「しらじらしく　ありつづけることを／いぶかる」（第一連）、がふつうの語順、ともいえます。また第五連「死のやうに生きれば／何も失はないですむだらうか／この紙のやうに　生きれば」という表現は、2行目と3行目の順番が逆になって、「死のやうに生きれば／この紙のやうに　生きれば／何も失はないですむだらうか」となるのが、ふつうの語順だと考えられます。よって②**a**は○。

③ チョイマヨ **a**の「反復法」は「乾杯」が何度も繰り返されているので○。

④**a**「擬人法」は「紙のやうに　生きれば」というように「紙」を生き物のように表現しているので、これを「擬人法」と考えれば○。**a**では①が消えました。

次に**b**の空欄を考えましょう。まず「第一連に示される思い」とはどのようなものでしょう？　「愛ののこした紙片が／しらじらしく　ありつづけることを／いぶかる」という心情は、「紙」に向けられた思いですが、これは第二連から推測すると、「紙」

に言葉を記した人間の存在が消えたのに、「紙」が残っていることに対する思いだということがわかります。つまり「愛」がつづられているのに、そこには愛を記した人間がいない。それは「愛」や「いのち」が有限だからです。

だとすれば、「第一連に示される思い」は「紙」に対して「いぶかる」という思いを記していると同時に、実は〈紙に比べて、はかない人間の愛やいのちに対する懐疑〉を記しているということにもなります。

ここで選択肢を見てみましょう。

①はもう×でしたが、①bの「演繹的」は、前提や仮説などに当たるものが示されていないので、これも×。②b「反語的」について。先に書いた「いのち」が有限であることについては、「一枚の紙よりほろびやすいもの（＝「いのち」）が／何百枚の紙に　書きしるす　不遜」という表現などをみると、この時点で「いのち」の有限さを筆者が肯定しているとは考えられません。にもかかわらず、詩の第六連では、まるで人間が「紙」のような死物になり、「いのちが／蒼ざめそして黄ばむまで／（いのちでないものに近づくまで）／乾杯！」と記し、有限な「いのち」を肯定しているかのようです。

また第一連では「愛ののこした紙片」を「いぶかる」と記していたのに、第六連では「ほろびやすい愛のために／乾杯」「のこされた紙片に／乾杯」と記しています。すると筆者はここで**〈α　第一連の心情と反対のことをいっている〉**ともいえます。

またこれらの表現に込められた筆者の心情は複雑で、本当に「ほろびやすい愛」を肯定していたり、「紙片」を肯定しているのかわからないため、**〈β　表向きの表現の裏にそれとは反対のことや心情を含ませている〉**ともいえるでしょう。**α・β**どちらにしても正反対の心情が表現されているので「反語的」だといってもよいでしょう。さらに「乾杯」の部分は最後であり、「のこした紙片」は第一連に直接登場しますから、「第一連に示される思い」を（最後のほうで）「捉え直している」という説明にも合致します。作者の心理がそれほど明確ではないので確実に○とはいえませんが、、とりあえず②bは○（△）と考えていいでしょう。

③ チョイマヨ bの「帰納的」ですが、何か「結論」があるわけではないので、「帰納的」といえるような内容や表現はありません。これは×。ですが、試行調査では、③を選択した人が40％を超えていました。これは③aの「反復法」に惹かれたのだと思います。

④b「構造的」を空欄bに入れると、「構造的に捉え直している」となります。それは〈きちんと仕組みを探って（システマティックに）捉え返している〉という意味です。「乾杯」と

いう言葉を繰り返す作者は、おどけるかのように、「いのち」の有限さを歌っているのです。そこに冷静に客観的に、何かの仕組みを捉え返す、という姿勢があるとは考えられません。

④bは×です（ただ④はaが○なので、それに引きずられて間違えるかもしれないので、チョイマヨともいえます）。

すると総合点で、a○＋b○（△）の②が正解になります。他は×を含みますからね。ですが、これは選択肢が抽象的できびしい設問ですね。正答率がそれを語っています。

**梅POINT 組み合わせで選ぶ選択肢は、片方だけよいのを選ぶのではなく、総合点で決めるべし。**

(ii) 今度は「エッセイ」の表現についてです。こちらのほうが、(i)よりは選択肢が選びやすいので、がんばってください。一つずつ選択肢を見ていきましょう。

**〈選択肢チェック〉**

①「できないのは枯れることだ」という表現は、「できない」という「造花」の「欠点」を指摘しているといえます。一方、「たった一つできるのは枯れないことだ」といったときは、「造花」の「欠点」だったはずのことを、今度は「肯定的に捉え直」しているといえます。よって①が正解です。

②「私はだんだん昂奮してくる」という表現は、自分をもう一人の自分が見て語っていると考えると、それを「第三者的な観点」から「私」を見ていると説明することはできます。ただしこの「昂奮」は〈つくる、という行為への強い意志〉に基づくものなので、「混乱し揺れ動く意識」とはいえません。×です。

③「――もどす――」の前後にある「――」は「変える」をいい換え、あるいは補足するために使われています。それによって「『私』の考えや思いに余韻が与えられ」るわけではありません。よって③も×です。

④「『私の』永遠」という表現は、〈私が求める「永遠」〉〈私にとっての「永遠」〉というほどの意味だと考えられます。たしかに「私」という有限的な存在と「永遠」という言葉はミスマッチともいえます。だからといって、それが「普遍的（＝どこでも誰にでも通用するさま）な概念（＝「永遠」）を、話題に応じて恣意的（＝勝手気ままなさま）に解釈しよう」としているのだとは断定できません。筆者は〈自分の「永遠」は三十年ぐらいのもので、それは本来の「永遠」とは違う〉といいたかっただけでしょう。それに対して「恣意的」というマイナスの評価を行う根拠はありません。④も×です。

この設問の正答率が悪いのは、時間が足りなかったせいではないかと考えられるので、正答率は低いですが、ムズにはしませんでした。

**解答** 大ムズ (i) ② (ii) ①

オリジナル

別冊（問題） p. 98

## 解答

| 問1 | 問2 | 問3 | 問4 | 問5 | 問6 |
|---|---|---|---|---|---|
| (ア) ② (イ) ③ (ウ) ① | ④ | ⑤ | ② | ② | (i) ② (ii) ② |
| 3点×3 | 8点 | 7点 | 6点 | 8点 | 6点×2 |

ムズ 問1 (ア)・(ウ)、問2、問3、問6 (i)

目標点 31／50点

## 学習ポイント

小説に描かれた「お延（のぶ）」の生きかたと絶望がどのようにして生まれてきたのか、をエッセイの内容から考えていくことがポイントです。『続明暗』は、やや古い文体で書かれているのでむずかしいですが、短いので素早く読み、エッセイの内容と結びつけていく必要があります。

## 問題文LECTURE

### 語句ごくごっくん

【小説】

L18 自然（じねん）…〈じねん〉と読んだ場合、〈おのずから〉という意味になることがある

L27 撲殺…殴り殺すこと

L34 あまねく…すべてにわたってひろく

L35 体面…世間に対する体裁や見かけ

L46 反故（ほご）…不用になった紙。「反故にする」で約束を破る、捨てる

L46 象徴→ P.72 語句「象徴」参照

【エッセイ】

L15 絶筆…死んだ人が、生前最後に書いた書物や作品

L25 理念→ P.60 語句「理念」参照

L34 **教養小説**…主人公が自分の精神や人生を作り上げていくプロセスを描く小説

**【小説】**

**読解のポイント**

・お延は夫が女性と一緒にいるという宿へ向かい、その事実を確認した
↓
・お延は自殺を決意し、明けがた近くの滝へ向かった
↓
・お延は不誠実な津田に絶望すると同時に、そうした人間を夫に選んだ後悔を包み隠して生きてきた自分に耐え難さを感じた
↓

**ひとことテーマ**

夫に裏切られたお延を襲う後悔と、自分をだましてきたという自覚。

明け方、自殺を決意して滝壺(たきつぼ)へと向かったお延は、その滝の激しい音に圧倒されます。

夜中一睡もせずにいたのは、死のきっかけを待っていたのだ、と気づいたとき、お延は「骨が凍るような恐ろしさ」を覚えましたが、そのあとは不思議と恐怖心はありませんでした。夫である津田の寝息をかすかに聞きながら、宿を出てきたのですが、今その滝の音とそのすさまじい様子を見ていると、自分はなぜこんなところまで来たのだろう、とも思われるのです。自分の「不幸」をたしかめるためだけではなく、夫は自分を裏切っていなかったという「万が一の奇跡」を願って来たはずだったのに、現実は想像していた以上に情けないものでした。

夫は、好きな女性への抑えがたい恋情によってお延を裏切ったのではありませんでした。ただその女性のいる場所を人に教えられてふらふらと来たにすぎなかったのです。そしてその行動によってお延の立場を崩壊させたのでした。

お延はそんな夫に絶望しました。でもその絶望は、「やはり(夫は)そんな人間だった」という苦い思いを伴う絶望でした。その苦さの裏には、そんな人間をこの人こそ理想の夫だと思って選んだ自分への過信と後悔がありました。そしてその後悔を他人には見せないようにしてきた「欺瞞(ぎまん)」(L33)もあったのです。そして今、それに加えてその嘘(うそ)が世間に知られてしまった、という屈辱がもたらされました。お前の体面を守るからという津田の「宣言」は、お延をもてあそぶために、天が津田にいわせ

たのだとお延は思ってしまうのです。つまり天もまたお延をあざ笑っているかのように思えた、ということです。

そんな思いを抱いているお延の前に、滝壺は相変わらず、大きな音を立てて鳴り響いています。それはまるで天からも地からも、早く滝に身を投げよ、と催促されているようでした。お延はその滝壺をしっかりと見つめました。滝の音も次第にお延の耳から遠のいていきました。夜が明けてきたらしく、自分の手には津田に買ってもらった宝石がありました。その宝石は破られた約束を暗示するように、薄寒く光を発していました。

【エッセイ】

**読解のポイント**

・筆者は小さな頃に英国ヴィクトリア朝の女性作家の作品を読んだ。それは女性が自らの意志によって相思相愛の相手と結婚するという恋愛結婚の物語だった

↓

・日本では夏目漱石だけが英文学に描かれた「恋愛結婚」の物語を理解し、『明暗』を書いた

↓

・『明暗』の女主人公であるお延は、絶対的な愛という理念を掲げる女性である

↓

・『明暗』は筆者が小さなときに読んだヴィクトリア朝の女性作家の作品を想い起こさせ、それが漱石の『明暗』の続編である『続明暗』を筆者に書かせることになった

↓

・そこには時代を越え男女の差を越えていく文学の力が感じられた

**ひとことテーマ**

時空を越え性の差を越えて、受け継がれていく文学の力の偉大さ。

## I 少女の時の読書と『続明暗』の執筆（1～4）

筆者は少女の頃、十九世紀イギリスの「ヴィクトリア朝の女の作家の書いた作品」を読みました。と同時に「明治大正」の文学も読みました。その中には夏目漱石の作品（『明暗』）も入っていたでしょう。

そして筆者は漱石の死によって未完のままになっていた『明暗』の続編、『続明暗』を書きました。それは少女時代に「明

治大正」の作品を読んだからだと、最初は思っていました。

ですが、そのうち、自分が少女時代にヴィクトリア期の女性作家の作品を読んだことと『続明暗』を書いたことは、漱石を仲立ちにしてつながっていたことに気づいたのです。つまり、

**〈a「ヴィクトリア朝の女の作家の書いた作品」→漱石の『明暗』→『続明暗』〉**

というつながりです。

## Ⅱ ヴィクトリア朝の小説（5〜9）

西洋の文芸の中心は「恋愛」です。でもそれは今でいえば不倫！を描いた「姦淫(かんいん)の物語」が主でした。でもヴィクトリア朝の小説は、自らの自由意志で「恋愛結婚」を選ぶという物語でした。それは「相思相愛」の「理想の結婚」を目指す物語です。現実の出会いよりも前に、「理想の結婚」という「理念」がまず掲げられ、それを実現する。主人公の女性は理想を追いかけるわけですから、それは人生を「いかに生きるべきか」ということを描いた小説にもなるわけです。

## Ⅲ 明治時代の日本の結婚と『明暗』（10〜15）

日本でも明治維新のあと、「恋愛結婚という理念」は若い世代に受け入れられました。ですが、家と家とのつながりを深めるためということが中心の目的となる「見合い結婚」という、「没理念的（＝理念のない）な結婚」が浸透していたのが当時の日本だったのです。「恋愛結婚」を取りあげる作家はいませんでした。その中でただ漱石だけが、「恋愛結婚」を取りあげたのです。漱石は「英文学」に反発していました。でも皮肉なことにどの作家よりも英文学を読み、理解していたのです。そこにはヴィクトリア朝の作品も含まれていたでしょう。だから漱石はヴィクトリア朝の作品に描かれた「恋愛結婚という理念」にとらわれていきました。そして「ヴィクトリア朝の女の作家たちの、その息吹が感じられるような小説」、つまり『明暗』を書いたのです。

『明暗』の女主人公のお延は、「絶対的な愛という理念」を抱き、自分だけが絶対に愛されているという確信のもとに、「自分の眼(め)で自分の夫を選」び、自分の人生を切り開いていこうとし、だがそれを果たせないでいる女性です。でもそうした女性は当時の日本では稀(まれ)ですから、周囲の人間からも夫からも毛嫌いされる。ただ『明暗』の世界に取りこまれてしまった読者だけは、お延の理念を当然のものとして受け取り、お延の運命に

ハラハラどきどきする。

## Ⅳ 文学というものの力 ⑯

その「読者」の一人が筆者だったのでしょう。それゆえ『明暗』は筆者に影響を与える。筆者の心を「『明暗』は知らぬまに掘り起こしていた」というのはそうしたことでしょう。そして掘り起こされた心の中に見いだしたものは、あの少女時代に読んだヴィクトリア朝の小説に感銘を受けたことだったのです。そのとき、先の**a**で示した結びつきが筆者を『続明暗』の執筆へと向かわせるのです。そのことに気づいたのは『続明暗』を書いたあとですが、そのとき筆者は、単に漱石に影響を受けて『続明暗』を書いたのではなく、漱石の『明暗』が少女時代に読んだヴィクトリア朝の小説の影響を呼び起こし、それが『続明暗』の執筆につながったことに気づくのです。一九世紀から明治を経て二十一世紀へとつながる文学の結びつき、そこには男女の違いなど簡単に越えていく「文学の力」があったのです。

## 設問 LECTURE

### 問1 語句問題

(ア) 「髣髴(ほうふつ)(「彷彿」とも書く)」は、〈あるものの姿などが眼前にありありと思い浮かぶこと〉という意味。なので**正解は②**。①「恐ろしい」、③「感情」、④「不吉な予感」は、もとの「髣髴」の意味とズレています。また「髣髴」は記憶をよみがえらせることではあっても、「(明確に)記憶する」ことではないので、チョイマヨ ⑤は×です。

(イ) 「毫(ごう)も」は多く打ち消しの語を下にともなって〈少しも。ちっとも〉という意味の語句です。だから**正解は③**。②「あたかも」は〈まるで。ちょうど〉という意味。④「からくも」は〈やっとのことで。かろうじて〉という意味です。

(ウ) 「糊塗(こと)」は〈うわべを取りつくろって曖昧にすること〉という意味です。すると**正解は①**。チョイマヨ ②は文脈には合う気がしたかもしれませんが、「(それは)嘘だと言」うということは、事実を否定するわけです。すると事実が露(あら)わになってしまっている、ということになります。ですが「糊塗」は事実を知られないようにすることですから、まだ事実が露わになっていない状態での行為です。そこがずれているので、②は実は文脈に合わないし、正解にはなりません。③・④のような行為は「糊塗」の一つの方法ではあるかもしれません。ですが「糊塗」の意味そのものではないのでこれも×。

**梅POINT 語句問題で、問題となっている語の意味の一例にすぎないものや、その語がもたらす結果を書いたものは×と心得よ。**

⑤も「(そのことに)触れない」だけでは「糊塗」したことにはなりません。「糊塗」は〈取りつくろう〉という行為をすることを表しているのであり、ただ消極的に「触れない」というのでは「糊塗」の意味の説明にはなりません。

**解答** ムズ (ア)② (イ)③ ムズ (ウ)①

### 問2 傍線部の内容説明問題

傍線部Aの「反故(ほご)にされた」は**「問題文LECTURE」**にも書いたように〈約束を破る〉という意味です。この場合の「約束」は、津田がお延に「お前の体面」は「大丈夫」だといったことを指していると考えられます。それを「象徴(=暗示)」するかのように「薄寒く光っていた」というのは、**「約束」も津田からもらった「宝石」も今となっては、お延にとって寒々とした〈冷たく、虚しい〉ものでしかない**(a)、ということを示しているのだと考えられます。このように、

**梅POINT** **小説の問題でも「どういうことか」と問う傍線部内容説明問題では、傍線部の内容や表現に忠実に考えていくべし。**

そしてそのような読解に最も即した選択肢を撰べばよいのです。それは④です。「お延の体面を守ると言った津田の言葉」は「約束」の内容を説明しています。「無意味」、「虚無感」がaの〈虚しい〉と対応しています。だから**④が正解**です。

**〈選択肢チェック〉**

①「過去を振り捨てて強く生きていこうという気持ちがお延に生じている」という、積極的でポジティブな心情は、「薄寒く」という暗さを表す傍線部の表現とズレています。「四隣(あたり)」が「明るかった」、「世の中は想像していたよりも大分穏やかな姿を……現わした」という風景描写は、お延の心理を推測する根拠にはなりません。それも「強く生きていこう」という気持ちまでを、これらの描写から読みとることは、主観的な読解となります。あくまで傍線部の表現に忠実に読解してください。

② チョイマヨ 「津田がくれた宝石を最後までもっている」ことが「いまだ津田への未練があること」を示していると断定する根拠が問題文には書かれていません。傍線部直前に「見れば」とあるように、お延は宝石を意識的にもっていたとは考えられません。また「薄寒く光っていた」という表現と、そうした「未練」を「お延が自覚した」ことが結びつく根拠もありません。

③津田が宝石をお延にくれたのが「物によってお延の心まで手に入れようとした」ためだとは、問題文から判断できません。「薄寒く」弱々しい様子と「憎しみ」という強い感情も、ズレがあります。

⑤「死へ向かおうとする衝動」は宿にいるときからお延に

芽生えていました。だから傍線部の時点で「再び生まれてきた」というためには、一度はその「衝動」が消滅しないといけません。ですがそうしたことは問題文に書かれていません。「再び」を〈さらに強く〉と解釈したとしても、この時点でお延の死への衝動が強まっているとは判断できません。 ムズ

**解答** ④

### 問3 傍線部の内容説明問題

このエッセイでは、「ヴィクトリア朝」を生きた現実の女たちとヴィクトリア朝の女性作家たちとが同様の存在のように書かれています。ですが、基本的には「ヴィクトリア朝」の物語が説明されているので、「ヴィクトリア朝の女たち」とは「ヴィクトリア朝の女の作家たち」とその物語に描かれた女性たちのことだと考えたほうがよいでしょう。するとそうした「女たち」については7～9に書かれているので、それらをまとめると、

**a 相手を絶対的に愛する者同士が結婚するという理念をもつ**
**b 自由意志によって理想の結婚（あるいは結婚しないこと）を目指す**
**c 自分で自分の人生を切り開いてゆこうとする**
**d 資本主義や個人主義が発達した社会において、物語を書いて生活していこうとした**

こうした内容に合致しているのは⑤です。「自立した女性として」という部分が**c**・**d**と、「誰にも束縛されない自らの意志によって結婚し」が**b**と、「自分の人生を生きていこう」が**c**と対応しています。なので**⑤が正解**です。

**〈選択肢チェック〉**

① 前半は**d**と一致しますが、後半が問題文に書かれていません。たしかに「そのとき初めて結婚というものが、西洋の文芸の中心に躍り出た」（L22）とは書かれていますが、「結婚の理想を描く物語こそ文芸の中心だ」と、彼女たち自身が「主張」したとは判断できません。

② チョイマヨ 「結婚を人生の理想として位置づけ」という部分が間違い。「結婚を人生の理想として位置づけ」たなら、親による結婚でも、結婚できればよいことだ、ということになります。彼女たちは「相思相愛」の「理想の結婚」を追求したのです。「結婚」することそのものが理想だと考えたのではありません。

③ チョイマヨ 「恋愛結婚の理想を描く女性作家の作品に感化され」るのは読者です。それは筆者でもあったでしょう。しかし先にも書いたように、問題文には「物語」の作者についての説明はありますが、「読者」について書いているのは『いかに生きるべきか』という、女にとっての教養小説（＝主人公が自分

の精神や人生を作り上げていくプロセスを描く小説）」（L34）だと述べている部分くらいです。「いかに生きるべきか」を学ぶのですが、③のように「自分を変わらず愛してくれる男性を探そうとする」のでは、自分も愛する、という内容が説明されておらず、男性にのみ愛を要求しているとも読めてしまいます。これでは「いかに生きるべきか」を追求するということやcと食い違います。もちろん筆者がこういうことを「女性作家」から学んだということも問題文には書かれていません。

④彼女たちが「個人主義を発達させせようと」したとは問題文に書かれていないし、結婚の「理想を小説に描くことによって個人主義を発達させせようと」したという因果関係も問題文と一致しません。

正解が問題文の表現を使っていないのと、少し迷うだろう選択肢があるので ムズ にしました。

ムズ　解答 ⑤

**問4 傍線部の内容説明問題**

「文学の力」についての説明は最終段落にあります。それは「時代を越え、海を越え、男女の差を越える」力です。このエッセイの内容でいえば、**ヴィクトリア朝の女性作家が描いた「恋愛結婚の理念」が、漱石や現代に生きる筆者へと伝わっていく、ということ**（a）です。よって**正解は②**です。「時間」が「時代」を、「空間」が「海」をいい換えた表現です。「伝播（でんぱ）」はその字の通り、〈伝わっていくこと〉です。

**〈選択肢チェック〉**

①漱石が「恋愛結婚」を描いた『明暗』を書いたからといって、日本社会の「通念を変革することができ」たとは問題文に書かれていません。またaで確認したように、こうした社会変革の力を、筆者は「文学の力」だとはいってはいません。

③日本でも「恋愛結婚という理念」は若い世代をとらえたと書かれている（L40）ので、③は問題文に書かれていることではあります。でも「文学の力」とはaであり、〈西洋の文学的主題が日本の若い世代に受け容（い）れられる〉ということを指しているのではありません。ヴィクトリア朝―漱石―筆者をつなぐ力を指しているのです。

④「ある限定された時代に書かれた小説の主題（＝テーマ）」とは、ヴィクトリア朝の「恋愛結婚」のことを指しているのだと考えられます。ですがこのテーマが、「一度は注目されなくなっ」たとは問題文に書かれていません。

⑤「文学に反発する人間」とは漱石のことでしょう。たしかに彼は英文学に反発しながら、それを誰よりも理解しました。それに、11の「驚くべきは、文学の力です」とある、すぐあとに、漱石が小説を書くようになったと書かれているので、⑤

を選んだ人もいるかもしれません。でもそうした漱石個人を引き込んだものが「文学の力」ではありません。漱石をヴィクトリア朝の文学がとらえ、『明暗』を書かせ、それが筆者に影響を与える、という〈連鎖〉を作るものが「文学の力」なのです。

解答 ②

**問5 傍線部の内容を小説を踏まえて答える問題**

お延の不幸はエッセイでは「自分が理想の結婚をしていないという自覚」(L56)によるものです。そして設問にあるように小説のほうを見てみると、「己(おの)れの不幸」(L22)という表現があります。この表現に即してお延の不幸を考えていくというのが設問の条件です。

小説においては、津田が「ふらふらと」他の女性のいる宿へ行くような人間だったことを認識し「絶望」します。それも、「やはりそんな人間だったのか」というように、お延は津田がそんな人間であることに気づいていたのです。そうした苦い思いを味わうお延は、救いのない状態にいます。「そんな人間をこの人こそと夫に選んだ」自分への過信と「後悔」は、エッセイの中の「自分が理想の結婚をしていないという自覚」という表現にも通じるものです。

こうした小説の内容をもとに、お延の「不幸」をまとめると**〈津田が絶対的な愛に裏打ちされた理想の結婚を実現してくれそうに思ったが、そんな人間ではないという、うすうす感じていた予感が再確認され、絶望の中にいる状態〉(a)**ということになります。これはエッセイの内容とも一致します。ですから**a**と最も合致する**②が正解**です。

**〈選択肢チェック〉**

①お延の不幸は**a**であり、その内容と食い違います。そのうえお延が「西洋文学により理想の結婚という理念に目覚め」たとは、問題文に書かれていません。

③「津田が他の女性といるのは」「ふらふらと人に言われるまま」であって、「お延を愚弄するため」という明確な意志があったわけではありません。それに「津田が自分を徹底的に嫌っているという現実」は問題文からは読みとれませんから、そうした「現実を突きつけられたこと」が「不幸」だという説明は成り立たないし、**a**と合致しません。

④ チョイマヨ お延の「不幸」は、小説に出てくる言葉でいえば、「己れの才を頼み過ぎた→後悔→欺瞞(=津田が理想の夫ではないと気づきながらも自分をだましてきたこと)→(欺瞞を世間に知られてしまったという)屈辱」という絶望的状況すべてを指します。もちろんそれが「不幸」なのは、「自分が理想の結婚をしていない」からです。まず④はこの根本を説明し

ていません。そのうえ「欺瞞を世にあまねく知られてしまう（暴露してしまう）」という「屈辱」は「止めを刺すように」もたらされたのであるから、〈だめ押し〉であって、やはり「不幸」の中心とはいえない内容です。だから②より内容が薄い、aと合致していない選択肢です。

⑤「夫は好きな女に自分を見変えったのですらなかった」（L25）のですから、「津田」が「他の女性への愛ゆえに自分を裏切った」という説明は間違いです。それゆえそのことに「衝撃を受け、自殺まで考えてしまう絶望的な事態に至ってしまった」というのも、適切な説明ではありませんし、aと異なります。

**解答** ②

**問6 【文章】の表現に関する説明問題**

(i) 小説『続明暗』は冒頭から第3段落までとL37からの二つの段落が滝の描写です。そこでは滝のすさまじさがお延の五感を通して表現されています。とくに冒頭だけを見ても「空に白く月を残していた」「すべてが暗かった」など視覚に関する表現と、「轟々という滝の音」（L7）が何度も強調されています。当然これは「聴覚」に訴える表現です。よってaには②－aと④－aが妥当です。「青竹を摑んだ手」（L45）というような「触覚」に関する表現もありますが、「視覚と聴覚」に訴える表現の数に比べれば、圧倒的に少ないといえます。「とくに」とaの前にあるので、「視覚」「聴覚」を除いて「触覚」を優先する①－a・③－aは妥当とはいえません。

また第4段落から最後から四つ目までの段落は、お延の心理を説明している部分です。その中に「一体何のためにわざわざこんなところまでやってきたのだろう……」（L20）という表現があります。これはお延が一人呟いているか、心の中の言葉が表現されています。演劇用語で〈相手なしで一人で言うこと。独り言〉のことを「独白（＝モノローグ）」といいますが、それに該当する表現です。ですのでbには②が妥当です。よって**②が正解**といえます。④－b「告白」は基本的に相手がいて行うことなので、今の場合には当てはまりません。①－b「自省」、③－b「内省」はよいとしても、①・③はaがダメでしたから、正解にはなりません。ムズ です。

(ii) 一つずつ選択肢を見て、消去法で考えます。

①「第1段落第二文における『私の場合——というより、当時の日本の女の子供の場合』という表現」は、「私」を含めて当時の女の子供が、どのような読書をしてきたか、を紹介しようとしているだけで、「エッセイの読者」に対して、「そうした経験を共有してもらおうという配慮」があるとは断定できま

せん。筆者から「エッセイの読者」に対し、こういう本を読んでほしい、というようなことはエッセイには書かれていないからです。

② 「現代日本文学」といえば、当然私たちは21世紀の文学を想定します。そのうえ、「古い『現代日本文学』」といわれると、「古い」と「現代」が「字面」として「矛盾」しており、少しとまどいます。ですが、[2]では「祖父母の代の『現代』でした」、[3]では「あの全集（＝「現代日本文学」の全集）ゆえに、私は明治大正の時代をおのがもののように感じて生きてきた」と説明されています。そのことで読者は、「古い『現代日本文学』」が、「明治大正」の文学であるとわかります。そして『続明暗』を書いた理由を聞かれて、「まず頭に浮かんだのは」「『現代日本文学』の全集」だったとも[3]に書かれており、「現代日本文学」が筆者と漱石を結びつけたのではないか、と「推論」することも可能になります。よって②の説明には妥当性があり、**②が正解**です。

③ 「威張った口髭（くちひげ）をはやした漱石」、「『則天去私』などと書いていたころの漱石」という表現から、「漱石を揶揄（やゆ）（＝からかうこと）するかのような『私』の心理」を読みとることは可能ですが、その「揶揄」が「漱石に対する」「羞恥心」から生まれたものだとする根拠は問題文にはないです。表現についてのコメントは判断がむずかしいことがありますが、こうした〈心理〉は問題文を見ていけば比較的簡単に判断できます。だから、

**梅POINT　表現の問題では、選択肢に〈心理〉の説明が含まれていたら、表現のコメントより、まず先に〈心理〉の正否を判断したほうが、迷わなくて済むと心得よ。**

④ 「文学の力」とは**問4**でも確認したように、ヴィクトリア朝の女性作家と漱石、そして筆者を結びつける力です。たしかに「驚くべきは、文学の力です」という表現は唐突なだけに印象的ですが、そのあとに出てくる『明暗』を書いた「漱石の理解力と先見性」をのみ、「文学の力」という語句は指しているのではありません。そのあとの最終段落まで続く内容を包括するものであり、とくに最終段落の内容を示す表現です。ですから「漱石」にのみ「注目させようとする『私』の意図が示されている」とはいえません。

**解答**　ムズ　(i) ②　(ii) ②

9

文学

# 心という不可思議なもの

オリジナル

別冊（問題） p. 110

## 解答

| 問1 | 問2 | 問3 | 問4 | 問5 | 問6 |
|---|---|---|---|---|---|
| (ア) ④ (イ) ⑤ (ウ) ① | ② | ④ | ② | ① | a ④ b ⑤ c ② |
| 3点×3 | 8点 | 6点 | 7点 | 8点 | 4点×3 |

ムズ 問1（イ）・（ウ）、問2、問3、問6

目標点 28／50点

## 学習ポイント

〈文学的文章〉の最後の問題。小説が二題並ぶタイプの問題です。**問5**に着目して、二つの小説に登場する「父」と「自分」という登場人物の共通点や相違点を意識しながら読んでいきましょう。前の問題の小説同様、幸田露伴の小説は、やや古い文体で書かれているのでむずかしいですが、素早く読み、だいたいの内容をつかみましょう。

## 問題文LECTURE

**幸田文『おとうと』**

### 語句ごくごっくん

L1 **出不精**…外出をおっくうがること。また、そういう性格の人

L10 **取り越し苦労**…必要がない心配

L13 **咄嗟**…ちょっとの間。たちどころ

### 読解のポイント

・げんの弟の碧郎が、級友に故意に怪我をさせたという知らせが入った

↓

・げんは弟が故意に人を傷つけることなどするはずがないと反発した

←

・だがげんの心のどこかに、弟は故意に怪我をさせたのかもしれないと思う自分がいることに驚く

←

・弟が帰ってきたが、事情は明かされず、弟は促されても父のところには行かず、納戸に行ってしまった

←

・それはどうやら学校で母から、「父親も弟のことを嘆いている」と聞かされたことが原因らしい

←

・父はそんな弟に話をしようと声をかけ、げんは父を「いいなあ」と思うが、弟は出てこない

←

・父もそれきり、茶の間に引き返した

**ひとことテーマ**

弟の事件をめぐる、姉と父の弟への愛情。

---

げんの弟の碧郎が級友に怪我をさせたと学校から知らせがあり、母が学校に向かいました。それも、故意に碧郎が怪我をさせたという話も伝わってきているのです。家で待つ父は相手の子の怪我が軽いことを祈るというので、げんもそうであれば、弟への非難も軽くすむだろうと考えます。だが弟が故意に人を傷つけるわけがないと憤っていたげんのなかに、「（故意でも）相手の怪我が軽ければ弟も軽く許されるだろう」(L17)という思いがあることを、げんは自分で気づいてしまいます。「故意」という言葉には、げんの弟への信頼や愛情を揺るがすような、人の心を混乱させる力がある、とげんは思います。

　そんな中、なんらかの知らせや弟の帰りを早く早くと待つげんは、弟がどういう状況にあるのか、そして学校に行った母も「故意」の力に惑わされてはいないかと心配します。そして弟の弱々しい姿を思い描き、母はいるけれど、自分も父も弟のそばにいない状況の中で、「孤立」(L22)しているのではないか、と心配します。その不安にじれったくなったのか、げんは父に学校に電話をかけてみてもいいか、と尋ねますが、父はもう少し待ってみようといいます。犬が夕食の催促をしますが、抱き寄せると、今はそんなときではなく、げんもつらいのだということを利口にも察知してか、じっとして抱かれています。

　日もすっかり暮れた頃、母と弟がやっと帰ってきます。弟の

帰りを待っていた父のところへ行きなさいと、弟を促しても、弟は父のところへ行こうとはしません。そして涙を流すのです。それを見て、この子はやはり一人で心細くいたのだと思い、げんも哀しくなります。そして父が心配していたのだということを弟に告げます。しかし弟は学校で母から、父が弟のことを嘆いていると聞かされていたので、〈父は心配していたのか、ダメな息子だと嘆いていたのか〉、「どっちがほんとなんだ！」(L37)といいながら、納戸へ行ってしまうのです。これは父を頼りにしていたからこそ口に出た言葉だと思われますが、そんな弟に、父は哀しみを隠した口調で、「出て来いよ。お父さんと話さないか。おまえもくたびれただろ」というのです。げんは、哀しみをこらえながら、弟に優しい言葉をかける父を「いいなあ」と思うのですが、父はそれ以上弟に優しくはせず、茶の間へ帰ってしまいます。こうしたことや学校に行かなかったことから、父が弟に対して愛情をもちながらも、ある距離をとって接していることがわかります。それが昔の父親というものだったのかもしれません。げんも台所に行って御飯の支度をすることにします。母も着替えをし、家の中はしんと静まりかえってしまいます。

---

## 幸田露伴「蘆声(ろせい)」

### 読解のポイント

・「自分」は少年の言動から、少年が家で継母(ままはは)に冷たくされていると想像する
↓
・にもかかわらず「自分が馬鹿」だから仕方がないんだ、と答える少年の心の美しさに「自分」は感銘を受ける
↓
・帰り際、残った餌の処理を少年に頼み、「自分」は釣った魚を少年にあげる
↓
・二人は別の方角へ帰っていき、少年の姿は「自分」からは、はっきりと見えなくなる
↓
・それから少年に会うことはなかったが、「自分」は今どこかでその少年が立派な紳士となっているように想(おも)えてならない

### ひとこととテーマ

偶然出会った、けなげな少年の、心の美しさに対する感動。

西袋の釣場で、言葉を交わすようになった「自分」と少年はその日一緒に釣りをしていました。そろそろ夕方になり、「自分」は「少年」に「お前も今日は帰るのかい」と尋ねると、少年は「夕方のいろんな用をしなくてはいけない」から帰る、と言います。リード文（問題文冒頭の解説）にあるように、少年は母にいいつけられて釣りに来ていました。そのことと夕方の用をしなくてはならない、という言葉から、「自分」は思わず少年に、「（今のお母さんは）ほんとのお母さんではないのだネ」といってしまいます。かなり唐突な推理のような気もしますが、それに対して少年は黙ったままでした。沈黙する少年の姿を見た「自分」は、より一層少年に対する同情に駆られ、少年の実の母が「去年亡くなったことを聞き出します。「わが手は彼の痛処に触れた」というのは、〈少年が触れてほしくない、一番つらい部分を自分の言葉がえぐった〉ということです。そして少年は泣くのです。

「自分」は同情のあまりか、「少年」の家庭の様子を聞こうとして「今のお母さんはお前をいじめるのだナ」と聞くのですが、少年は「ナーニ、俺が馬鹿なんだ」とはぐらかします。自分の母を悪者にせず、自分がダメだから仕方がないんだと、自分のせいにする、その少年の心を「美し」いと感じ、少年の無垢な（＝けがれのない）心に対して「無限の感（＝限りない感動）」がわき起こってきます。

「自分」はもう少年の家の事情を聞くのをやめて、帰り支度を始めます。そして用事を頼み、その代わりに釣った魚を少年にあげます。これは少年が今の母に叱られないですむようにという計らいでしょう。

少年は言葉少なく感謝の意を示し、二人は別の方向に帰っていきます。「自分」は少年を見送り、少年も挨拶しましたが、その姿は段々とおぼろげになっていきます。

その後は西袋に行っても、少年に会うことはありませんでした。でもあのころのことは今でも思い出します。そしてあの「美し」い心をもった少年ならば、今は社会というものを理解した、立派な紳士となっていると想像するのです。それはもちろん、そうあってほしいという願いでしょう。

## 設問 LECTURE

### 問1 語句問題

(ア)「ものの弾みで」は、〈①ちょっとした動機や成り行き②その場の勢い〉という意味。選択肢の中では④が②の意味に該当するので**正解は④**。①「挑発（＝相手を刺激すること）」、②「不自然な力」、⑤「機転（＝状況に即した心や知恵の働き）」が「ものの弾み」の意味とかけ離れています。③

10

「何の予兆（＝前ぶれ）もなくて」というと、〈突然〉という意味に近くなりますが、これも「ものの弾み」の意味と食い違います。

(イ)「面罵（めんば）」は〈面と向かってののしる〉という意味の語句です。「罵」が〈ののしる〉ことだとわかり、「面」がイメージできれば、**正解の⑤**を選べますが、文脈に合わせてしまうと、③チョイマヨ・④チョイマヨなどを選んでしまうことになるので、要注意。

**小説の語句の問題では、辞書に載っている意味が答えであり、文脈は意味がわからないときだけヒントにする**、というルールをまず意識しましょう。

(ウ)「きゃしゃ」は「華奢」などと書いて、〈姿形がほっそりしていて上品で優雅なこと〉という意味です。すると身体がほっそりしている→「弱々しそうな」となるので、**正解は①**。

②チョイマヨは〈よく病気をする〉という意味です。やせているのはひ弱そうですが、「きゃしゃ」には、「病気がち」という状態を表す意味は含まれていません。「ほっそり」「弱々しい」というイメージが〈美〉とつながるというのが、「きゃしゃ」です。

傍線部(ウ)直前の「制服をだぶだぶと着て」というのも、「きゃしゃ」の意味から考えれば、やせていて体に合わないということでしょう。だから③や⑤には結びつきません。④は「きゃしゃ」のもとの意味と食い違います。

**解答** (ア)④　ムズ(イ)⑤　ムズ(ウ)①

## 問2　傍線部の内容説明問題

傍線部Aの「力」は「故意ということば」がもつ「力」です。げんは弟が「故意」に人を傷つけるなんて絶対にない、と思っていたのに、相手の怪我が軽ければ、弟への罰が「軽く済む」（L13）と思っているうちに、「〈故意でも〉相手の怪我が軽ければ弟も許される」というように、「故意」であることを前提にして考えてしまっていることに気づくのです。それは自分の意識とは逆の心の動きです。だからどうしてこんなふうに考えるのだろうと自己分析をして、犯人をたどっていけば、「故意ということば」が犯人であり、げんを操る力がある、と思わざるを得ないのです。

ですから「おかしく惑わす力」とは、**〈a　故意ということばが、弟は「故意」になんてしない、と考えているげんを、「故意」かもしれないと思わせる力〉**だといえます。この内容に最も合致するのは②です。だから**②が正解**。

**〈選択肢チェック〉**

①「弟が故意にしたことかどうかは客観的に判断すべきだ

と冷静な態度を促してくる」という部分が、問題文からも読みとれないし、先の**a**と合致しません。

③「弟には姉である自分にも知らない面があるのではないかと思わせる」という部分が、問題文や**a**と合致しません。「故意かもしれない」と思うことと、〈自分の知らない面が弟にあるかもしれない〉と思うこととは、違うことです。

④ チョイマヨ 「父の思いと同様に自分の確信を揺らがせる」と説明すると、〈父も弟が「故意」に怪我をさせたと思っているようなので、弟は故意になんかしてないという「確信が揺らぐ〉ということになります。ですが、「父は故意を信じたくない話しぶりを見せていた」(L16)のです。たしかに「故意と言われれば、そしてそれが間違いなくそうなら、正しく考えなくてはなるまい」(L9)とはいっています。ですがこれは、もし本当に間違いなく「故意」というならそれを受けとめる、という妥当な判断を述べているだけで、〈碧郎が故意にした〉ということをいっているのではありません。

またげんは「父と話しているうちに、『故意にした』に傾いたような思いかたを」するようになりました。ですが、そのことと、父が〈碧郎は故意に怪我をさせたと思っている〉ということとは同じことではありません。父の話しぶりから、〈実は父も故意だと思っている〉と、げんが読みとったという記述は問題文にはないのですから、問題文に根拠のない選択肢です。

⑤ チョイマヨ 傍線部は、「弟が故意にした」という疑念が心に芽生えてきたことを示しています。ですが「故意」ならば「許されない」という「不安」がげんの心に生じているとは断定できません。それに問題文の「不安」(L22)は「言い負かされていはしないか」と弟を心配する「不安」であり、「許されない」という「不安」ではありません。またずっと弟を心配しているげんを「楽観的」だと説明するのもおかしいです。

ムズ **解答** ②

## 問3 傍線部の内容説明問題

傍線部**B**の「そうだろう」は単純に前を指している指示語ではありません。「そうだろうと思ったのはあたっていた」とあるので、**〈a げんがこの時点より前に「思った」こと〉**でなければなりません。それは弟が「孤立」(L22)しているだろうという思いです。ではなぜ「あたっていた」と思ったのでしょうか? それは弟が帰ってきてげんを見るなり、涙を流していたからです。この場合の涙は哀しさや苦しさから流されたものでしょう。すると、次のようなつながりが想定されます。

**b1 げんは「きゃしゃ」で「か細い神経」(L23)の弟が言い負**

**かされたり、孤立してはいないかと思っていた**

**↓**

**b2　帰ってくるなり弟はげんを見て涙を流した**

**↓**

**b3　弟が帰ってくる前、弟が孤立して苦しい立場にいるのではないかと思っていたのは「あたっていた」**

このように考えれば、**a**の条件もクリアできます。弟が傍線部の前後で父との話し合いを拒んでいるのは、父を頼りにしていたからでしょう。そのことはげんもわかっていたのだと推測されます。だから「孤立」しているであろう弟を心配してもいたのです。ですから「そうだろう」とは、**〈b　か細い神経の弟が、（父（や、げん）に来てほしいと思いながらも）学校で孤立し、言い負かされたりしているのだろう〉**ということです。これに最も近い内容の選択肢は④です。「頼れる人がおらず一人で」というのは、父もげんもいない状態＝「孤立」と対応します。「不利な状況のなかに立たされて」は「言い負かされ」たりする状況です。「心細かった」というのは、「孤立」から生じる心理であり、「か細い神経」の持ち主ゆえの心理でもあります。「母」は「いまでは手に負えなくなって時々は困っています」（L36）といったと描かれているように、弟に対して批判的であり、仲がうまくいっていないと思われます。またげんが「母はどう碧郎をかばってくれているだろうか」（L20）と思っていることを考えると、母を頼りがいのある人だとは、げんは思っていない、と考えられます。「母がいるとはいうものの」、「一人」というのは、そうしたことを指しています。したがって**④が正解**です。

**〈選択肢チェック〉**

①碧郎が「怒りやすい性格」だとは断定できません。また「母に見離され」たことが理由で、「哀しくなっている」という心理の過程が問題文からは読みとれません。さらに**a**の条件にも、**b**の内容とも合いません。

②「故意」にしたのかもしれない、という思いはげんの心をよぎりました。でも「故意にしてしまったのだろう」という判断はしていません。ですから、**a**の条件と合致しないし、**b**とも合いません。

③**チョイマヨ** 傍線部の前後だけを読むと、「そうだろう」の内容が、父との関係に関わっているように読めます。たしかに弟は父（や、げん）に学校に来てほしかったのだと考えられます。少なくとも、げんはそう思っているから、弟は「孤立」していると思ったのです。だから父（や、げん）が学校に来てくれなかったことは弟にとってはショックで哀しかったはずだ、とげ

んは考えているので、涙を流す弟を見て〈ああやはり父も行かず、一人でつらかったんだろうな〉と傍線部で思っているのです。

ですが、「父に叱られるのを怖れて（泣いている）」というのは、傍線部の時点で初めて出てくる内容であり、これでは、**a**の条件をクリアできません。正しい心理の説明だとも断定できませんし、もちろん**b**とも合致しません。

⑤ チョイマヨ これも父との関係に関する説明になっているので、間違いやすいです。たしかに弟が「自分を助けに来てくれないのを恨んでいたのだろう」というのは、**b**の内容と少し重なります。ですが、「父が出来の悪い息子を恥じて」いるという情報は、帰ってきた弟から聞かされたことです。げんが、父が弟を「嘆いて」いたというようなことを以前から知っていたとは断定できないので、弟が帰ってきてからの情報を含む⑤は、**a**の条件に反します。

ムズ **解答** ④

**問4 傍線部の心理に関する理由説明問題**

傍線部**C**が西袋で出会った少年に対する期待であり、希望であることはわかりますね。ではどうしてこのような期待をもったのでしょうか。それがこの設問で問われていることです。

少し小説一般の話をします。小説には**事実（できごと）→心理（気持ち）→言動（仕草、表情、発言、行動）という3つの要素**が基本的にあります。そして**この3つの要素が因果関係によって結びついていると考えられるところに設問は設定されます**。たとえば〈誰かが死んだ＝事実〉→（だから）〈悲しい＝心理〉→（だから）〈泣いた＝言動〉、という〈因果関係〉が成立するところで、〈悲しい〉という心理に傍線を引き、その心理が生じた理由である事実や心理の分析を求めたり、〈泣いた〉という言動に傍線部を引いて、その言動に至る心理や事実を問うたりするのです。こうした因果関係を読み解くこと、そして風景描写、象徴（登場人物の心情を反映した具体物（モノ））を解釈し、はっきり示されていない心理を読みとる、ということができるようになればたいていの心理に関する問題はクリアできます。

そして〈因果関係〉は〈論理〉の基本です。よく小説はセンスだ感覚だ、なんていうけどとんでもない！　自分一人で読むときとは別に、小説の問題は〈論理的文章〉以上に〈論理〉的に読まなければなりません。

そして問題文に書かれていない心理を問われたら、事実→〈心理〉→言動、というふうに、**〈事実〉と〈言動〉で〈はさみ撃ち〉**して考えましょう。3＋□＝5となっていたら、□には2しか入りませんね。こんなに簡単ではないですが、**3つの因果**

10

**関係ですから、きちんと推論すれば、妥当な心理が浮上するはずです。〈推論〉ですから、〈論理〉的に考えてください。**

もちろんそうした読解をもとに、選択肢を見分けていく力が必要になります。とくに小説では問題文の表現がそのまま用いられる度合いが評論よりも低くなるので、同義語の知識やイイカエを見抜く解釈力が求められます。

では設問に戻って、右に書いたようにして解いてみましょう。この設問は、「立派な」「紳士」になっていてほしいという〈心理〉が生じた理由を問うています。3つの因果関係からいえば、それは〈事実〉に理由があるはずです。つまり、「立派」であってほしいという〈心理〉は、かつて少年によい印象を抱いた〈事実〉があったからでしょう。ですからその〈事実〉を確認していけば、期待をもった理由を説明することになり、この設問に答えることにもなります。

**梅 POINT　〈心理〉を問われたら、その心理を生じさせた〈事実〉を確認すべし。**

では、少年に「自分」が好感を抱いたと考えられる〈事実〉が書かれている箇所をピックアップしていきましょう。それは以下のようになります。

**a**　厳しい家庭にもかかわらずけなげに行動する少年〈事実〉
↓「夕方の家事雑役をする……自分の心を動かせた」（心理　*L*3）

**b**　少年の厳しい家庭環境〈事実〉↓「その黙っているところがかえって自分の胸（うち）の中に強い衝動を与えた」（心理　*L*7）

**c**　継母をかばう少年〈事実〉↓「ナーニ、俺が馬鹿なんだ、というこの一語……美しさであろう」（心理　*L*22）

このような〈事実〉と〈心理〉との関連が、積み重なって、「立派な」「紳士」になっていてほしい、という傍線部の〈心理〉が形成されたのです。**a**～**c**の〈事実〉をまとめたものと最も合致しているのは②です。「実の母が死に、そのうえ継母に冷たくされているようなのに、家の手伝いを怠らず」という部分は、**a**・**b**の内容を具体的に説明しています。「継母の行動を自分が悪いからだと言う、けなげ」さは**c**と一致します。「礼儀の正しい子ども」は「感謝の意は深く謝した」（*L*33）や「ちょっと首（かしら）を低くして挨拶した」（*L*37）などと一致します。この「礼儀」のことは、傍線部に「社会に対しての理解ある」というように、社会に生きる人間としての「立派さ」を強調しているから選択肢に入っていると考えればよいでしょう。よって**正解は②**です。

**〈選択肢チェック〉**

①「話題を変えて」という部分が×です。少年は「（継母が冷たいのは）ナーニ、俺が馬鹿なんだ」と言ったのですから、「話題」を変えたわけではありません。

③「『自分』に心を開いてくれ」たかどうかは明確ではありませんし、少年が「心を開いてくれ」たと「自分」が思ったということは問題文からは読みとれません。

④「その哀しみを断ち切ろうとして家の仕事をしたり」という部分がおかしいです。〈哀しみを断ち切ろう→家の仕事をする〉という論理（因果関係）は問題文には書かれていません。

⑤ チョイマヨ **b**と対応するといえますが、②と比べた場合、他の要素がないこと、とくに重要だと思われる**c**にまったく触れていないことが、②と比べて劣ると判断すべきです。

**解答** ②

## 問5 二つの小説の内容を踏まえて答える問題

選択肢を見ると、『おとうと』に登場する「父」（＝「前者」）と、「蘆声」の「自分」（＝「後者」）の碧郎や少年に対する態度や様子が説明されています。なのでそれらが描かれた場面について見ていきましょう。

まずは「父」（＝「前者」）からです。

**1 弟の事件に関して学校から電話があったとき、自分は行かず「出不精」の母が行っている**
**2 そのくせ「父は案じておちつけない」**（L6）
**3 沈んだ感じで**（L9）**げんと碧郎のことを話している**
**4 いつもと違い、茶の間ではなく机の前で碧郎を待っていた**（L28）
**5 碧郎のいる納戸に行き、哀しみを隠した口調で、話をしよう、といった**
**6 泣いている碧郎をそのままにして茶の間に帰った**

こうした内容をまとめると、**〈a 「父」は息子（＝碧郎）に対する優しさや愛情はあるが、それを表にあまり出さず、一定の距離を置いている〉**ということになります。

では次に「蘆声」の「自分」はどうでしょうか？ やはり「父」と同じように、少年に対する様子が描かれたところをピックアップしていきましょう。ただしこれは**問4**で挙げた部分と重なるところもあるので、簡略にまとめます。

**1 少年が厳しい家庭状況のなかでけなげに生きているのに同情し感銘を受けている**
**2 少年の心の美しさに感動している**

10

3　**釣った魚を少年に与えて、帰っていく少年をしばらく見送っていた**（L37）

4　**少年が、今は立派な紳士になっているように想えた**（ラスト）

こうして見ると**〈b「自分」は少年にいたく感銘を受け、それを言動で示し、彼の成長を願っている〉**ということになります。これらを共通点と相違点という形でまとめ直せば、**〈c　両者の共通点は相手に愛情や同情をもっている点〉**、**〈d　相違点は「前者」が愛情などをあまり言動で示さないのに対し、「後者」は少年に寄り添うように自分の心情を直接的に示す点〉**ということになります。

これらをもとに選択肢を見ていくと、①が最も適当だと判断できます。「前者はある程度子どもと距離をとっているのに対し、後者は子どもの立場に感情移入しているという違い」という部分は**d**と合致します。「感情移入」というのは、少年の言動に同情し、少年の心情を想像する様子を説明しています。「両者とも子どもの抱える心情や立場を考え、それを想像し心を寄せている」というのは**c**と合致しますが、具体的には、「父」が納戸の中で泣く碧郎を怒ったりせず、話そう、おまえも疲れただろう、飯を食べようといったりしていることに合致します。また「蘆声」の「自分」が、少年の家庭での「立場」を想像し、同情したこととも一致します。ですから**正解は①**です。

**〈選択肢チェック〉**

②「前者」が息子と距離をとっている理由が「大人と子どもとの立場の違いをわきまえさせようとしている」からだとは断定できません。

③「実の子ども」だから「冷たく突き放すことも辞さない」、また「偶然出会った子ども」だから「子どもの心をできるだけ傷つけ」ないようにしている、という内容や因果関係が妥当だといえる根拠が問題文にはありません。

④「前者は子どもへの愛情を口や態度に表さない」というのがまず不適切。いつもと違う場所で碧郎を待ったり、「おまえもくたびれただろ……飯でもたべよう」などといっていることと食い違います。また「母親や継母の理不尽さを批判的に見ている」とは、とくに「前者」＝「父」についてはいえません。「父」が「母」をどう思っているかは、『おとうと』には書かれていません。

⑤「前者」が「それ（＝子どもへの愛情）を表現するのが苦手であり」とはいえるかもしれません。ですが「それを自分でも口惜しく思っている」という部分が問題文に根拠のある説

明になっておらず、aとも一致しません。

**解答** ①

## 問6 【小説】の表現に関する説明問題

選択肢が抽象的に書かれているので、ややむずかしい設問になっています。具体的な事柄と対応する表現をきちんと見分けていきましょう。では一つずつ考えていきます。

まずaからいきましょう。aには「哀しい」という心理が表現されています。構文としてaの文を考えると、「動物は……哀しい」となりますから、「犬」が「哀しい」動物だという意味になります。

一方「犬」は夕食がほしくてげんのあとをついて回る。でも抱き寄せると、まるでげんの弟に対する心配や不安が伝わったのか、今は御飯をねだるときではないとわかったかのように、「じっと素直にいつまでも抱かれて」いる。それが「哀しい」というとき、「哀しい」のは「犬」だけでなく、「犬」に心を見ぬかれ、ただ弟を心配し待つしかない自分が「哀しい」のでもあります。つまりこの表現は「犬」とげんの双方のことを「哀しい」といっている重層的な表現だといえます。それを「他の存在の心情を表す言葉が、同時に登場人物の心情をも暗示するという二重の意味を表す構造」と説明している**④が正解**です。

①チョイマヨは「もどかしさをぶつけようとした」という部分が、犬を「抱きよせ」たげんの行為と一致しません。「色彩や形態に関するイメージ」もないので、②も×。③も内容がaの表現と一致しません。⑤は「自暴自棄（＝やけになるさま）」が該当しません。⑥「心理表現をあえて行わず」も「哀しい」という表現があることと×。（ちなみにこの「犬」を弟自身と見なす解釈もありうるかもしれませんが、それは客観的に明言できるだけの根拠がないし、重層的な表現だといえば、それに含めることができる内容です。）

bの「――」は「どっちがほんとなんだ！」という碧郎の感情が爆発する直前にあります。するとこれは、**父親が自分を心配していたのか、自分のことを嘆いていたのか、どっちなのかわからず、苛立ちながら興奮し、言葉が出てこない状態を表しているといえます（X）**。また「ぼく」のあとの「……」は、「どうせ」という投げやりな表現に続いていますから、**やけになりながらも、いうべき言葉が見つからない様子を表している（Y）**、といえます。すると**正解は⑤**です。「ある人」とは父親のこと、「自暴自棄」は〈やけになり〉という（Y）に合致します。

③チョイマヨは「感情を必死になって抑えようとしている」という部分が、「――」の直後で「どっちがほんとなんだ！」と叫んでいることと食い違います。ここでは一瞬「感情（苛立ち）

を必死になって抑えようとし」たのだ、という解釈は、「嘘だい」から「……」までの碧郎の言葉に、そうした抑制が感じられないことから、根拠があるとはいえないということです。①「癒されている」、②「色彩や形態に関するイメージ」、④「他の存在の心情」、⑥「物の様子」はbと無関係です。

cは簡単にいえば、少年が泣いたということですが、「赭い」や「玉」という**色や形態を描写していること**（X）、**「稲葉をすべる露のように」という比喩表現が使われていること**（Y）、に特徴があります。もちろんここで少年が泣いているのは、亡くなった母を思い出して哀しかったからです。ですから**少年の心理を心理表現を使わずに表現している**（Z）ともいえます。よってXとZに合致している②**が正解**です。⑥チョイマヨで迷った人も多いと思います。「心理表現をあえて行わず」はZと合致するといえます。「物」は「涙」と考えればいいのですから。でも「写実的に描く」という部分がダメです。「写実的」というのは、〈実際の姿をありのままに描くこと〉です。でも、**比喩表現が使われている**（Y）と、それはそこにはないもの（＝「稲葉をすべる露」）を描いたことになるので、「写実的」ではなくなってしまいます。だから⑥は正解にはなりません。①「癒され」、③「自分の言動がどう受け取られているのか理解できない」、④「他の存在の心情」、⑤「苛立ち」がcと無関係です。

付け加えると、『おとうと』の作者・幸田文は、「蘆声」の作者・幸田露伴の娘さん。だから『おとうと』に登場する「父」は露伴だと考えられます。親子ペアの出題でした。でももしそういうことを知っていた人も先入観をもたず、『おとうと』の「父」と「蘆声」の「自分」の人物像を、それぞれの問題文から読みとらなくてはいけませんよ。

ムズ **解答** a ④　b ⑤　c ②

さあ、みんな、これですべての問題が終わりました。ご苦労さまでした。どうでしたか。共通テストはこういうもんだっ！てわかってもらえましたか。複数の文章を読み、結びつける、というのは、慣れないとなかなかむずかしいものです。でも徹底的に問題の要求に応える力を身につけたファイターになってください。**〈論理的文章〉は1ミス、〈文学的文章〉は語句1ミス＋1ミス**、いつもこれで乗り切れるようになったら、絶対大丈夫です。ハイレベルな目標ですが、それを目指してください。みんなの健闘を祈っています（合掌）。

10